Edition Derivate
Europäisches Institut für
Financial Engineering und
Derivateforschung (Hrsg.)

Derivate

Handbuch für Finanzintermediäre und Investoren

von
Michael Bloss
und
Prof. Dr. Dr. Dietmar Ernst

Oldenbourg Verlag München Wien

Bibliografische Information der Deutschen Nationalbibliothek

Die Deutsche Nationalbibliothek verzeichnet diese Publikation in der Deutschen Nationalbibliografie; detaillierte bibliografische Daten sind im Internet über <http://dnb.d-nb.de> abrufbar.

© 2008 Oldenbourg Wissenschaftsverlag GmbH
Rosenheimer Straße 145, D-81671 München
Telefon: (089) 4 50 51-0
oldenbourg.de

Lektorat: Wirtschafts- und Sozialwissenschaften, wiso@oldenbourg.de
Herstellung: Anna Grosser
Coverentwurf: Kochan & Partner, München
Gedruckt auf säure- und chlorfreiem Papier
Druck: Grafik + Druck, München
Bindung: Thomas Buchbinderei GmbH, Augsburg

ISBN 978-3-486--58354-0

Geleitwort

Futures und Optionen gehören zu den spannendsten Instrumenten in der heutigen Finanzwelt. Als vor Jahren die DTB gegründet wurde, aus der dann 1998 die Eurex hervorging, konnte niemand ahnen, welchen Siegeszug die Derivate in Europa und weltweit antreten würden. Allein an der Eurex werden täglich rund sieben Millionen Kontrakte gehandelt.

Michael Bloss und Dietmar Ernst ist es in diesem Lehrbuch gelungen, die komplexe Materie in klar strukturierte Formen zu fassen und Theorie mit Praxis zu verbinden. Dies in der Annahme, dass das Interesse der Leser groß, ihre Zeit aber begrenzt ist.

Aufgrund seines didaktischen Aufbaus kann dieses Buch jederzeit als Praxishandbuch oder klassisches Lehrbuch herangezogen werden. Dabei richtet es sich sowohl an Einsteiger aus dem akademischen Bereich als auch an Privatanleger.

Wenn Sie nach der Lektüre den Handel mit Derivaten besser verstehen und Lust bekommen, ihr Wissen zu vertiefen, dann haben wir unser Ziel erreicht.

Wir wünschen Ihnen vergnügliche Lektüre.

Dr. Axel Vischer
Eurex Market Development

Über die Autoren

Michael Bloss ist Wertpapierspezialist und Prokurist der Commerzbank AG und Direktor des Europäischen Instituts für Financial Engineering und Derivateforschung (EIFD). Gleichzeitig ist er Lehrbeauftragter im Masterstudiengang International Finance der Hochschule für Wirtschaft und Umwelt (HfWU) Nürtingen-Geislingen. Sein Fachgebiet sind terminbörsengehandelte Derivate sowie deren Strategien. Er ist Autor und Mitautor von diversen Publikationen zu terminbörsenrelevanten Themen.

Prof. Dr. Dr. Dietmar Ernst lehrt an der Hochschule für Wirtschaft und Umwelt (HfWU) Nürtingen-Geislingen International Finance und leitet den dortigen Masterstudiengang International Finance. Er ist Direktor des Europäischen Instituts für Financial Engineering und Derivateforschung (EIFD). Seine Arbeitsgebiete sind Investment Banking und Derivate. Er ist Autor von Fachbüchern und zahlreichen Veröffentlichungen.

Vorwort

Investitionen in derivate Finanzinstrumente sind in den letzten Jahren sprunghaft angestiegen. Blicken wir auf die vergangen 20 Jahre zurück, so kann man geradezu von einem Siegeszug der Derivate sprechen. Aus der Finanzwelt von heute sind sie nicht mehr wegzudenken. Neben den klassischen Finanzinstrumente bilden Derivate eine eigenständige Kategorie von handelbaren Finanzinstrumenten, die inzwischen auf einen großen Markt trifft. Institutionelle Investoren nutzen Derivate, um Risiken abzusichern und mit diesen auf eine Kursbewegung zu spekulieren.

Dieses Buch soll die komplexe Materie der Derivate anschaulich vermitteln und Investitionsstrategien aufzeigen. Thematische Schwerpunkte sehen wir dabei im richtigen Einsatz der Derivate sowie ihrem Risiko- und Chancenprofil.

Inhalt dieses Buches

Gegenstand dieses Buches sind die an Terminbörsen gehandelten Finanztermin-kontrakte (Optionen & Futures). Dabei werden auch Seitenblicke auf außerbörsliche Termingeschäfte sowie exotische Termingeschäfte geworfen.

Die ersten Kapitel schaffen die Grundlagen, während es in den weiterführenden Kapiteln um Investitionsstrategien und ihre Umsetzung geht. Am Ende des Buches ist ein Kapitel mit Fragen und Antworten angefügt, wie sie auch bei Prüfungen zum Thema Derivate relevant sein können. Diese Fragen können zur Prüfungsvorbereitung oder auch zum Selbststudium genutzt werden.

Unser Ziel war es, eine praktisch umsetzbare Didaktik zu bieten. Da es häufig um komplexere Strategien geht, haben wir zur Veranschaulichung fiktive Beispiele eingefügt, wobei wir auf kurze und prägnante Darstellung geachtet haben. Darüber hinaus sind die Unterschiede zwischen privaten Investoren (Retail) und professionellen Investorengruppen (Institutionell) jeweils aufgezeigt.

Das Buch richtet sich sowohl an Praktiker als auch Studierende, die bereits über Grundlagen im Bereich Derivate verfügen. Das hier gesammelte Wissen wird von Derivate-Spezialisten für ihre Tagesarbeit benötigt, auch bildet es den Inhalt einer Vorlesung zum Thema Derivate ab. Damit ist dieses Buch sowohl als Lehrbuch für das Selbststudium als auch als begleitendes Lehrbuch geeignet.

Ebenso ist es für den Einsatz im Bereich der Berufsaus- und Weiterbildung verwendbar.

Unser besondere Dank gilt der Eurex, die dieses Buch durch Bereitstellung von Materialien und ein großzügiges Sponsoring ermöglichte. Frau Christiana Bodler von der Eurex hat uns mit viel Engagement unterstützt und den Weg zur englischen Ausgabe geebnet. Herr Dr. Axel Vischer und Herr Stefan Misterek haben uns freundlicherweise mit fachlichem Lektorat unterstützt. Bedanken möchten wir uns an dieser Stelle auch bei Joem Joselal Kurumthottathil für seine unermüdliche und präzise Mitarbeit sowie den konstruktiven Dialog in der letzten Phase des Entstehens. Ebenfalls wollen wir uns bei Marc Bachhuber, Wolfgang Pflug, Helga Gallina-Pflug und Ralf Burkhardt für die Unterstützung beim Entstehen dieses Buches bedanken. Schließlich gilt unser Dank Frau Jutta Scherer, welche die Übersetzung unseres Buches ins Englische übernahm.

Um den Anforderungen und Wünschen unserer Leser gerecht zu werden, bitten wir Sie Anmerkungen, Hinweise und Ideen an uns zu schreiben. Wir freuen uns über Ihre Kontaktaufnahme.

derivate@oldenbourg.de

Michael Bloss   Dietmar Ernst

Nürtingen und Frankfurt am Main, im Dezember 2007

Abkürzungsverzeichnis

CBoE	Chicago Board Option Exchange
CBoT	Chicago Board of Trade
CHF	Schweizer Franken
CME	Chicago Mercantile Exchange
CoC	Cost of Carry
DAX®	Deutscher Aktien-Index
EUR	Euro
FDAX®	DAX-Future
FGBL	Euro-Bund-Future
FESX	Dow Jones Euro STOXX 50® Future
OGBL	Optionen auf den EURO BUND FUTURE
OTC	Over the Counter
T-Bond	Treasury Bond Future, USA
i.d.R.	in der Regel
JPY	Japanischer Yen
USD	US-Dollar
X-Index	Beispielindex (nicht real)
X/L/V/C-Aktie	Beispielaktienwerte (nicht real)

Inhalt

1   Aufbau von Terminbörsen und Terminmärkten

2   Aufbau und Struktur einer Computerbörse am Beispiel der Eurex

10   Devisentermingeschäfte

11   Warentermingeschäfte

12   Preisbildung und Einflussfaktoren bei Warentermingeschäften

Anhang

1 Aufbau von Terminbörsen und Terminmärkten

In diesem Kapitel sollen folgende Fragen beantwortet werden:
1. Wie sind Terminbörsen historisch entstanden?
2. Was versteht man unter Termingeschäften?
3. Warum sind die meisten der heute gehandelten Termingeschäfte standardisiert?
4. Welche Funktionen haben Terminbörsen?
5. Wer sind die Marktteilnehmer an Terminbörsen?
6. Wie sind Terminbörsen organisiert?
7. Welche weiteren Grundbegriffe werden zum Verständnis von Terminbörsen und Terminmärkten benötigt?
8. „Bursa Mater et Magistra" – oder: Wie kann man an Terminbörsen sinnvoll handeln?

1.1 Historische Entwicklung von Terminbörsen

Der Ursprung des heute bekannten Finanztermingeschäftes liegt im Handel mit Termingeschäften auf Rohstoffe an Terminbörsen. Diese wurden gegründet, um Preisrisiken absichern zu können.

Bereits im Jahr 2000 vor Christus sind in Indien erste Formen von Terminmärkten entstanden. Diverse Aufzeichnungen aus der Zeit des römischen Reiches und der Phönizier belegen ebenfalls Termingeschäfte. Angesichts diverser unsicherer Weltlagen, im wirtschaftlichen Wandel, wurden frühzeitliche Termingeschäfte auf Waren abgeschlossen, welche über den Seeweg geliefert wurden. Somit konnte eine Preissicherung durchgeführt werden. Aus dem Mittelalter sind Termingeschäfte in England und aus Frankreich überliefert. Hauptsächlich handelte es sich damals um Termingeschäfte auf Waren (Warentermingeschäfte), die aus Asien stammten und erst Monate später geliefert wurden. Auch hier war das Motiv eine Preissicherung. Um das Jahr 1630 wurde in den Niederlanden ein reger Optionshandel auf Tulpenzwiebeln (die große Tulpenmanie) betrieben. Hierbei kam es, ähnlich wie später bei der New Economy, zu einer klassischen

Blasenbildung: Aufgrund einer Übernachfrage nach Tulpenzwiebeln wurden diese immer teurer, und es entwickelte sich eine Preisspirale nach oben. Als die ersten Investoren beschlossen, ihre Gewinne zu sichern, und die Investments abzustoßen begannen, löste dies eine Verkaufswelle aus, und aufgrund des Überangebotes brach der Preis für Tulpenzwiebeln ein. Die meisten Investoren erlitten einen Verlust von mehr als 90 Prozent. In Asien wurde um diese Zeit ein reger Handel mit Reis und Seide betrieben. Die Terminbörse nannte man dort **„Dojima Rice Market"**. Dieser Markt gilt heute als der erste organisierte Terminmarkt der Welt und hatte seinen Sitz in Osaka, Japan.

Ihren Siegeszug als „Mutter aller Terminbörsen" feierte das **Chicago Board** of Trade (**CBoT**) erst in den Jahren nach 1848 (gegründet am 03. April 1948). Dabei wurde zum ersten Mal in der Geschichte ein standardisierter Terminkontrakt gelistet und gehandelt. 1898 wurde ebenfalls in Chicago das Chicago Butter and Egg Board gegründet. Wie der Name schon sagt, wurden dort lediglich Butter und Eier gehandelt. Da das Produktangebot über die Jahre zunahm, firmierte dieses 1919 in die Chicago Mercantile Exchange (**CME**) um. Die **CME** gab 2007 bekannt, dass sie das **CBoT** kaufen wird.

Die Frage, die sich nun stellt, ist: Was begründet den Aufschwung der Termingeschäfte? Durch den sprunghaften Anstieg der amerikanischen Staatsverschuldung sowie die Aufhebung der festen Wechselkurse von Währungen (Einführung der Kontrakte am 16.05.1972 am International Monetary Market (**IMM**)) wurde ein neues wirtschaftliches Umfeld geschaffen, welches sich durch größere Volatilitäten auszeichnete. In den 70er Jahren des vergangenen Jahrhunderts wurde somit der erste Finanzterminkontrakt, ein Zinsfuture, in Chicago eingeführt. Dies war die Geburtsstunde der Finanztermingeschäfte. 1972 wurden an der **CME** die ersten Währungsfutures auf die sieben großen Weltwährungen gehandelt. Die ersten Kontrakte auf den S&P500 wurden 1982 an der CME eingeführt. Im Jahr 1988 wurde in Deutschland die Deutsche Terminbörse (**DTB**) gegründet, welche 1998 mit der Schweizer SOFFEX zur **Eurex** fusionierte. 1992 wurde das **GLOBEX** Trading System (Computer Handelsplattform) der CME in Betrieb genommen.

1.2 Was versteht man unter Termingeschäften?

Termingeschäfte sind Geschäfte, bei denen Abschluss (T_0) und Erfüllung ($T_0 + X$) zeitlich auseinander klaffen. Dies unterscheidet sie von Kassageschäften, bei denen die Erfüllung „unmittelbar" nach dem Abschluss erfolgt. Unter einem Ter-

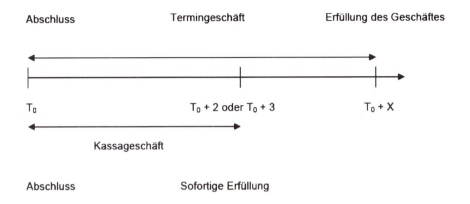

Abbildung 1.1: Erfüllungszeitpunkt Termin- und Kassageschäft

mingeschäft versteht man eine für beide Vertragsparteien bindende Verpflichtung über die Lieferung bzw. Abnahme eines Gutes mit einer bestimmten Qualität und Quantität zu einem im Vorfeld festgelegten Preis sowie zu einem festgelegten Zeitpunkt.

Diese klassischen Termingeschäfte nennt man **Forward** oder **Future**. Ein Forward ist ein individuell ausgearbeiteter bilateraler Vertrag zwischen den Vertragsparteien. In diesem werden alle Vertragsbestandteile individuell für das Grundgeschäft angepasst. Ein Future ist standardisiert und somit börsenhandelbar. Die darin enthaltenen Bestandteile können nicht individuell geregelt werden. Daher ist ein Future jederzeit an einen anderen Investor übertragbar. Dies ist bei einem Forward aufgrund der Individualität nicht möglich. Futures oder Forwards werden auch als unbedingtes Termingeschäft bezeichnet, denn dieses muss unbedingt erfüllt und ausgeübt werden. Es bedarf also keiner weiteren Willenserklärung, ob eine Ausführung stattfindet oder nicht. Es gibt kein Wahlrecht.

> Ein Future ist ein unbedingt zu erfüllendes Termingeschäft. Dabei setzt der Käufer eines Futures auf ein Steigen des Underlying und der Verkäufer auf ein Fallen.

Im Gegensatz dazu steht die Option, welche oft auch als Termingeschäft dargestellt wird. Bei der Option ist dies jedoch etwas weniger konkret. Denn eine Option beinhaltet im Gegensatz zum Future oder Forward ein Wahlrecht des Käufers: Er bestimmt, ob er die Option ausübt oder verfallen lässt (von der Ausübung keinen Gebrauch macht).

Die Option beinhaltet also das Recht, eine bestimmte Menge eines zugrunde liegenden Gegenstandes innerhalb eines bestimmten Zeitraums oder zu einem bestimmten Zeitpunkt zu einem im Vorfeld festgelegten Preis zu kaufen oder zu verkaufen.

Der Käufer einer Option entscheidet, ob diese ausgeübt wird. Der Verkäufer, auch Stillhalter genannt, wird nach der Ausübung zur Erfüllung aufgefordert. Er besitzt kein Wahlrecht. Er ist lediglich der stille Partner in der Vereinbarung. Dafür erhält er vom Käufer der Option einen finanziellen Ausgleich bezahlt, die Optionsprämie.

Da der Käufer sein Recht nicht ausüben muss, sondern es auch verfallen lassen kann, spricht man bei Optionen von bedingten Termingeschäften, denn im Gegensatz zum Future ist ihre Ausübung an eine weitere Willenserklärung (des Käufers) gebunden.

Werden Optionen nicht standardisiert über eine Terminbörse gehandelt, sondern individuell zwischen den Vertragsparteien vereinbart, so spricht man von OTC-Optionen. Diese werden „**o**ver **t**he **C**ounter" gehandelt.

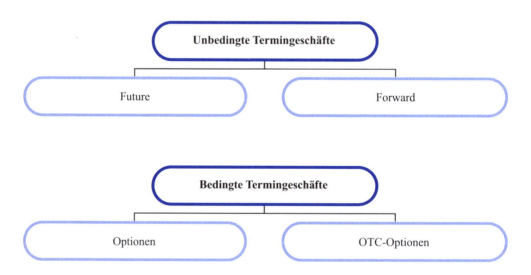

Abbildung 1.2: Bedingte und unbedingte Termingeschäfte

1.3 Warum sind die meisten der heute gehandelten Termingeschäfte standardisiert?

Die meisten der heute gehandelten Termingeschäfte sind standardisiert. Doch warum ist das so? Für die Standardisierung gibt es einige wesentliche Gründe. Zum einen sind potentielle Vertragspartner beim Forward (nicht standardisiert) schwer zu finden, zum anderen ist es beim Forward kaum möglich, eine Position zu „closen", also sich durch ein Gegengeschäft aus dem Vertrag zu befreien. Ist ein Terminkontrakt jedoch standardisiert, so kann die auflösende Partei gegen eine andere ausgetauscht werden. Denn die Kontraktangaben sind vorgegeben und wurden nicht individuell zwischen den Vertragsparteien vereinbart. Somit kann ein Dritter an Stelle des ursprünglichen Vertragspartners rücken. Ein weiterer sehr wichtiger Punkt ist, dass durch die Standardisierung ein liquider und schneller Handel möglich ist. Dadurch ist jederzeit ein Öffnen (Opening; Eröffnen des Termingeschäftes) und Schließen (Closing; Schließen des Termingeschäftes durch ein Gegengeschäft, die so genannte Counter-Order) der Positionen möglich.

Die Standardisierung der Kontrakte bezieht sich auf nachfolgende Merkmale:
* Underlying
* Kontraktgröße – Quantität
* Basispreis
* Laufzeit
* Handelszeit und Handelsort
* Qualität des Basiswerts

Underlying
Das Underlying (der Basiswert) ist der Gegenstand des Termingeschäftes. Dies kann z. B. eine Aktie, ein Index, ein Rohstoff etc. sein. Auf diesen Basiswert bezieht sich das Termingeschäft. Es handelt sich somit um das zugrunde liegende Handelsgut. Dies kann neben einem Rohstoffe (engl. Commodity) auch ein Finanzgut sein.

Tabelle 1-1: Opening und Closing

Opening (Erstorder)	Closing (Gegenorder)
Long	Short
Short	Long

Kontraktgröße – Quantität

Die Kontraktgröße gibt an, wie viele Einheiten eines Basiswertes bei einem Kontrakt geliefert bzw. übernommen werden müssen (z. B. 100 Aktien). Die Kontraktgröße ist somit das Maß für die Quantität eines Termingeschäftes.

Basispreis

Der Basispreis ist der Preis, zu dem bei Ausübung der Option das Underlying gekauft oder verkauft werden muss. Oft wird hier auch vom Strike oder Strikepreis oder auch Ausübungspreis gesprochen. Der Basispreis ist der Grundpreis des Termingeschäftes. Die Basispreise werden fortlaufend, je nach Handelsverlauf, von den Terminbörsen aufgeführt. Daher stehen immer genügend handelbare Basispreise zur Verfügung.

Laufzeit

Die Laufzeit gibt die Fälligkeit bzw. die Zeit bis zur Fälligkeit des Termingeschäftes an. International ist der dritte Freitag im Monat der Verfallstag, welcher den letzten Börsenhandelstag des Termingeschäftes bezeichnet. Der dritte Freitag der Quartalsendmonate wird Hexensabbat oder großer Verfallstag (3-facher Verfallstag) genannt. An diesem verfallen zusätzlich zu den Optionen auch die Future-Kontrakte.

Handelszeit und Handelsort

Diese Daten sind von der Terminbörse abhängig, und zeigen auf, wo das Termingut gehandelt wird. Börsenhandelszeiten gewährleisten ein Zusammenkommen von Angebot und Nachfrage und schaffen somit einen liquiden Handel. Dies gilt sowohl für Präsenzbörsen wie auch für Computerbörsen.

Qualität des Basiswerts

Dieses Ausstattungsmerkmal ist gerade bei Rohstoffen äußerst wichtig, denn es gibt verschiedene Arten von ein und demselben Rohstoff. Dabei wird genau definiert, welches Gut geliefert bzw. abgenommen wird (z. B. Zucker Nr. 11). Dies gilt auch für Aktien: Es wird genau vorgegeben, welche Aktie (Vorzug- oder Stammaktie) geliefert wird. Auf diese Weise kann es zu keinen Verwechslungen oder Missverständnissen kommen.

Sind die Vertragsbestandteile nicht standardisiert, so müssen diese individuell verhandelt werden. Ein solches individuelles Termingeschäft kann nicht an Terminbörsen gehandelt werden. Denn die Chance, dass ein Dritter, genau dieselben individuellen Spezifikationen sucht, ist sehr unwahrscheinlich. Es ist ein bilaterales individuelles Termingeschäft, welches mittels eines individuellen Vertrags geregelt wird.

Die Standardisierung von Termingeschäften kann auch Nachteile mit sich bringen. So kann es vorkommen, dass ein Investor seine bestehenden Positionen in Bezug auf Menge und Laufzeit nicht exakt absichern kann (z. B. aufgrund der vorbestimmten Kontraktmenge). In diesem Fall ist ein OTC-Geschäft (individuell auf ihn abgestimmt) zu bevorzugen.

1.4 Welche Funktionen haben Terminbörsen?

Für die Entwicklung der Terminbörsen ist das Vorhandensein von gut organisierten und florierenden Kassamärkten vonnöten. Die Börse stellt dann die organisatorischen Voraussetzungen, um den Handel in den gelisteten Terminprodukten aufnehmen und aufrechterhalten zu können.

Der Hauptgrund für die Gründung von Terminbörsen, welchen wir eingangs schon angesprochen haben, ist das Umverteilen von Risiken. Denn Terminmärkte geben den Marktteilnehmern die Möglichkeit sich gegen ungewollte Preisveränderungen im Kassamarkt zu schützen. Das Risiko wird von Hedgern (Investoren, die sich absichern wollen) auf Spekulanten (Gruppe, welche das Risiko aktiv aufnimmt) übertragen. Gerade die Spekulanten sind für die Liquidität an den Terminbörsen unerlässlich und sichern ein reibungsloses Funktionieren. Sie nehmen bestehende Risiken auf, ohne dabei neue Risiken zu generieren.

Des Weiteren kommen über die Terminmärkte zusätzliche Preisinformationen auf. Diese zeigen Tendenzen für die Preisentwicklung am Kassamarkt. Dadurch können Entscheidungen effektiver und transparenter getroffen werden. Denn die Preise an den Terminmärkten zeigen mehr Informationen auf als die Preise an den Kassamärkten. Daher ist ein schnellerer und aktiverer Handel über die Terminmärkte bzw. in einer Ableitung davon auch an den Kassamärkten möglich.

Durch die niedrigen Transaktionskosten und die schnelle Ausführungsgeschwindigkeit können große Positionen preiswert und schnell gehandelt werden. Innerhalb von wenigen Minuten können riesige Summen bewegt werden. Ganze Märkte lassen sich mit nur einer Transaktion, z. B. einem Indexfuture, handeln. Außerdem muss man für einen Abschluss an den Terminmärkten nicht den gesamten dem Geschäft zugrunde liegenden, Betrag aufbringen. Lediglich eine Sicherheitenleistung, die so genannte Margin, ist zu stellen. Die Margin dient dazu, die Zahlungsfähigkeit der Kontrahenten zu sichern. Bei gekauften Optionen, so genannten Long Options, ist die gezahlte Optionsprämie nur ein Bruchteil des gehandelten Kontraktgegenwertes. Dadurch kann ein Investor mit geringem Kapitalaufwand große Summen handeln. Ein weiterer sehr wichtiger Vorteil von Terminbörsen ist die Spekulation auf fallende Kurse. Während an Kassabörsen nur auf steigende Kurse spekuliert werden kann, ist dies bei Terminbörsen anders. Hier kann aktiv auf Baisse spekuliert werden. Somit kann ein Investor auch bei fallenden Kursen Geld verdienen. Hierbei stellen die Terminbörsen dem Investor Instrumente zur Verfügung, ohne die solche Strategien nicht möglich wären.

1.5 Wer sind die Marktteilnehmer an Terminbörsen?

Es wurde bereits erwähnt, dass es an den Terminbörsen verschiedene Marktteilnehmer gibt. Diese werden in 4 Gruppen, je nach ihrem Vorgehen, kategorisiert:

Der Hedger

Seine Motivation ist das Absichern von bestehenden Positionen. Er vertritt somit den eigentlichen Existenzgrund der Terminbörsen. Er sichert sich gegen Preisrisiken ab, indem er das Risiko aktiv auf andere Marktteilnehmer überträgt (er ist risikoavers). Durch sein Hedging kann er z. B. seinen Gewinn aus einer Kassaposition planen und kalkulierbar machen. Es entsteht dadurch ein klassischer Risikotransfer. Dieser war früher der Grundgedanke eines jeden Termingeschäftes; es sollten Preisrisiken übertragen werden.

Der Spekulant

Er ist der klassische Antagonist zum Hedger. Der Spekulant engagiert sich an der Börse in der Erwartung, ein Termingeschäft mit Gewinn abschließen zu können. Er nimmt dafür aktiv Risiken auf sich und schafft mit seinen Positionen die erforderliche Liquidität an den Märkten. Er nimmt das Risiko aktiv in Kauf und erwartet aus seinem Engagement einen Gewinn.

Der Arbitrageur

Er betreibt Arbitrage; das bedeutet, er nutzt risikolos die unterschiedlichen Kursstellungen in einem Wert aus und profitiert aus deren Differenz. Durch den gleichzeitigen Kauf und Verkauf eines Kontraktes ist das Risiko gleich Null. Auch der Arbitrageur sorgt somit für Liquidität im Markt. Zudem trägt er zum fairen Marktpreis bei. Meist sind Arbitrageur Banken und Broker. Die Arbitrage, oder vielmehr die Möglichkeit dazu, zerstört sich in der weiteren Entwicklung im

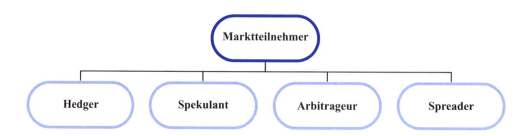

Abbildung 1.3: Die Marktteilnehmer an der Terminbörse

positiven Sinn selbst: Denn durch den Vorgang der Arbitrage schließt sich der Preisunterschied der gleichwertigen Handelsobjekte und löst sich somit auf.

Der Spreader

Dieser Investor versucht, durch Ausnutzung von Preisdifferenzen einen Gewinn zu erzielen. Er kauft einen Terminkontrakt, welcher ihm zu preiswert erscheint, und verkauft einen Terminkontrakt, welcher ihm zu teuer erscheint. Durch gleichzeitiges Öffnen und Schließen der Positionen ergibt sich eine Differenz. Er kann maximal aus dieser Differenz profitieren.

1.6   Wie sind Terminbörsen organisiert?

Terminbörsen können sowohl als Präsenzbörsen als auch in Form von Computerbörsen organisiert sein. Die Präsenzbörse ist die klassische Art einer Börse. Der Handel findet unter anderem auf dem Parket im **Open-Outcry-Verfahren** (durch Zuruf) statt. Zugleich bedient man sich eines Verständigungssystems mittels Handzeichen. Anders ist dies bei Computerbörsen wie der Eurex. Bei diesen Börsen findet ein anonymer und lautloser Handel im Datensystem statt. Alle Börsenteilnehmer kommunizieren über Datenleitungen miteinander. Dies ermöglicht einen reibungslosen überregionalen bzw. internationalen Handel. Denn alle Teilnehmer haben die gleichen Markt- und Preisinformationen zur selben Zeit. Die Ordereingabe über den Handelsschirm garantiert eine extrem schnelle Bearbeitung. Die Aufträge werden vollautomatisch abgewickelt. Durch ein aktives Market Making (s. Kapitel 2) wird die Liquidität gewährleistet.

1.7   Weitere benötigte Grundbegriffe

Investoren

In diesem Buch wird oft von Investoren gesprochen. Daher wird der Begriff an dieser Stelle kurz erklärt. Der Investor ist ein in Termingeschäften und Wertpapieren engagierter Anleger. Dieser Anleger kann sowohl ein privater Anleger (Retail Anleger) als auch ein professioneller Anleger (institutioneller Anleger) sein. Der Investor kann nach unserer Auslegung auch etwas verkaufen, was er nicht besitzt (Short Selling) bzw. er kann jegliches Termingeschäft abschließen (keine Größen- bzw. Zulassungsbeschränkungen). Somit hat der Investor unbegrenzte finanzielle Mittel zur Verfügung, welche er zeitlich und räumlich ungebunden einsetzen kann. Es handelt sich ferner um einen Investor, welcher Erfahrung und Wissen in sich vereint und somit alle Instrumente anwenden kann.

Derivate

Ebenfalls wollen wir den Begriff Derivat für uns definieren. Das Wort Derivat kommt vom Wortursprung aus dem lateinischen „derivare" (ableiten) und bedeutet soviel wie Abkömmling. Es handelt sich somit um ein von einem Grundinstrument (z. B. Aktie) abgeleitetes Finanzinstrument. Das Grundinstrument wird auch als Underlying oder Basiswert bezeichnet.

Die Entwicklung des Derivats bezieht sich immer auf die Entwicklung des Underlying. Das Underlying selbst wird von den Investitionen in Derivate weitestgehend nicht betroffen, da wir bei Investitionen in Derivate lediglich auf eine Veränderung des Underlying hoffen bzw. diese voraussetzen. Das Underlying selbst ist nur im seltenen Fall in unsere Strategien mit eingebunden. Das Underlying ist somit Ursprung und Grundlage der Investition, jedoch nicht die Investition in sich selbst. Es kann jedoch durch Ausübung zur Investition werden. Dann ist jedoch das Derivat nicht mehr existent. An seine Stelle tritt das Underlying als Basis.

Hedging

Unter Hedging verstehen wir das Absichern von bereits eingegangenen Investitionen bzw. das Absichern von Investitionen, die geplant, jedoch noch nicht umgesetzt sind. Bei einer Hedging-Transaktion sichert sich der Investor gegen gegenläufige Marktentwicklungen ab, und somit auch seine Strategie. Der Aspekt der Absicherung steht im Vordergrund. Ein Hedging ist immer mit einem monetären Aufwand verbunden. Der Hedger ist ein risikoaverser Investor bzw. ein Investor, der Wert auf die Planbarkeit legt. Er transferiert durch seine Operationen das Risiko auf eine weitere Partei Und entledigt sich damit seiner. Dafür ist er bereit, der Risiko aufnehmenden Partei einen monetären Ausgleich zu bezahlen.

Spekulation

Anders ist die Situation bei Spekulationspositionen. Hierbei möchten wir etwas ausführlicher auf das Thema Spekulation eingehen. Das lateinische Wort „speculor" entspricht dem Deutschen „ich spähe". Somit kann Spekulation als kurzfristiges Hinschauen bzw. Suchen übersetzt werden. Bei einer Spekulation handelt es sich stets um ein zeitlich kurzfristiges Engagement mit dem Ziel, einen Gewinn zu erwirtschaften. Jedoch muss auch hier wieder eine Differenzierung vorgenommen werden, denn eine Spekulation kann auch mittelfristig oder gar langfristig angelegt sein. Man spricht dabei jedoch von einem strategischen Investment bzw. einer geplanten Zukunftsspekulation.

Die Bereitschaft, ein Investment mit Gewinnabsicht einzugehen, sichert dem Derviatemarkt einen Großteil seiner Liquidität. Wir können somit sagen, dass der Spekulant der Motor einer jeder Order ist. Erst wenn jemand bereit ist, ein Risiko aufzunehmen, wird ein Geschäft zustande kommen. Ein Spekulant weiß, welche Risiken er eingeht, und kann diese in der Regel überblicken. Spekulation ist somit nach unserer Definition das Erwirtschaften von Renditen unter Einschluss von Risiken. Somit nimmt der Spekulant (oft volkswirtschaftlich geschaffene) Risiken auf und versucht, daraus einen legitimen Profit zu erzielen. Spekulanten sind für die Volkswirtschaften von großer Bedeutung. Ohne risikobereite Investoren würde unser Wirtschaftssystem nicht überleben. Spekulationen sind der Motor unserer Wirtschaft.

Dividenden & Zinsen
Lassen Sie uns kurz einen Blick auf die Zinsen und Dividenden werfen, die direkten und indirekten Einfluss auf Finanztermingeschäfte haben können.

Dividenden: Dividenden gelten als Ausschüttung des Gewinns einer Aktiengesellschaft und beeinflussen somit direkt das Underlying eines Finanztermingeschäftes. Somit haben Dividenden Auswirkungen auf das Finanztermingeschäft selbst. Hierbei ist zu beachten, dass ein Teil des Gewinns des Unternehmers an die Halterstruktur (Aktionäre oder Shareholder) ausgeschüttet wird und somit für das Unternehmen sofort als Kapital mindernd gilt. Diese Eigenschaft senkt den Kurs des Underlying und sorgt somit zu Veränderungen des Preises einer Terminmarktableitung (Derivat) auf dieses Underlying.

Zinsen: Der Blick auf die Zinsen lässt uns im ersten Schritt erkennen, dass wir für unterschiedliche Laufzeiten unterschiedliche Zinsen haben. Trägt man diese Zinssätze grafisch ab, erhält man die Zinsstrukturkurven für die jeweiligen Laufzeiten. Hierbei ist darauf zu achten, in wieweit eine Veränderung der Zinsstrukturkurve zu erwarten ist und wie stark deren Veränderung ausfallen wird. Wir unterscheiden unter drei typischen Zinsstrukturkurven:

Flache Zinsstrukturkurve: Es besteht kein Unterschied zwischen den Fristen. Die Zinsen verlaufen flach.

Normale Zinsstrukturkurve: Die Zinsen steigen mit steigender Laufzeit an. Eine solche Zinsstrukturkurve ist typisch für einen langsam beginnenden Konjunkturaufschwung.

Inverse Zinsstrukturkurve: Die Zinsen fallen mit längerer Restlaufzeit. Eine inverse Kurve ist oft in Zeiten von Rezession und bei deflationären Tendenzen zu beobachten. Es wird eine Rückbildung der Inflation erwartet. Die Geldmarktsätze sind hoch und die Kapitalmarktsätze niedriger. Die Zentralbank hat eine Geldmengenverknappung herbeigeführt.

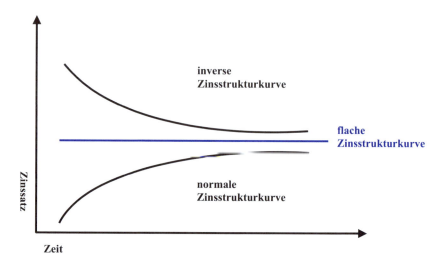

Abbildung 1.4: Zinsstrukturkurven

Die Differenz zwischen den Zinsen am langen und am kurzen Ende bezeichnet man als Term-Spread. Nachfolgend die Formeln zur Berechnung der Term-Spreas für Euro und USD.

Term Spread Euro

$$S_{eur}\left(\frac{10}{1}\right) = i_{10} - i_{1}$$

Term Spread USD

$$S_{usd}\left(\frac{30}{0,5}\right) = i_{30} - i_{0,5}$$

Die Zinskurve steigt im Prinzip an, wenn der Term Spread positiv ist, und es kann von einem weiterhin ansteigenden Wirtschaftsaufschwung ausgegangen werden. Dagegen sind die Tendenzen einer Rezession anzumerken, wenn dieser Null oder negativ ist.

Anmerkung zu den USA:
In den USA ist es üblich nicht die Zinssätze anzugeben, sondern die Yields (Rendite). Somit spricht man auch von der Yieldkurve.

1.8 „Bursa Mater et Magistra" – oder: Wie handelt man an Terminbörsen sinnvoll?

Mit dieser etwas provokanten Überschrift wollen wir Sie nun noch etwas zum Nachdenken über das Börsengeschäft an sich anregen. Der erste und sehr wichtige Ansatz, wenn man in die praktische Umsetzung der in diesem Buch behandelten Instrumente und Strategien übergeht, ist, dass einem bewusst ist, welches Volumen man handelt und welche Verantwortung man damit in den Positionsbüchern führt. Natürlich ist es kein Problem, 1.000 Futurekontrakte zu handeln. Man sollte sich jedoch darüber im Klaren sein, dass diese 1.000 Kontrakte im Falle des Euro Bund Future (FGBL) einen Gegenwert von 100.000.000 Euro repräsentieren. Ein weiterer sehr wichtiger Ansatzpunkt ist, dass man versteht, dass die Terminbörse nicht dazu da ist, schnell reich zu werden, sondern lediglich eine von Menschen entwickelte Plattform darstellt, auf der die Möglichkeit dargestellt wird, dieses Ziel zu erreichen. Nur wer konsequent und nachhaltig an den Terminmärkten handelt, wird langfristig Erfolg haben. Fehler und Schwächen müssen erkannt und eliminiert werden. Falsche Eitelkeiten oder gar eine Art „Größenwahn" können hier zu fatalen Verlusten führen. Lieber fünf kleinere Strategien traden als eine große, lautet die Devise. Man darf sich vom Geld und dem schnellen Geschehen nicht blenden lassen. Daher „Bursa Mater et Magistra": Man kann von der Börse lernen und ist mit der richtigen Strategie bei ihr gut aufgehoben. Man darf Fehler machen, aber man muss sie auch korrigieren. Wer das nicht lernt, wird keinen Erfolg haben. Denn für die Börse und die Terminbörse im Besonderen gilt: Es werden Emotionen und Erwartungen gehandelt! Wohin hier der Trend geht, muss erkannt werden und Fehlentscheidungen sind zu korrigieren. Ein guter Investor unterscheidet sich von einem schlechten nur darin, dass er seine Fehler korrigiert und sich schnell einer neuen Strategie hinwendet. Wer einem Traum nachjagt, wird diesen nie verwirklichen können. Wer jedoch konsequent Schritt für Schritt diesem Traum entgegen geht, wird ihn erreichen.

Zusammenfassung:

Termingeschäfte waren schon im Altertum vorhanden und sind daher keine Erfindung der Neuzeit. Das moderne Termingeschäft gibt es seit ca. 1975. Grundsätzlich unterscheidet man bei einem Termingeschäft zwischen einem unbedingten (Future bzw. Forward) und einem bedingten Termingeschäft, der Option. Die heute an den Terminbörsen gehandelten Termingeschäfte sind standardisiert und garantieren somit einen reibungslosen Ablauf. An den Terminbörsen treffen Spekulanten, Hedger, Spreader und Arbitrageur zusammen. Sowohl beim Computerhandel als auch beim Parketthandel treffen diese Teilnehmer aufeinander. Durch ein aktives Market Making wird ein reibungsloser Handel dargestellt. Motive für den Terminhandel können Absicherungsgedanken, Spekulation oder Kombinationstrading sein. Das ursprüngliche „Muttergeschäft" der Terminbörsen war das Übertragen von Risiken. Dieses Risiko wird vom Hedger auf den Spekulanten überführt und weitergegeben.

Nicht börsengehandelte Termingeschäfte nennt man Forwards bzw. OTC-Optionen.

2 Aufbau und Struktur einer Computerbörse am Beispiel der Eurex

In diesem Kapitel sollen folgende Fragen beantwortet werden:
1. Wie funktioniert eine Computerbörse?
2. Was versteht man unter dem Market Maker Prinzip?
3. Wie erfolgt der Handel an der Eurex?
4. Welche Termingeschäfte können abgeschlossen werden?
5. Was versteht man unter Clearing?
6. Was gibt es für Orderspezifikationen?
7. Was gibt es für Verfallstage?

2.1 Wie funktioniert eine Computerbörse?

Die Eurex ist das beste Beispiel für eine voll computerisierte Börse. Sie ist 1998 nach dem Zusammenschluss von **DTB** und **SOFFEX** entstanden. Auch schon die DTB, welche im Jahr 1988 als Trägergesellschaft gegründet wurde, war eine ausschließlich auf den Computerhandel ausgerichtete Börse. Da in der Bundesrepublik Deutschland bis zur Gründing der DTB Termingeschäfte aufgrund der fehlenden gesetzlichen Rahmenbedingungen fast nicht verbreitet waren, tat sich die neue Börse in den Anfangsjahren schwer. Doch schon bald wurden die großen Vorteile des Terminhandels erkannt und die DTB konnte sich gegen die Konkurrenz an den europäischen und amerikanischen Börsenplätzen behaupten. Durch die neu geschaffene Struktur, welche auf hoher Transparenz, Funktionalität und Sicherheit basierte, wusste und weiß die junge Börse zu überzeugen. Der Börsenhandel läuft lautlos und schnell über den Zentralrechner ab. Auf diesem ordnet ein Programm alle eingehenden Orders, sofern möglich, sofort anderen, bereits bestehenden, passenden Orders zu. Können die Orders nicht sofort ausgeführt werden, setzt der Zentralrechner diese in das zentrale Orderbuch um. Sobald sie ausgeführt werden können, veranlasst das System automatisch ein Matching (Ausführung; Zusammenführung der Orders). Neue Orders werden nach dem Zeit-Preis-Prinzip zugeordnet. Das bedeutet, dass die zeitlich erste Order, zu welcher eine Ausführung möglich ist, gehandelt wird. Sind weitere Ausführungen möglich, so rücken die Orders nach ihrem zeitlichen Eingang bei der Börse nach.

Ein sehr wichtiger Aspekt ist die Sicherheit des Systems. Die Eurex hat daher drei Sicherheitsebenen eingeführt:

- Zum einen die **technische Sicherheit**, welche mit dem Herzstück der Eurex beginnt: Der Zentralrechner ist doppelt vorhanden, um einen Ausfall zu verhindern. Sollte der erste Rechner ausfallen, übernimmt sofort der parallel geschaltete zweite die Arbeit. Gleichzeitig sind alle Verarbeitungs- und Kommunikationsverbindungen doppelt vorhanden, und durch die Mehrfachkopie aller Daten und Orders wird ein hoher Sicherheitsstandard gewährleistet.
- Zweitens werden, um die **Marktsicherheit** gewährleisten zu können, Verdachtsmomente bzgl. Manipulation permanent untersucht und kontrolliert.
- Der letzte Sicherheitsaspekt ist die **Teilnehmersicherheit**. Die Eurex legt für jeden Teilnehmer eine Zugangsberechtigung fest. Somit können nur berechtigte Mitarbeiter an einem Handelsschirm Orders erfassen. Ebenfalls kontrolliert die Eurex die Zugriffe der Mitarbeiter auf die Datenquellen. So sind nur Zugriffe auf eigene Handels- und Clearingdaten möglich. Fremdzugriffe werden verweigert. Mit diesem System bzw. Regelwerk ist die Eurex eine der führenden Terminbörse der Welt.

2.2 Was versteht man unter dem Market-Maker-Prinzip?

Um die Liquidität in allen gehandelten Produkten garantieren zu können, hat die Eurex das Prinzip des Market Making eingeführt. **Market Maker** sind Institute, welche fortlaufend oder auf Anfrage verbindliche Preise für die von ihnen betreuten Produktreihen stellen. Die gestellten **Geld-Briefkurse** nennt man **Quotes**. Für die „Stellung" dieser Quotes muss der Market Maker eine von der Eurex vorgegebene Kontraktmenge und eine festgelegte Spanne beachten. Außerdem muss der Market Maker mindestens die Hälfte (je nach Market-Making-Einstufung auch bis zu 85 Prozent) der an ihn gestellten **Quote-Requests** (Anfragen) innerhalb einer Minute beantworten und diese Quotes für zehn Sekunden offen halten. Nur dann hat der Anfragende die Möglichkeit, auf diese Quotes mit einer Order zu antworten. Nach 150 Anfragen pro Tag kann ein Market Maker weitere Anfragen ablehnen bzw. unbeantwortet lassen. Dieses Market Making wird als **Regular Market Making** bezeichnet. Es ist für weniger liquide Serien vorhanden

Abbildung 2.1: Arten des Market Making

und bezeichnet das Stellen eines **Quotes auf Anfrage** (Quote on Request). Das Market Making wird oft auch als Marktpflege bezeichnet. Denn ohne Market Maker wäre es oft unmöglich, Produkte – vor allem seltene – zu handeln. Hat ein Marktteilnehmer eine Order in einem Produkt eingestellt, wo kein Quote im System vorhanden ist, so fragt das Ordersystem diesen automatisch an. Entweder es erfolgt dann eine Ausführung oder die Order geht in das zentrale Orderbuch über.

    Permanent Market Making ist für Optionen (bestimmte Basispreise im „At the Money"-Bereich) verfügbar. Dabei stellt der Market Maker für die von ihm betreuten Kontrakte **fortlaufend** Quotes. **Diese fortlaufende Quotierung stellt einen schnellen und liquiden Handel sicher.** Daher ist das permanent Market Making von extremer Wichtigkeit. Ohne dieses wäre der schnelle und konsequente Handel nicht möglich. Man spricht beim Quotieren von Paketen (Aktienoptionen, Aktienindexoptionen sowie Optionen auf Fixed Income Futures) vom **Advanced Market Making**. Hierbei wird ebenfalls **fortlaufend** quotiert, wodurch Ausführungen gewährleistet werden. Im Gegensatz zum Permanent Market Making werden hierbei jedoch nicht nur einzelne Serien quotiert, sondern von der Börse vorgegebene Pakete, welche verschiedene Produkte enthalten können.

2.3 Wie erfolgt der Handel an der Eurex?

Der Handel an der Eurex wird in verschiedene Phasen unterteilt.

Pre-Trading-Phase
In dieser können alle Marktteilnehmer Orders erfassen, ändern und streichen. Ein Handel findet jedoch nicht statt.

Opening-Phase

Durch eine Eröffnungsauktion beginnt der Handel an der Eurex. Als erstes wird ein ausgeglichenes Orderbuch geschaffen. Der Ausgleichsprozess entspricht der Berechnung von Eröffnungskursen und gegebenenfalls damit verbundener Eröffnungsgeschäfte. Grundlage für die Preisermittlung ist das Preisniveau, zu dem das größte Ordervolumen ausgeführt werden kann. Bestehende Orders werden nach Möglichkeit zusammengeführt. Sobald dieser Ausgleich fertig gestellt wurde, beginnt die Trading-Periode.

Trading-Periode

Während der Trading-Periode werden offene Orders und Quotes fortlaufend verglichen. Alle in dieser Zeit eingegebenen Orders und Quotes, die besser als oder gleich gut wie bestehende Orders und Quotes auf der entsprechenden Gegenseite des Orderbuchs sind, werden unmittelbar zusammengeführt (Matching). Wenn kein sofortiges Matching für eine Order möglich ist, wird sie gegebenenfalls im zentralen Orderbuch geführt. Die ausgeführten Orders werden real-time rückgemeldet. Orders und Quotes können fortlaufend eingegeben, geändert oder gelöscht werden.

Schlussauktion

Auch hier kommt es zu einem Ausgleich des Orderbuches. In der Schlussauktion werden alle offenen Orders und Quotes übernommen und nach Möglichkeit ausgeglichen. Die Schlussauktion endet für ein bestimmtes Produkt, sobald der Ausgleichprozess (Netting) für alle Futures-Kontrakte, die auf diesem Produkt basieren, abgeschlossen wurde.

Wenn für bestimmte Futures-Kontrakte keine Market Orders vorliegen und eine Zusammenführung von limitierten Orders und Quotes nicht möglich ist oder wenn nicht ausführbare Market Orders vorliegen, endet die Schlussauktion ohne Feststellung eines Schlusskurses.

Post-Trading-Phase

Diese unterscheidet sich in vier weitere Phasen:
* **Post Trading Full**: Hier können Orders erfasst, geändert und gelöscht werden
* **Post Late 1:** Eine Eingaben im OTC Bereich ist nicht möglich
* **Post Late 2:** Die Post-Late-2-Periode gilt ausschließlich für Zinsoptionen am letzten Handelstag
* **Post-Trading Restricted:** Während dieses Zeitraums sind nur Datenabfragen möglich. Orders für den nächsten Handelstag können weiter eingegeben werden, dagegen werden Ausübungen nicht länger vollzogen

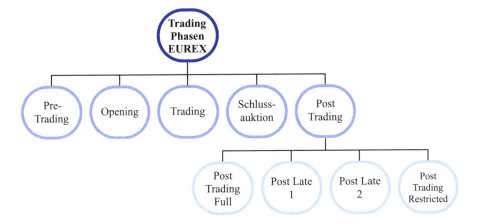

Abbildung 2.2: Die Trading-Phasen an der Eurex

Nach diesen Phasen beginnt die „Stapelverarbeitung" (das Abarbeiten der gehandelten Kontrakte) auf dem Eurex-System, und es sind keine Datenabfragen mehr möglich. Das System wird gepflegt und für den nächsten Handelstag vorbereitet.

Rein theoretisch wäre ein Handel rund um die Uhr möglich. Genau genommen würden nur wenige Minuten reichen, um das System zu pflegen. Die Eurex hat sich jedoch auf konkrete Handelszeiten verständigt. Anders ist dies bei der GLOBEX (Computerhandelssystem der CME in Chicago): Dieses System wird über 23 Std. am Tag betrieben. Nur für Wartungs- und Pflegearbeiten ist es für kurze Zeit offline.

2.4 Welche Produkte können abgeschlossen werden?

Grundsätzlich besteht die Möglichkeit, auf jedes Produkt ein Termingeschäft abzuschließen. Nachfolgend die gängigsten und die dazugehörigen Beispiele:
- Indices
  - DAX®
  - DJ Euro STOXX 50®
  - S&P 500
- Aktien
  - Commerzbank AG
  - ThyssenKrupp AG

- Renten/Zinsmarktprodukten
  - Euro Bund Future (FGBL)
  - 30 year Treasury Future (T-Bond)
- Rohstoffe
  - Öl
  - Gold
  - Frozen Concentrated Orange Juice (FCOJ)

Die aufgeführten Daten sind lediglich einige wenige Beispiele. Im Appendix haben wir viele Kontraktspezifikationen (die Eurex Produkte) zusammengefasst.

2.5 Was versteht man unter Clearing?

Das Clearing ist ein wichtiger Punkt, welcher hinter JEDER Order steht. Denn mit dem Clearing ist die Abwicklung, Besicherung und die geld- und stückmäßige Regulierung der abgeschlossenen Geschäfte gemeint. Das Clearing an der Eurex übernimmt die Eurex Clearing AG.

Die Mitglieder, die auf der Eurex-Plattform handeln dürfen, werden unterschieden hinsichtlich ihres Status beim Clearing.

General-Clearing-Lizenz
Eine solche erhalten Kreditinstitute, die ein haftendes Eigenkapital von mindestens 125 Millionen Euro besitzen. Sie haben das Recht, Transaktionen für Kunden und andere Börsenmitglieder ohne Clearing-Lizenz abzuwickeln.

Direkt-Clearing-Lizenz
Kreditinstitute, welche ein haftendes Eigenkapital von mindestens 12,5 Millionen Euro haben können diese erhalten. Sie dürfen eigene Geschäfte und Kundengeschäfte abwickeln.

Non-Clearing Member
NCM haben keine eigenen Clearingaktivitäten. Doch auch ihnen bleibt die Eurex nicht verschlossen. Sie haben die Möglichkeit über ein General-Clearing-Unternehmen am Eurex-Handel teilzuhaben. Dies setzt eine vertragliche Vereinbarung mit dem General Clearing Member voraus. Diese Verträge stellen ein unabhängiges Rechtsverhältnis dar, denn nur Clearing-Mitglieder können mit der Eurex Clearing AG als Vertragspartner auftreten.

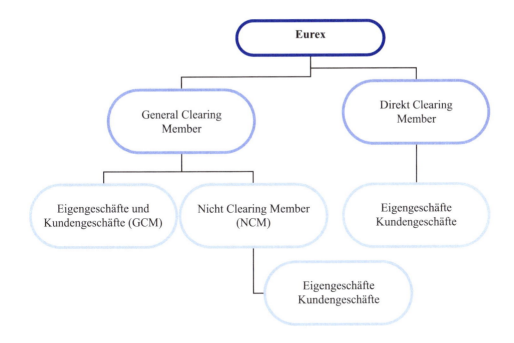

Abbildung 2.3: Mitglieder im Eurex-Handel

2.6   Was gibt es für Orderspezifikationen?

Beim Erteilen von Terminmarktorders sind nachfolgende Termini notwendig:
- Was ist es für ein Termingeschäft?
  – Option oder Future?
  – Bei Optionen: Call oder Put?
- Wird gekauft oder verkauft?
  – Long oder Short?
- Welche Anzahl von Kontrakten?
- Welches Underlying?
- Welcher Verfallsmonat und in welchem Jahr?
- Ggf. Basispreis (bei Optionen)
- Ggf. Limit zur Ausführung (oder Billigst / Bestens = Market Order)
- Ggf. Ordergültigkeit (nur heute (GFD), bis auf Widerruf (GTC) oder bis zu einem bestimmten Datum (GTD))
- Welcher Handelsplatz?

- Gibt es evtl. Besonderheiten?
- Covered- oder Uncovered-Merkmal?
- Ist eine evtl. Kombinationsbezeichung vorhanden?
- Opening oder Closing?
- Evtl. Orderzusätze.

Die Orders können **eingeschränkt oder uneingeschränkt** an den Markt gegeben werden. Dabei nennen wir uneingeschränkte Orders „Market Orders". Diese werden wenn möglich sofort nach Erteilen ausgeführt. Bei eingeschränkten Orders, z. B. Limitorders, kann die Ausführung auf sich warten lassen, denn diese Orders dürfen nur zum Limit oder besser ausgeführt werden. Kann eine Order nicht sofort ausgeführt werden, wird diese ins Eurex-Orderbuch aufgenommen. Dasselbe gilt auch für Teilausführungen. Die nicht ausgeführten Teile werden in das Orderbuch eingestellt.

Einschränkungen
- **Limit:** Hierbei muss ein Limit erreicht werden, damit die Order ausgeführt werden kann. Die Order darf nur zum angegebenen Preis oder besser ausgeführt werden – im Gegensatz zu einer Market Order, welche zum nächsten Preis gehandelt wird.
- **Stopp-Auftrag (STP):** Dies sind Orders bei Futures, welche dann aktiv werden, wenn eine zuvor bestimmte Grenze durchbrochen wurde. Möglich ist das nur beim Kauf über aktuellem Preis und beim Verkauf unter dem aktuellen Preis. Diese Art von Zusatz wird bei Systemorders, die nach technischen Analysen vorgenommen werden, aufgegeben. Gleichzeitig werden damit Sicherungspunkte fixiert. Ein Investor kann sich somit vor Verlusten schützen bzw. im steigenden Markt einen Einstieg an einer z. B. charttechnisch wichtigen Stelle sichern.
- **„Fill and Kill"-Auftrag (FAK):** Unverzügliche Ausführung der Order, auch in Teilen. Die nicht ausgeführten Teile werden annulliert.
- **„Fill or Kill" Auftrag (FOK):** Hier muss der Auftrag komplett und sofort ausgeführt werden. Ansonsten erfolgt eine Annullierung und somit sind Teilausführungen nicht zugelassen.
- **Spread Auftrag:** Eine Spread Order handelt den kompletten Spread in einer Order. Dabei werden Kauf und Verkauf in einem angegeben. Diese Orders sind an der Eurex nur in Futures möglich.
- **Immediate or Cancel Auftrag (IOC):** Die Ausführung soll sofort erfolgen, jedoch sind auch Teilausführungen genehmigt. Die nicht ausgeführten Teile werden annulliert. Diese Orderart ist bei Kombinationsorders in Futures sowie bei Optionen an der Eurex handelbar.

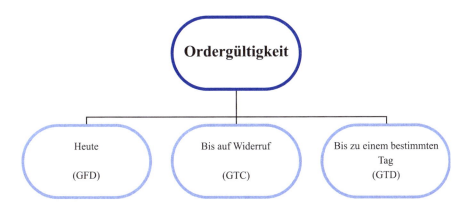

Abbildung 2.4: Unterschiedliche Ordergültigkeit

Orders können mit einer gewissen Gültigkeit aufgegeben werden. Dabei unterscheidet man zwischen Orders, welche nur am Tag der Order gültig sind (**Good for Day; GFD**), Orders, welche bis zu einem gewissen Tag gültig sind (**Good till Date; GTD**) und Orders, welche bis auf Widerruf gültig sind (**Good till Cancelled; GTC**).

Orderausführung

Um ungewollte Preissprünge auszuschließen, hat die Eurex eine maximale Bandbreite bei Futures festgelegt, innerhalb welcher unlimitierte Orders ausgeführt werden dürfen. Dies schützt den Investor (Ordergeber) vor ungewollten Preissprüngen.

Die Orderausführung, das Matching, erfolgt nach dem **Preis-Zeit-Prinzip**: Orders, welche nicht sofort oder nur in Teilen ausgeführt werden können, werden in das elektronische Orderbuch der Eurex aufgenommen und bei Matching-Möglichkeit ausgeführt. Es kann jederzeit zu einer Teilausführung kommen (es sei denn, die Order lässt es nicht zu). Da es sich bei der Eurex um eine Computerbörse handelt, ist die Ausführungsgeschwindigkeit sehr hoch. Nach der Ausführung erteilt das System sofort eine Rückmeldung über die gehandelten Kontrakte (Underlying des Kontraktes), den Ausführungspreis und die ausgeführte Kontraktmenge.

Weitere Ordermöglichkeiten

An anderen Terminbörsen bestehen weitere Ordermöglichkeiten, die sehr differenziert sein können. So ist z. B. eine **Market-if-Touched-Order** eine Order, die dann in Kraft tritt, wenn der angegebene Preis gehandelt wird. Die Order wird anschließend zu einer Market Order. Eine **Not-Held-Order**, auch als **„Take Time"-Order** bezeichnet, gibt dem ausführenden Broker einen gewisse Ermessenspielraum bei der Ausführung: Geht er von einer besseren Ausführung zu einem späteren Zeitpunkt aus, so kann er die Order in sein Orderbuch aufnehmen und nach seinem Ermessen ausführen. Eine Regressmöglichkeit gibt es nicht. Eine **Cancel-Former-Order** beinhaltet immer die Streichung einer Altorder. Im Gegensatz dazu werden bei einer **„One Cancels the other"-Order** verschiedene Kombinationen erfasst. Das bedeutet, dass, wenn eine Order ausgeführt wird, die anderen Order (die gleichzeitig erfasst wurde und als Verbund anzusehen ist) gestrichen wird. Schließlich gibt es noch Orders, welche erst zum Marktschluss oder schon zur Markteröffnung ausgeführt werden müssen. Diese Orders gelten nur für diese Zeiteinheiten und heißen **Market-Opening-** und **Market-Closing-Orders**.

Es ist wichtig, die Orderspezifikationen verstanden zu haben – egal, für welche Orderform man sich, der Situation und dem Positionsbuch entsprechend, entscheidet. Gleichzeitig ist es wichtig, dass man bei seiner Bank / seinem Broker nachfragt, welche Orderarten angeboten werden. Nicht alle Banken / Broker bieten alle Möglichkeiten an. Es ist auch stets zu überprüfen, ob eine Order, so wie sie erteilt wurde, sinnvoll ist. Sinnlose oder nicht marktgerechte Orders sollte man nicht erteilen, und meist werden sie auch von den Banken / Brokern abgelehnt.

Wenn es bei einem Basiswert zu einer Aussetzung an der Börse kommt, so werden i.d.R. alle Terminmarktorders in diesem Underlying von der Terminbörse gelöscht. Nach Wiedereinsetzung müssen diese Orders dann erneut erfasst werden.

2.7   Was gibt es für Verfallstage an der Eurex?

Der Verfall für die Optionsserien an der Eurex ist der **dritte Freitag** im Monat. Indexfutures verfallen zusätzlich am dritten Freitag im Quartalsendmonat (beides ist international gängig). Der letzte Handelstag für die Fixed Income Futures ist 2 Börsentage vor dem Liefertag (Liefertag = der zehnte Tag des Verfallsmonats). Die Optionen auf Fixed Income Futures werden zuletzt 6 Börsentage vor dem ersten Kalendertag des Verfallsmonats der Option gehandelt. Die Weekly Options werden im Verfallszyklus 1., 2., 4., 5. Freitag gehandelt.

Zusammenfassung:

Die Eurex gilt heute als einer der führenden Terminbörsen der Welt, welche durch den Zusammenschluss von DTB und SOFFEX im Jahr 1998 entstanden ist. Die Eurex arbeitet vollständig als computergesteuerte Börse. Durch ein aktives Market Making ist ein schneller und liquider Handel gewährleistet. Das Produktangebot ist vielfältig und wird den aktuellen Marktgegebenheiten angepasst und stetig erweitert. Das Sicherheitssystem ist mehrstufig organisiert und baut aufeinander auf. Die Handelsteilnehmer können verschiedene Mitgliedsstufen beantragen. Der Handel an der Eurex zeichnet sich durch schnelle, faire und kostengünstige Abwicklung und ein faires Pricing der gehandelten Options- und Future-Serien aus.

3 Optionen – bedingte Termingeschäfte

In diesem Kapitel sollen folgende Fragen beantwortet werden:
1. Was versteht man unter Optionen und worin unterscheiden sich Call- und Put-Optionen?
2. Worin unterscheiden sich Optionen?
3. Was sind Weekly Options?
4. Wann ist es sinnvoll, Weekly Options zu handeln?
5. Was sind Low Exercise Price Options?

3.1 Was versteht man unter Optionen und worin unterscheiden sich Call- und Put-Optionen?

Ganz nüchtern betrachtet, ist eine Option ein zeitlich begrenzter bilateraler Vertrag, welcher mit einem Wahlrecht ausgestattet ist. Aufgrund der Standardisierung ist es möglich, diese Verträge an den Terminbörsen zu handeln. Das Wort Option kommt vom lateinischen „**optio**", welches mit „freier Wille" oder „das Recht zu wünschen" zu übersetzen ist. Der Investor hat also ein Wahlrecht. Optionen, welche individuell ausgestaltet werden, nennt man, wie schon angesprochen, **OTC-Optionen**. Diese werden nur zwischen den vertragsschließenden Parteien ohne Zwischenschaltung einer Terminbörse abgeschlossen. Optionen haben immer eine asymmetrische Risikoverteilung.

Grundsätzlich unterscheidet man zwei verschiedene Optionstypen, der Call-Option (Kaufoption) und der Put-Option (Verkaufsoption):

Call-Option

Die Call Option (Kaufoption) stattet den Käufer (nennt man: Long) mit dem Recht aus, jedoch nicht mit der Pflicht, zum Kauf eines zugrunde liegenden Basiswertes (Underlying) in einer bestimmten Menge (Kontraktgröße), innerhalb einer bestimmten Frist (Laufzeit) oder zu einem bestimmten Termin (letzter Handelstag), zu einem bei Vertragsabschluss festgelegten Preis (Basispreis).

Beispiel:

Ein Investor will sich in der x-Aktie engagieren. Er geht aufgrund seiner Analyse von steigenden Kursen aus. Anstatt ein direktes Investment in die Aktie zu tätigen, kauft er Call-Optionen. Durch den geringeren Liquiditätseinsatz kann er deutlich mehr Optionen als Aktien kaufen. Sollte die von ihm erwartete Kursbewegung eintreffen, profitiert er aufgrund des Hebeleffekts deutlich stärker davon.

Put-Option

Die Put Option (Verkaufsoption) räumt für den Käufer (Long) das Recht ein, jedoch nicht die Pflicht, einen zugrunde liegenden Basiswert (Underlying), in einer bestimmten Menge (Kontraktgröße), innerhalb einer bestimmten Frist (Laufzeit) oder zu einem bestimmten Termin (letzter Handelstag), zu einem im Vorhinein festgelegten Preis (Basispreis) zu verkaufen.

Beispiel:

Ein Investor hat y-Aktien im Bestand. Er befürchtet, dass der Kurs sinken wird, ist sich jedoch nicht ganz sicher. Zum Absichern seines Bestandes kauft er Put-Optionen auf die y-Aktie. Somit kompensiert er bei einem Kursrückgang die Verluste. Die erworbenen Puts verlieren im Falle eines Kursanstieges an Wert. Der Investor realisiert also einen Verlust über die Optionsposition. Steigen allerdings die Aktien mehr als der Verlust, kompensiert er diesen wieder. Hätte er die Aktien seinerzeit verkauft, hätte er von der Steigerung nicht mehr profitieren können. Nun hat er wenigstens noch teilweise einen Ertrag erhalten. Hätte er die Aktien im Vorfeld verkauft, so wäre dieser Teilgewinn nicht mehr möglich gewesen.

Dem Käufer (Long) steht ein Verkäufer (nennt man: Short; Stillhalter) gegenüber. Er hat kein Wahlrecht, sondern ist an die Willensäußerung des Käufers

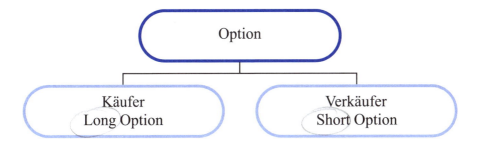

Abbildung 3.1: Optionen und beteiligte Parteien

Tabelle 3-1: Rechte und Pflichten bei Optionen

	Recht	Pflicht
Käufer	Ausübung	Zahlung der Prämie
Verkäufer	Erhalt der Prämie	Lieferung bzw. Abnahme

gebunden. Dafür erhält er vom Käufer die Prämienzahlung. Er ist somit die Verpflichtung eingegangen (er hat kein Wahlrecht), im Falle einer Ausübung, die
festgelegte Menge des Basiswertes zum vereinbarten Zeitpunkt und Preis zu verkaufen (Call) oder zu kaufen (Put).

3.2 Worin unterscheiden sich Optionen?

Optionstyp
Wir haben im Vorangegangenen gehört, dass sich Optionen nach den Optionstypen Call und Put unterscheiden.

Ein weiteres Unterscheidungskriterium gibt es bei Art der Ausübung: Es gibt
Optionen, die während der gesamten Laufzeit ausgeübt werden können. Man
spricht hierbei von Optionen des amerikanischen Stils (**American-Style Option**).
In der Regel sind dies Optionen, die auf Einzelwerte lauten. Eine Option, die nur
am Laufzeitende (letzter Handelstag) ausgeübt werden kann, bezeichnet man als
European-Style Option. Diese Ausgestaltung findet man hauptsächlich bei Index
Optionen.

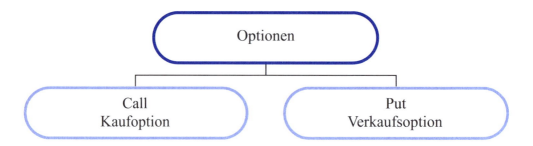

Abbildung 3.2: Unterteilung nach Optionstypen

Natürlich differieren Optionen auch bezüglich des Basiswertes. Dieser gibt an, welche Ware oder welches Wertrecht (z. B. welche Aktie) der Option zu Grunde liegt. Im Fachterminus spricht man vom **Underlying**. Das Underlying ist somit das Handelsobjekt, auf welches ein Termingeschäft lautet. Dies können Aktien, Indices, Rohstoffe und auch andere Termingeschäfte sein.

Schließlich gibt es noch Unterschiede in der Art der Belieferung der Optionen. Hier unterscheidet man zwischen **Cash Settlement** (Barausgleich) und der **physischen Belieferung** (Belieferung z. B. in Stücken). Ein Cash Settlement findet immer dann statt, wenn keine physische Belieferung möglich ist. Dies ist z. B. bei Indexoptionen der Fall. Dabei wird die Differenz zwischen dem Underlying und dem Basispreis in bar ausgeglichen. Wenn ein Underlying zu liefern ist (Aktienoptionen), so erfolgt eine physische Lieferung über das Clearing Haus.

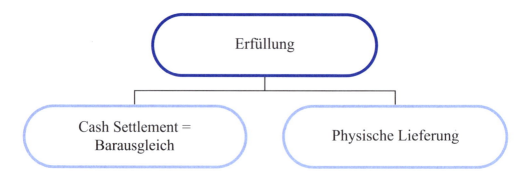

Abbildung 3.3: Möglichkeiten der Erfüllung

3.3 Optionshandel

Kontrakt

Wir haben nun schon mehrfach von Kontrakten gesprochen und wollen dies nun kurz erläutern und genau definieren. Ein Kontrakt ist ein Mindestabschluss bei einem Termingeschäft und umfasst z. B. bei klassischen Aktienoptionen 100 Aktien. Bei Indexoptionen werden die Optionspreise in Indexpunkten angegeben und müssen zur Errechnung der Beträge mit dem Indexmultiplikator multipliziert werden. Dieser ist je nach Index festgelegt. Der Deutsche Aktienindex (DAX®) hat z. B. bei Optionen einen Indexmultiplikator von 5 Euro pro Punkt, der Dow Jones Euro STOXX 50® hingegen von 10 Euro pro Punkt. Die jeweiligen Multiplikatoren werden von der Terminbörse veröffentlicht und sind im Regelwerk ersichtlich. Ein Kontrakt ist die kleinste handelbare Einheit eines Termingeschäftes und gibt somit die Quantität an. Die Wortherkunft lässt sich aus der Kanzleisprache des 15. Jahrhunderts für eine verbindliche Abmachung oder einen Vertrag herleiten (lat. contractus = Vertrag).

Prämienzahlung bzw. Prämienerhalt

Die Prämie (lat. praemium = Gewinn oder Vorteil), welche bei einem Optionsgeschäft bezahlt bzw. empfangen wird, ist immer gleich im Anschluss zu entrichten. Sie wird dem Short-Investor sofort zur Verfügung gestellt. Somit hat ein Long Investor noch am selben Tag einen Liquiditätsaufwand und ein Short Investor einen Liquiditätszuwachs. Diese Zahlungsweise gilt für alle klassischen Optionen.

Ausübungmöglichkeiten

Ein Auftrag geht in die Nachverarbeitung ein, wenn eine Option aktiv ausgeübt wird (**Exercise**). Dafür werden Clearing-Teilnehmer mit den entsprechenden Short-Positionen ermittelt und bekommen dann per Losverfahren eine Ausübung zugeteilt. Am darauf folgenden Tag werden die Kunden informiert und die Abwicklung in die Wege geleitet. Eine aktive Ausführung wird „Exercise" genannt, eine passive (für den Short Investor) „**Assignment**". Das Assignment ist somit der Auftrag zur Lieferung bzw. Abnahme, welche aus der Ausübung resultiert.

In der Praxis bedeutet dies: Wird ein Long Call ausgeübt, so muss ein Short-Call-Investor die zugrunde liegenden Stücke liefern. Die Lieferung erfolgt über die Clearing-Gesellschaft. Bei einem Long Put liefert der Ausübende an den Stillhalter die Stücke. Dieser muss sie dann abnehmen. Nach der Ausübung ist die Option für beide aufgehoben. Der Vertrag wurde erfüllt und somit beendet. Ein Revolvieren des ursprünglichen Optionsrechtes ist nicht möglich. Lediglich ein Neuabschluss an der Terminbörse ist realisierbar. Der Investor geht also einen neuen „Vertrag" ein und schließt somit auch ein neues Termingeschäft ab.

Besonderheiten bei Ausübungen

Aufgrund der Thematik hinsichtlich Dividendenzahlungen hat die Eurex beschlossen, Ausübungen am Tag der Hauptversammlung nicht mehr zuzulassen. Früher war dies möglich, verbunden mit einer Stornobuchung der Dividende. Aufgrund der Komplexität eines solchen Prozess ist man dazu übergegangen eine Ausübung nicht mehr zuzulassen. Sollte der Hauptversammlungstermin auf den letzten Handelstag fallen, ist der letzte Ausübungstag für die betroffene Optionsserie ein Tag vor dem letzten Handelstag.

Optionsprodukte

Man könnte auf jedes Underlying eine Optionsstrategie aufsetzen und diese auch umsetzen. In der Praxis handelt es sich jedoch um die liquiden und gängigen Aktien der großen und mittelgroßen Indices sowie auf ausgewählte exotische Titel. Bei den Indexoptionen wird ebenfalls nach der Marktgängigkeit bzw. nach der Nachfrage am Markt über eine Handelszulassung entschieden. So werden z. B. alle DAX®-30-Titel angeboten. Hierbei ist darauf zu achten, welche Termingeschäfte der abwickelnde Broker oder die Bank anbietet. Wichtig ist, dass für jedes gehandelte Termingeschäft eine sichere Clearing-Abwicklung zur Verfügung steht. Nur mit dieser kann ein sicherer Geschäftsabschluss für alle Parteien gewährleistet werden, und dies ist auch der Grund, weshalb Banken und Broker nur die Kontrakte anbieten, welche sie auch abwickeln können.

Oft werden dieselben Kontrakte an unterschiedlichen Börsen gehandelt. Daher sollten die Investoren auf die Liquidität und die Abwicklung achten. Es ist meistens zu empfehlen, die Kontrakte aufgrund der höheren Liquidität an der Heimatbörse abzuwickeln. Die jeweiligen Kontraktspezifikationen sind in den Regelwerken der Terminbörsen niedergeschrieben und müssen VOR dem ersten Geschäftsabschluss eingesehen werden! Dies verhindert eine negative Überraschung hinsichtlich der Kontraktbestandteile. Gleichzeitig muss sich der Investor vor Abschluss Gedanken über eine eventuelle Erfüllung oder eine Exit-Strategie machen.

3.4 Was sind Weekly Options?

Außerhalb des normalen Verfallszyklus (dritter Freitag im Monat) bietet die Eurex seit dem 24.04.2006 auch **Weekly Options** an. Diese haben die Besonderheit, dass sie am ersten, zweiten oder vierten Freitag im Monat verfallen. Sie ergänzen somit die Produktpalette für die Laufzeiten innerhalb eines Verfallszyklus. Es gibt auch Optionen, welche am fünften Freitag eines Monats verfallen. Sollte es einen solchen in diesem Monat nicht geben, ist der Verfallstag der nächste fünfte Freitag.

3.4.1   Wann ist es sinnvoll, Weekly Options zu handeln?

Die wöchentlichen Optionen sind dann sinnvoll, wenn man den Zwischenraum zwischen zwei „regulären" Verfallsterminen abdecken möchte. Dies kann beispielsweise während der Quartalsberichtszeit praktisch sein. Gleichzeitig nutzen viele institutionelle Investoren diese Optionen, um flexibler arbeiten zu können. Vor ihrer Börseneinführung wurden die Weekly Options nur am OTC-Markt gehandelt. Da die Serien nur sehr kurz laufen, haben Weekly Options eine hohes Gamma-Exposure, dies bedeutet eine hohe Entwicklungsdynamik des Optionspreises bei Veränderung des Underlying. Mittels dieser Optionsserien lassen sich Spekulations- wie auch Hedging-Strategien genau abstimmen. So kann man zum Beispiel eine Spekulationsstrategie kurz vor Veröffentlichung neuer Geschäftszahlen eines Unternehmens aufbauen. Dies gilt auch für Absicherungsgeschäfte, wenn man von negativen Daten ausgeht.

Derzeit sind DAX®, Dow Jones Euro STOXX 50® und SMI® abgedeckt. Die Kontraktspezifikationen entsprechen der „normalen, langen" Serien.

3.5   Was sind Low Exercise Price Options?

Low Exercise Price Options (**LEPO**) sind Optionen mit einem Ausübungspreis von annähernd Null. Daher nennt man Sie auch **Zero-Strike Options**. Die Optionen notieren somit **TIEF im Geld** und reagieren analog zum Underlying. Diese Optionen werden z. B. für die Konstruktion von „Strukturierten Produkten" verwendet. Der Vorteil gegenüber einem Direktinvestition ist, dass man Stillhalterpositionen aufbauen kann, ohne eine Wertpapierleihe vornehmen zu müssen. Somit stehen diese Instrumente auch Investoren zur Verfügung, welche sich nicht an Wertpapierleihetätigkeiten engagieren können bzw. wollen. Viele Zero-Strike-Options werden auch OTC gehandelt beziehungsweise, wenn es sich um eine große Anzahl von Kontrakten handelt, auch als Blocktrade über die Börse. Der tägliche Abrechnungspreis wird über das **Binominalmodell** von Cox, Ross & Rubinstein bestimmt. Sollte es notwendig sein, so werden Dividendenzahlungen, aktuelle Zinsen und sonstige Ausschüttungen berücksichtigt.

3.6 Das Closing – Beenden eines Termingeschäftes

Sofern ein Investor sich von seinen Termingeschäften lösen möchte so kann er dies während der Laufzeit durch die Glattstellung (Closing) der offenen Kontrakte tun. Die Glattstellung erfolgt durch ein Gegengeschäft, welches dazu führt, dass sämtliche Rechte und Pflichten aus dem ehemals offenen Kontrakt erlöschen.

Tabelle 3-2: Opening und Closing

Opening	Closing
Long Call	Short Call
Short Call *(Ich muss verkaufen)*	Long Call *(Ich kann kaufen)*
Long Put	Short Put
Short Put	Long Put

Beispiel:

(muss kaufen)

Ein Investor hat 100 offene Short-Put-Kontrakte auf die x-Aktie. Er möchte sich dieses Risikos entledigen. Daher schließt er die 100 offenen Short-Put-Kontrakte durch ein Gegengeschäft. Er kauft also 100 Long-Put-Kontrakte mit derselben Ausgestaltung. Die Differenz aus Verkauf und Rückkauf ist sein Gewinn oder Verlust.

Short Put 100 X Kontrakte = 15.000 EUR
Long Put 100 X Kontrakte = 10.000 EUR

In unserem Beispiel macht der Investor einen Gewinn von 5.000 EUR.

Hat ein Investor eine Long Option erworben und möchte diese wieder schließen, so verkauft er sie. Hat er im Grundgeschäft die Option verkauft, muss er diese im Closing wieder zurückkaufen.

In der Praxis werden Closing-Orders mit einem dazugehörigen Closing-Vermerk versehen.

3.7 Roll-Over

Ein Roll-Over ermöglicht es einem Investor, seine Position über den letzten Handelstag hinaus zu verlängern. Er schließt die bestehende Position und macht sie gleichzeitig mit einem späteren Verfallstermin wieder auf. Ein solcher Roll-Over kann den Basispreis und / oder die Kontraktanzahl verändern. Wenn dem Investor durch dieses Geschäft keine weiteren Aufwendungen entstehen, so spricht man von einem prämienneutralen Roll-Over. Der Roll-Over verlängert die Position also über den ursprünglichen Laufzeithorizont hinaus. Durch eine Adjustierung der Kontraktanzahl und / oder des Basispreis kann der Investor Einfluss auf die Optionsposition nehmen und diese den aktuellen Marktgegebenheiten anpassen.

Beispiel:

> Investor A hat 100 Kontrakte auf den X-Future „long" offen. Da er davon ausgeht, dass der X-Index weiter steigen wird, will er seine Position über den ursprünglichen Verfallstag verlängern. Er verkauft zeitgleich die 100 alten Kontrakte und deckt sich wieder mit 100 neuen Kontrakten mit einem späteren Verfallstermin ein. Somit hat er seine ursprüngliche Position auf den neuen Verfallstag hin verlängert.

Zusammenfassung:
Wir unterscheiden zum einen börsengehandelte Optionen und OTC-Optionen. Innerhalb der Optionen unterscheiden wir in Kaufoptionen (Call) und Verkaufsoptionen (Put). Optionen, die während der Laufzeit ausgeübt werden können, werden „amerikanische Optionen" genannt. Optionen, welche nur am Ende der Laufzeit ausgeübt werden können nennt man Optionen nach „europäischem" Stil. Ferner wird unterschieden, ob die Optionen in cash (also Geld) oder physisch beliefert werden. Möchte ein Investor seine Optionsposition vorzeitig glattstellen und sich aus allen Rechten und Pflichten lösen, so führt er ein Closing (Gegengeschäft) durch. Zusätzlich besteht die Möglichkeit einer Verlängerung der Optionsposition, welche durch einen Roll-Over erreicht werden kann.

4 Preisbildung von Optionen

In diesem Kapitel sollen folgende Fragen beantwortet werden:
1. Wie erfolgt die Preisbildung von Optionen in der Theorie?
2. Welche Werttreiber beeinflussen die Optionspreisbildung?
3. Was bedeuten die Greeks?
4. Was versteht man unter Put-Call-Parität?
5. Wie wird der Optionspreis nach dem Black-Scholes-Modell bestimmt?
6. Wie wird der Optionspreis nach dem Binomial-Modell bestimmt?

4.1 Wie erfolgt die Preisbildung von Optionen in der Theorie?

An den Terminbörsen werden Optionen zu Preisen gehandelt, welche wir auch Prämien nennen und welche theoretisch ermittelt werden können. Doch bevor wir auf die komplexe Thematik der Preisberechnung kommen, wollen wir zuerst einen Blick auf die Grundlagen der Optionspreisbestimmung werfen.

Innerer Wert

Grundsätzlich besteht der Optionspreis aus zwei Komponenten: dem **inneren Wert** und dem **Zeitwert**.

Der innere Wert ist vereinfacht gesagt, die positive Differenz zwischen dem Basispreis und dem Kurs des Underlying.

Ein Call besitzt einen inneren Wert, wenn der Kurs des Underlying größer ist als der Basispreis der Option.

Beispiel:

Underlying: 30 EUR
Basispreis: 28 EUR
Innerer Wert: 2 EUR

Bei einem Put ist ein innerer Wert vorhanden, wenn der Kurs des Underlying kleiner ist als der Basispreis der Option.

Beispiel:

Underlying: 30 EUR
Basispreis: 32 EUR
Innerer Wert: 2 EUR

Aufgrund dieser Thematik ergeben sich drei Möglichkeiten einer Preisstellung. Daher kann eine Option: **am Geld (ATM), im Geld (ITM)** oder **aus dem Geld (OTM)** liegen.

Tabelle 4-1: Möglichkeiten der Preisstellung

	Im Geld *(Innerer Wert)*	Am Geld	Aus dem Geld
Call	Kurs Underlying > Basispreis	Kurs Underlying = Basispreis	Kurs Underlying < Basispreis
Put	Kurs Underlying < Basispreis	Kurs Underlying = Basispreis	Kurs Underlying > Basispreis

Der Realwert einer Option am Ende der Laufzeit kann also als innerer Wert bezeichnet werden.

Der Innere Wert kann nie negativ werden, aber gleich Null sein.

Da aber auch aus dem Geld liegende Optionen einen Wert besitzen, ist noch ein anderer Faktor für die Optionspreisgestaltung von immenser Bedeutung: der Zeitwert.

Der Zeitwert

Wenn es den Zeitwert nicht geben würde, hätten nur Optionen, die im Geld sind, einen Preis. Dieser würde dann genau den „Im-Geld-Betrag" entsprechen.

Der Zeitwert ist die Differenz zwischen dem inneren Wert und der Optionsprämie (**Zeitwert = Optionspreis – innerer Wert**). Eine weitere fundamentale Aussage ist, dass der Zeitwert umso größer ist, je länger die Restlaufzeit der Option. Diese Aussage ergibt sich aus der Funktion des Zeitwertes. Denn je länger die Restlauf-

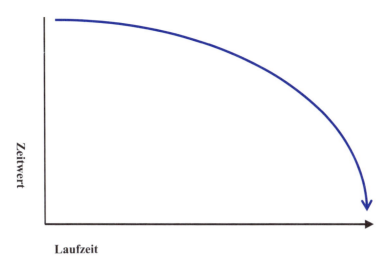

Abbildung 4.1: Die Zeitwert-Funktion

zeit, umso größer ist die Chance, dass die Option im Geld endet und somit am letzten Handelstag einen Realwert (inneren Wert) aufweist.

Der Zeitwert nimmt jedoch mit abnehmender Restlaufzeit ebenfalls ab. Die Abnahme des Zeitwertes ist nicht linear, sondern verstärkt sich gegen Ende der Laufzeit exponentiell. Dieses Phänomen lässt sich auch aus der Funktion herleiten. Je länger die Chance besteht, dass die Option im Geld endet, desto größer ist der Zeitwert. Im Umkehrschluss gilt auch, dass der Zeitwert schneller abnimmt, je geringer die Chance. Denn die Chance, dass die Option gewinnbringend endet, nimmt aufgrund des herannahenden letzten Handelstags von Tag zu Tag schneller ab und verstärkt die Gefahr eines wertlosen Verfalls.

Aus diesen Gründen gelten folgende Faustregeln:

Optionen mit kurzer Restlaufzeit sollten verkauft werden, da der Zeitwertverfall für den Investor läuft. Umgekehrt sollten Optionen mit langer Restlaufzeit gekauft werden.

Zuvor haben wir erläutert, dass Optionen, die aus dem Geld sind, keinen inneren Wert haben. Ergänzend müssen wir noch Folgendes klarstellen: Optionen, die tief im Geld liegen, haben fast keinen Zeitwertaufschlag mehr, weil die Funktion des Zeitwertes – nämlich, dass die Option im Geld endet – bereits erfüllt ist. Die Wahrscheinlichkeit, dass die Option im Geld endet, ist somit gegeben.

Vorzeitige Ausübung von Optionen

Der oben dargestellte Preismechanismus macht deutlich, dass es oftmals ungünstig ist, eine Option lange vor ihrem Verfallstag auszuüben, da sonst ein großer Zeitwertbetrag als Verlust eingeht. Lassen Sie uns dies an einem Beispiel aufzeigen:

10 Long-Call-Optionen auf die X-Aktie

Basis: 50 EUR

Aktienkurs: 55 EUR

Optionspreis: 7,50 EUR

Laufzeit: 3 Monate

Die Ausübung dieser Position würde dazu führen, den Zeitwert von 2,50 Euro (7,50 Optionspreis – 5 Euro Im-Geld-Betrag / Innerer Wert = 2,50 EUR Zeitwert) zu verlieren. Wir würden zwar die Aktien mit 50 EUR kaufen, jedoch 2,50 EUR Zeitwert als Verlust realisieren.

Wenn der Investor von einem baldigen Fallen des Underlying ausgeht und deshalb gerne seinen Gewinn realisieren möchte, ist es zu empfehlen die Optionsposition zu schließen. Dadurch realisiert er sowohl den Zeitwert als auch den inneren Wert der Option.

Die Short-Spekulation in Optionen bezieht sich immer auf den Zeitwert, welcher oft auch als Aufgeld angegeben wird.

4.2 Welche Werttreiber beeinflussen die Optionspreisbildung?

Der Kurs des Underlying

Der Preis des Underlying ist einer der größten Einflüsse, da sich die Option mit diesem bewegt. Ein Call nimmt somit im Preis zu, wenn sich das Underlying verteuert; umgekehrt fällt es, wenn das Underlying preiswerter wird. Beim Put ist dieser Zusammenhang genau umgekehrt. Dieser wird teurer, wenn das Underlying sinkt und preiswerter, wenn es steigt.

Dieser Mechanismus ergibt sich aus den Grundlagen der beiden Ausrichtungen: Das Recht, ein Gut zu kaufen, wird teurer, wenn dieses Gut teurer wird. Das Umgekehrte gilt für das Recht, das Gut zu verkaufen: Sobald es im Preis sinkt, wird das Verkaufsrecht im Verhältnis zum Preis des Underlying teurer.

Somit zeigt sich auch die Tatsache, dass ein Derivat (als Ableitung einer Grundstruktur) mit dieser in einer ständigen Abhängigkeit zum Preis der Grundstruktur steht. Infolgedessen ist eine Preisänderung des Underlying auch immer mit einer Preisänderung des Derivates verbunden.

Die Volatilität

Die Volatilität (lat. volare = fliegen) ist ein statistisches Maß für die Intensität der Schwankungen eines Underlying innerhalb eines gewissen Zeitraums (aggregiertes Gesamtrisiko). Die Volatilität gibt nur das Ausmaß der Schwankungen an, nicht deren Richtung. Bei einer **historischen Volatilität** von 10 und einem Mittelwert von 100 schwankt das Underlying zwischen 90 und 110. Die Berechnung der Volatilität fußt auf der Berechnung der Standardabweichung (*s*), welche wiederum die Quadratwurzel der **durchschnittlichen mittleren quadratischen Abweichungen** eines Underlying ist. Die Standardabweichung misst, wie stark die einzelnen Renditen der Perioden um den Mittelwert schwanken. Die quadrierte Standardabweichung, s_2, wird auch als Varianz bezeichnet. Dennoch ist die Standardabweichung adäquater, obwohl oder gerade weil die Varianz sich leichter errechnen lässt.

Formel:
$$\sigma = \sqrt{\frac{1}{n} \times \sum_{i=1}^{n} \left(r_i - \mu \right)^2}$$

Man kann nun sagen, dass sich zwei Drittel aller zukünftigen Kurse in diesem Vola-Schwankungsgürtel befinden werden. Daher ist es möglich, die Schwankungsintensität ab- und das damit verbundene Risiko einzuschätzen. Gerade die Risikoeinschätzung ist meist von immenser Wichtigkeit.

Optisch kann dies mit Hilfe des Gauß Glockenmodels (Gaußsche Glockenkurve) dargestellt werden:

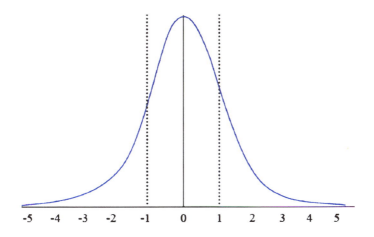

Abbildung 4.2: Die Gauß'sche Glockenkurve

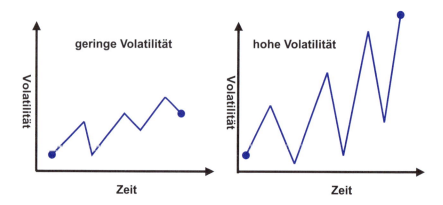

Abbildung 4.3: Geringe vs. hohe Volatilität

Der Zeitwert einer Option ist sehr volatilitätsanfällig. Grundsätzlich gilt: Je höher die Volatilität, desto höher ist der Zeitwert der Option. Die Optionspreise steigen bei einem Anstieg der Volatilität und sinken bei ihrem Rückgang.

Oft wird im Zusammenhang mit der Volatilität auch von der **impliziten Volatilität** gesprochen. Wir werden dies an späterer Stelle in diesem Kapitel ebenfalls noch tun. Doch vorab sei der Begriff erklärt: Die implizite Volatilität ist jene Volatilität, welche sich aus den gerade gehandelten Marktpreisen der Optionen ergibt. Sie reflektiert die Volatilitätserwartung der Marktteilnehmer bezüglich der zukünftigen Entwicklung des Underlying. Die implizite Volatilität kann deutlich von der historischen und statistisch belegbaren Volatilität abweichen. Man spricht auch von der gehandelten oder eingepreisten Volatilität. Diese von den Marktteilnehmern „gefühlte" und somit auch bezahlte beziehungsweise geforderte Volatilität ist ein wichtiger Bestandteil der Optionspreisbestimmung beziehungsweise der bezahlten Prämien an sich. Die implizite Volatilität lässt sich durch das Verfahren der Iteration aus der Black-Scholes-Formel ableiten.

Der Marktzins

Bei einem steigenden Marktzins verteuert sich der Preis eines Calls und der des Puts vermindert sich. Diese Funktion gleicht den Marktzinsvorteil beziehungsweise Marktzinsnachteil der verschiedenen Optionsformen aus. So wird ein eventuell resultierender Nachteil aus dem Investment in Optionen gegenüber dem Direktinvestment oder der direkten Order im Underlying ausgeglichen.

Dividendenauszahlungen

Dividendenauszahlungen wirken sich **direkt** und **indirekt** auf das Underlying aus. Aufgrund ihres direkten Einflusses führen sie bei Calls zu sinkenden und bei Puts zu steigenden Preisen. Dieser Mechanismus gilt jedoch nur für Optionen des amerikanischen Typs. Bei Optionen des europäischen Typs werden die erwarteten Dividenden in die Preisberechnung des Optionspreises mit einbezogen. Im Zusammenhang mit Dividendenzahlungen ist es auch wichtig, dass bei Indexoptionen die zugrunde liegenden Indices differieren. Es gibt Performanceindices (die ausgeschütteten Dividenden werden rechnerisch wieder in den Index investiert) und Preisindices (Dividendenzahlungen gehen als Verlust ein und führen somit zu einem Rückgang des Index). Diese Tatsache ist entscheidend, da sie einen direkten Einfluss auf die Optionspreisbestimmung hat.

Restlaufzeit

Wie bereits erwähnt, ist die Restlaufzeit die letzte große Einflusskomponente. Je kürzer die Restlaufzeit, desto größer deren Preis mindernde Wirkung. Der Zeitwert in der Option nimmt exponentiell ab, da die Chance, dass die Option im Geld endet, geringer wird. Somit nimmt der Einfluss des Zeitwertes bei abnehmender Restlaufzeit zu!

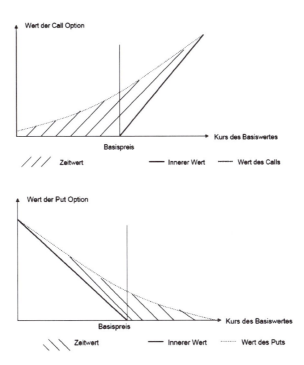

Abbildung 4.4: Darstellung des Zeitwertes innerhalb der Option (Call und Put)

Tabelle 4-2: Einflussparameter im Überblick

Einflussparameter		Optionspreis Call	Optionspreis Put
Underlying	steigt	steigt	fällt
	fällt	fällt	steigt
Volatilität	steigt	steigt	steigt
	fällt	fällt	fällt
Restlaufzeit	fällt	fällt	fällt
Marktzins	steigt	steigt	fällt
	fällt	fällt	steigt
Dividendenzahlung amerikanisch europäisch		fällt	steigt
		gleich bleibend	gleich bleibend

4.3 Was bedeuten die „Greeks"?

Die Sensitivitätsfaktoren, im Fachjargon „Greeks" (Griechische Schriftzeichen) genannt, geben an, wie sich die Veränderung eines Einflussparameters auf den Optionspreis auswirkt.

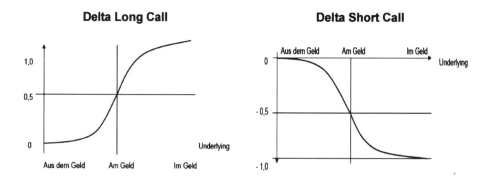

Abbildung 4.5: Darstellung des Delta

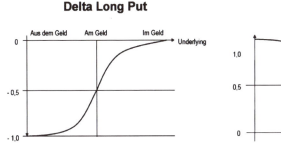
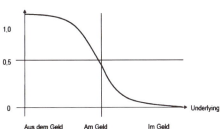

Abbildung 4.5: (Fortsetzung) Darstellung des Delta

Delta

Das Delta einer Anlage ist ein Maß für den Einfluss des Basiswertes auf die zu-gehörige Option und gibt an, wohin sich der Optionspreis bewegt, wenn sich das Underlying um eine Einheit verändert. Das Delta erklärt somit den direkten Ein-fluss des Underlyings auf die Option.

Nachfolgend sehen wir die Vorzeichenübersicht der jeweiligen Deltapositionen:

Tabelle 4-3: Vorzeichen Call- und Put-Delta

	Long	Short
Call	+	–
Put	–	+

Deltawerte:

Tabelle 4-4: Delta-Werte

Delta eines	Out of the money	At the money	In the money
Long Call / Short Put	ca. 0 bis 0,5	ca. 0,5	ca. 0,5 bis 1
Long Put / Short Call	ca. 0 bis –0,5	ca. –0,5	ca. –0,5 bis –1

Gamma

Während das Delta die Abweichung des Optionspreises anzeigt, informiert das Gamma darüber, um wie viel sich das Delta einer Option verändert, wenn sich der Kurs des zugrunde liegenden Basiswertes um eine Einheit verändert. Das Gamma ist das „**Delta vom Delta**" und kann somit als zweite Ableitung aus dem Optionspreis oder die erste Ableitung des Deltas gesehen werde. Das Gamma misst folglich die Steigerung des Deltas.

Rho

Das Rho informiert wie stark sich der Wert einer Option bei einer Änderung des Zinssatzes um einen Prozentpunkt verändert.

> **Rho ist bei einem Long Call und einem Short Put immer positiv.**
> **Rho ist bei einem Long Put und bei einem Short Call immer negativ.**

Theta

Das Theta einer Option zeigt auf, wie viel eine Option jeden Tag an Zeitwert verliert, wenn sich der Kurs und die Rahmenbedingungen des zugrunde liegenden Basiswertes nicht ändern. Die stärkste Sensitivität ist zu messen bei At-the-Money-Optionen mit kurzer Laufzeit.

Beträgt das Theta einer Option 0,25, bedeutet dies, dass die Option „über Nacht" theoretisch 0,25 EUR an Wert verliert.

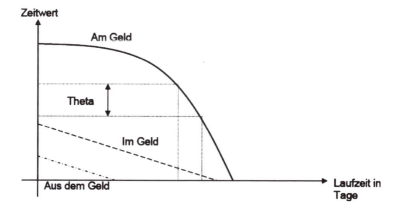

Abbildung 4.6: Darstellung des Theta

Vega

Die Veränderung der Volatilität um einen Prozentpunkt und deren Einfluss auf den Optionspreis werden durch das Vega abgeleitet.

Beispiel:

Wenn eine Option bei einer Volatilität von 25 Prozent ein Vega von 1,7 aufweist, bedeutet dies, dass sich bei einem Anstieg/Rückgang der Volatilität von 25 auf 26 Prozent bzw. von 25 auf 24 Prozent – ceteris paribus – der Wert der Option auf das 1,7-Fache erhöht/verringert. Demzufolge nimmt das Vega mit abnehmender Restlautzeit ebenfalls ab.

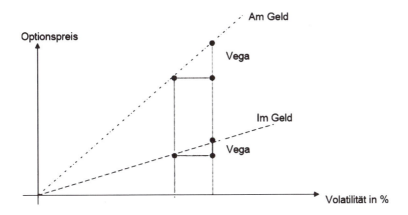

Abbildung 4.7: Darstellung des Vega

Tabelle 4-5: Vorzeichenübersicht der Greeks:

	Delta	Gamma	Vega	Theta	Rho
Long Call	Positiv	Positiv	Positiv	Negativ	Positiv
Short Call	Negativ	Negativ	Negativ	Positiv	Negativ
Long Put	Negativ	Positiv	Positiv	Negativ	Negativ
Short Put	Positiv	Negativ	Negativ	Positiv	Positiv

Wir haben in diesem Abschnitt Sachverhalte dargelegt und erläutert, die vor allem praktischen Nutzen haben.

Im nächsten Abschnitt wollen wir auf die klassischen Optionspreismodelle eingehen. Angesichts ihrer Komplexität haben wir beschlossen, sie in einem einfachen Rahmen zu besprechen, und konzentrieren uns dabei auf das von Black und Scholes entworfene Modell der Logarithmischen Normalverteilung (Black-Scholes-Formel) sowie auf das von Cox, Ross und Rubinstein entwickelte Binominalmodell.

4.4 Was versteht man unter Put Call-Parität?

Der Optionspreis eines Puts kann aus dem Preis eines Calls abgeleitet werden. Die dafür herangezogene Berechnung (Put-Call-Paritätsgleichung) stellt sich wie folgt dar:

$$C = (S - E) + (E \times (\frac{r}{1+r})) + V$$

C = Callpreis
$S - E$ = Innerer Wert
$(E \times (r/(1+r)))$ = Opportunitätskosten des Stillhalters
V = Versicherungsprämie
E = Strike

Zur Bestimmung von V als Versicherungsprämie setzen wir hier den Preis der **Put-Option** ein. Dies ist insofern logisch, als ein Put per Definition als Versicherung anzusehen ist. Somit ist durch eine einfache Transformation der Preis eines Puts aus der obigen Formel ableitbar. Dieses Zusammenspiel wird als Call-Put. Parität bezeichnet. Lässt sich also der Preis eines Calls ermitteln, so lässt sich durch Auflösung der Paritätsgleichung der Preis eines Puts ebenfalls ermitteln.

Durch Umwandlung ergibt sich Folgendes:

$$C = S - E \times \frac{1}{(1+r)^t} + P$$

t = Annualisierte Restlaufzeit
P = Preis des Puts

Somit besteht durch Bestimmung eines Preises die Möglichkeit, den rechnerischen fairen Preis der Gegenposition auszurechnen.

4.5 Wie wird der Optionspreis nach dem Black-Scholes-Modell bestimmt?

Fischer Black und Myron Scholes publizierten 1973 ein relativ einfaches Modell zur theoretischen Berechnung von Optionspreisen. An dieser Stelle ist anzumerken, dass Robert C. Merton ebenfalls mitgearbeitet, jedoch eine eigenständige Veröffentlichung angestrebt hat. Merton und Scholes erhielten für das Modell 1997 den Wirtschaftsnobelpreis. Da Fischer Black bereits 1995 verstorben war, konnte ihm diese Auszeichnung nicht mehr zuteil werden.

Aufgrund der Einfachheit des Modells hat es sich stark verbreitet, auch wenn es auf sehr restriktiven Annahmen beruht.

Annahmen für das Modell:
- Die Option ist europäischen Typs.
- Auf die Aktie gibt es keine Dividendenzahlungen während der Laufzeit der Option.
- Es fallen keine Trankaktionskosten an.
- Der Zinssatz für risikolose Anlagen ist bekannt, konstant und für Soll und Haben identisch.
- Es handelt sich um effiziente Kapitalmärkte, d.h. die Aktienkurse folgen einer zufallsbedingten Kursentwicklung. Dadurch ist Arbitrage nicht möglich.
- Die Aktienrenditen sind logonormal verteilt.

Ausgehend von diesen Annahmen, haben Black und Scholes nachfolgendes Modell entwickelt:

$$c = S_0 N(d_1) - K e^{-rT} N(d_2)$$

$$p = K e^{-rT} N(-d_2) - S_0 N(-d_1)$$

$$d_1 = \frac{\ln(S_0/K) + (r + \sigma^2/2)T}{\sigma\sqrt{T}}$$

$$d_2 = d_1 - \sigma\sqrt{T}$$

S_0 = Preis des Underlying
K = Ausübungspreis des Calls
ln = Natürliche Logarithmus
e = Basis des natürlichen Logarithmus = 2,7128
r = Risikoloser Zins
$N(d)$ = Kumulative Normalverteilung der Funktionswerte der Stelle d
v = Volatilität
t = Restlaufzeit des Calls

Im ersten Teil der Gleichung lässt sich die Zahl der Aktien erkennen, welche benötigt werden, um das risikolose Portfolio aus Aktien und Calls zu bilden. Wir leiten an dieser Stelle also das Delta ab.

Wenn nun die Arbitragefreiheit vorausgesetzt wird und man sich der Itö-Formel bedient, so kann man unter den gleichen Annahmen wie oben, die Black-Scholes-Differentialgleichung ableiten.

$$\frac{\partial V}{\partial t} + rS\frac{\partial V}{\partial S} + \frac{1}{2}\sigma^2 S^2 \frac{\partial^2 V}{\partial S^2} = rV$$

V bezeichnet den Wert der Option.

Die Probleme des Modells sind offenkundig:
1. Im Black-Scholes-Modell ist die Volatilität ⊠ konstant. Wie aus den Marktpreisen jedoch zu beobachten ist, ist dies unrealistisch. Die Veränderung der Werte ist nicht normal verteilt (s. Gauß Glockenkurve), sondern wie Benoît Mandelbrot aufgezeigt hat, exponentiell verteilt und voneinander abhängig. Somit kann es zu deutlich größeren Ausschlägen kommen, als das Standardmodell vorgibt.
2. Die Gleichung gilt nur für Optionen des europäischen Typs.

4.6 Wie wird der Optionspreis nach dem Binomial-Modell bestimmt?

Das Binominalmodell ist ebenfalls eine Methode zur Bestimmung des fairen Optionspreises. Hierbei wird der Optionspreis beim Steigen und beim Fallen des Basiswertes bewertet. Das Cox-Ross-Rubinstein Modell ist die logische Fortführung des Black-Scholes-Modell und somit eines der weit verbreiteten Modelle zur Berechnung von Optionspreisen. Grundsätzlich unterscheidet man beim Binominalmodell zwischen rekombinierenden und nicht rekombinierenden Bäumen. Die nicht rekombinierenden Bäume sind bei pfadunabhängigen Optionen (amerikanischer Typ) von immenser Wichtigkeit.

Grundvoraussetzungen: Wir gehen von vollkommenen Märkten aus, in denen es keine Transaktionskosten, Steuern und Einschlusserfordernisse gibt. Der Erlös aus Leerverkäufen steht uns sofort zur Verfügung und die Instrumente sind beliebig teilbar. Es gibt nur einen Zinssatz, zu welchem geliehen und verliehen wird. Für jedes Betrachtungsintervall sind Kursanstiege, Kursabstiege und der risikolose Zinssatz bekannt. Ferner wird davon ausgegangen, dass es sich immer um Wachstumsstrategien handelt und Arbitragegewinne nicht möglich sind.

Die anfängliche Annahme im Binominalmodell ist, dass der Preis eines Underlying entweder um x Einheiten **steigen (u)** oder **fallen (d)** kann.

Dadurch kann man Folgendes ableiten:

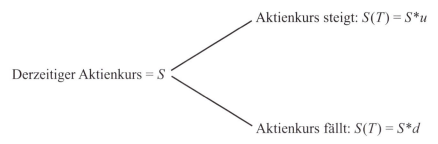

Aktienkurs steigt: $S(T) = S*u$

Derzeitiger Aktienkurs = S

Aktienkurs fällt: $S(T) = S*d$

S = Preis des Underlying
u = Anstiegsrate
d = Abstiegsrate

Es ergeben sich daraufhin die Werte C_u und C_d. Die Bewertung findet unter der Annahme der Arbitragefreiheit statt. Im nächsten Schritt werden nun risikolose Portfolios aus Delta-Long Positionen des Underlying und Short Positionen im Call gebildet.

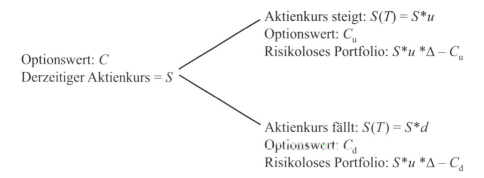

Das Portfoliogewicht errechnen wir

$$S \cdot u \cdot \Delta - C_u = S \cdot d \cdot \Delta - C_d \Leftrightarrow$$

$$\Delta = \frac{C_u - C_d}{S \cdot u - S \cdot d}$$

Der abdiskontierte Wert des risikolosen Portfolios entspricht dem Wert des Portfolios zum Zeitpunkt **t = 0**.

$$(S \cdot u \cdot \Delta - C_u)e^{-rT} \; mit \; \Delta = \frac{C_u \quad C_d}{S \cdot u - S \cdot d} \rightarrow$$

$$S \cdot \Delta - C = (S \cdot u \cdot \Delta - C_u)e^{-rT} \rightarrow$$

Callwert zum Zeitpunkt 0 =

$$C = S \cdot \Delta - (S \cdot u \cdot \Delta - C_u)e^{-rT} = S \cdot \frac{C_u - C_d}{S \cdot u - S \cdot d} - (S \cdot u \cdot \frac{C_u - C_d}{S \cdot u - S \cdot d} - C_u)e^{-rT}$$

Durch Umstellen der Gleichungen erhalten wir den nachfolgenden Ausdruck:

$$C = S \cdot \frac{C_u - C_d}{S \cdot u - S \cdot d} - (S \cdot u \cdot \frac{C_u - C_d}{S \cdot u - S \cdot d} - C_u)e^{-rT} =$$

$$= \frac{pCu - (1-p)C_d}{e^{rT}} \qquad mit \qquad p = \frac{e^{rT} - d}{u - d}$$

Der Optionspreis gilt somit als diskontierter Erwartungswert und berechnet sich gemäß folgender Formel:

$$C = \frac{pC_u - (1-p)C_d}{e^{rT}} = \frac{E^P[C(T)]}{e^{rT}} \qquad mit \qquad p = \frac{e^{rT} - d}{u - d}$$

Wir erkennen, dass für die Bewertung von Optionen diskontierte Cash-Flows berechnet werden müssen, wobei in der obigen Gleichung p als die risikoneutrale Wahrscheinlichkeit interpretiert wird.

Wir sehen, dass nur die implizite Wahrscheinlichkeit und nicht die tatsächliche in die Berechnung mit eingeht, welche durch die Parameter d und u aus unserer Anfangsbetrachtung reflektiert werden.

Der Erwartungswert für eine Aktie zum Zeitpunkt T ist also folgendermaßen zu bestimmen:

$$E[S_T] = p \cdot S \cdot u + (1-p) \cdot S \cdot d \quad mit \qquad p = \frac{e^{rT} - d}{u - d} \leftrightarrow$$

$$E[S_T] = p \cdot S \cdot (u-d) + S \cdot d = \frac{e^{rT} - d}{u - d} S \cdot (u-d) + S \cdot d$$

$$= e^{rT} \cdot S - d \cdot S + S \cdot d = Se^{rT}$$

Die risikolose Wahrscheinlichkeit (**p**) entspricht dem risikolosen Zinssatz (**r**). Dieses Modell kann nun beliebig auf ein Zweiperiodenmodell bzw. ein Mehrperiodenmodell übertragen werden. Somit kann man die theoretische Veränderung eines Optionspreises bei Entstehen der gegebenen Grundintentionen simulieren und errechnen.

4.7 Handelbare Optionspreise

Lassen Sie uns an dieser Stelle nochmals auf die Praxis eingehen.

Die an den Terminbörsen gestellten Quotes, auf welche man handeln kann, werden in der Regel von Market Makern gestellt. Jedoch gibt es auch Kontrakte, welche nicht immer gepflegt werden. Daher ist es, vor allem aber bei den nicht gepflegten Kontrakten notwendig, mit Limitorders zu arbeiten. Nur bei sehr liquiden Optionsserien ist die Eingabe einer Market Order zu empfehlen. Bei Marktengen (nicht sehr liquiden Serien) oder nicht gepflegten Kontraktserien ist eine

Limitvorgabe zwingend notwendig. Ebenfalls steht dem Investor die Anforderung eines Quote Request, also einer Quoteanfrage, offen. Dies ist zwingend durchzuführen, wenn keine Quotes gestellt wurden. Vor einem „Blindflug" wollen wir an dieser Stelle ausdrücklich abraten. Gerade bei Roll-Over-Aktivitäten kann dies zu deutlichen Prämienverschiebungen und ungewollten Verlusten führen.

Zusammenfassung:
Optionspreise bestehen meist aus den zwei Komponenten Innerer Wert und Zeitwert. Der innere Wert einer Option steht für den Betrag, um welchen die Ausübung der Option besser wäre als das direkte Geschäft an der Börse. Besitzt eine Option keinen inneren Wert, besteht sie nur aus Zeitwert. Daher gibt es drei Notierungen: am Geld, im Geld und aus dem Geld. Der Zeitwert ist der Betrag, welcher für die Chance bezahlt wird, dass die Option im Geld endet. Da diese Chance zum Laufzeitende exponentiell abnimmt, sinkt auch der Zeitwert zum Laufzeitende exponentiell. Die beiden großen Bewertungsmöglichkeiten für Optionspreise sind zum einen das Black-Scholes-Model und zum anderen das Binominal-Modell von Cox, Ross & Rubinstein.

5 Strategien mit Optionen

In diesem Kapitel sollen folgende Fragen beantwortet werden:
1. Was beinhalten die 4 Grundstrategien im Optionsgeschäft?
   – Welche Strategie steht hinter der Grundposition 1 – Long Call?
   – Welche Strategie steht hinter der Grundposition 2 – Short Call?
   – Welche Strategie steht hinter der Grundposition 3 – Long Put?
   – Welche Strategie steht hinter der Grundposition 4 – Short Put?
2. Wie erfolgt Hedging mit Optionen?
3. Welche Optionskombinationen sind gängig?
4. Wie erfolgt ein Strategieaufbau im Optionsgeschäft?
5. Welche Bedeutung hat die Marktmeinung?

5.1 Was beinhalten die 4 Grundstrategien im Optionsgeschäft?

Im Optionsgeschäft gibt es vier Grundstrategien, auf welche alle anderen Strategien aufbauen. Daher ist es wichtig, diese vier Grundausrichtungen verinnerlicht zu haben.

- **Long Call:** Bei einem Long Call ist der Investor (Käufer) davon überzeugt, dass das Underlying steigen wird. Er erwirbt also das Recht, dieses mittels eines Calls zu kaufen. Dieser wird, tritt seine Erwartung ein, mehr wert werden. Der Investor könnte zwar auch das Underlying kaufen, müsste dafür jedoch deutlich mehr Kapital investieren. Durch den Call hebelt er also sein eingesetztes Kapital. Sein Verlustpotential ist auf die gezahlte Prämie begrenzt. Darüber hinaus erhält er jedoch die Chance, an unbegrenzten Kurssteigerungen zu profitieren. Er hat keine Nachschussverpflichtung und ist somit nur dem Ursprungsrisiko (Prämienzahlung) ausgesetzt.

- **Short Call:** Der Investor, der in einen Call short geht, rechnet mit einem konstanten beziehungsweise leicht fallenden Kursszenario und möchte dadurch eine Zusatzeinnahme generieren. Er verkauft Calls und erzielt einen maximalen Gewinn in Höhe der Prämie. Das Risiko eines Short Calls besteht darin, dass man die Stücke zum Basispreis liefern muss. Jedoch kann dieses Risiko minimiert werden, indem man die Stücke bei Abschluss des Termingeschäftes bereits im Besitz hat. Man spricht nun von einer gedeckten oder auch Covered Option, da die Lieferverbindlichkeit aus den „Lagerbeständen" gedeckt wird und somit kein größerer Verlust auftreten kann. Dennoch macht der Investor einen Verlust, falls der Kurs über den Basispreis zuzüglich Prämie steigt, da er am weiteren Gewinn nicht mehr partizipiert.

- **Long Put:** Bei einem Long Put rechnet der Investor mit fallenden Kursen. Er möchte sich entweder mit dem Kauf einer solchen Option absichern oder auf einen Kursrückgang spekulieren. Auch hier ist das maximale Verlustrisiko auf die bezahlte Optionsprämie begrenzt. Der Gewinn ist nur theoretisch unbegrenzt, da jedes Anlagegut nur auf maximal Null fallen kann und somit auch hier eine Grenze gesetzt ist.
- **Short Put:** Der Investor, der sich für einen Short Put entscheidet, rechnet mit gleich bleibenden oder leicht steigenden Märkten. Er möchte ebenfalls daran partizipieren und nimmt dafür aktiv Risiko in Kauf. Dafür erhält er die Optionsprämie, die gleichzeitig seinen maximalen Gewinn darstellt. Sein Verlust dagegen ist theoretisch unbegrenzt, da er unter Umständen das Underlying abnehmen (kaufen) muss und somit dem vollen Risiko (eines Komplettverlustes) ausgesetzt ist. Es ist jedoch an dieser Stelle anzumerken, dass die Aktie eines Unternehmens im Falle einer Insolvenz nicht unter Null falllen kann. Dies führt somit auch im Worst-Case-Szenario zu einer rechnerischen Größe, auf welche das Risiko zu sehen ist.

Lassen Sie uns nun die vier Grundpositionen kurz und detailliert erläutern.

Grundannahmen: Grundsätzlich wird angenommen, dass eine Aktie gehandelt wird. Etwaige Gebühren und Kosten bleiben unberücksichtigt.

5.1.1   Welche Strategie steht hinter der Grundposition 1 – Long Call?

Ein Investor erwirbt durch einen Long Call das Recht, jedoch nicht die Pflicht, ein Underlying während oder am Ende der Laufzeit zu kaufen. Dafür bezahlt er dem Kontrahenten (Short Call) einen Preis: die Optionsprämie. Der Inhaber des Short Calls muss auf Anforderung der Long Call Position die Stücke liefern.

Beispiel:

> Long Call auf X Aktie
> Basispreis 50 Euro
> Verfalltermin: September
> Optionsprämie 3 Euro.

Der Käufer hat also das Recht, die Aktie X während der gesamten Laufzeit (bis spätestens zum dritten Freitag im September) zu einem Preis von 50 Euro zu kaufen. Dafür hat er dem Verkäufer 3 Euro Prämie bezahlt, welcher diese sofort bei Abschluss des Geschäftes erhält.

Wenn der Kurs der Aktie X über den Basispreis steigt, in unserem Beispiel 50 Euro, so wird der Optionskäufer (Long) von seinem Recht Gebrauch machen und die Option ausüben. Der Verkäufer (Short) muss ihm die Stücke zu 50 Euro pro Aktie liefern.

Break-Even Point dieser Strategie

Der Break-Even Point liegt bei 53 Euro. Warum dies? Der Halter dieser Option hat für das Recht, die Aktien mit 50 Euro kaufen zu können, bereits bei Abschluss des Termingeschäfts 3 Euro aufgewendet. Dies muss in die Gesamtbetrachtung mit einfließen.

Szenarioanalyse:

- **Die Aktie steht unter 50 Euro:** Der Käufer des Calls realisiert am Verfallstag seinen maximalen Verlust. Die Option verfällt wertlos.
- **Die Aktie steht zwischen 50 und 53 Euro:** Der Inhaber des Calls realisiert einen verminderten Verlust. Der Wert der Option am Verfallstag entspricht dem inneren Wert, da sie im Geld liegt.

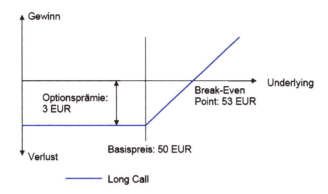

Abbildung 5.1: Gewinn- und Verlustszenario beim Long Call

- **Die Aktie steht über 53 Euro:** Der Inhaber ist in der Gewinnzone. Die Option ist am Verfallstag mehr wert als zum Zeitpunkt des Abschlusses des Termingeschäfts.

Wir sehen also, dass das Underlying den Break Even Point bei einem Long Call überschreiten muss, damit der Käufer bei der Ausübung einen Gewinn macht.

5.1.2 Welche Strategie steht hinter der Grundposition 2 – Short Call?

Im obigen Beispiel wurde eine Call Option gekauft. Nun wollen wir diese verkaufen. Wir wenden dabei dasselbe Beispiel an:

> Short Call auf Aktie X
> Basispreis 50 Euro
> Verfalltermin: September
> Optionsprämie 3 Euro

Wir haben als Verkäufer des Calls auf die Aktie X 3 Euro Prämie erhalten. Dafür sind wir Stillhalter; das bedeutet, dass wir auf Aufforderung Stücke liefern müssen.

Nun muss man jedoch zwei Dinge voneinander unterscheiden: zum einen Short-Call-Positionen auf Stücke, welche sich in unserem Bestand befinden (Original-Stillhalter) und zum anderen ungedeckte Short-Call-Positionen. Das **Naked**

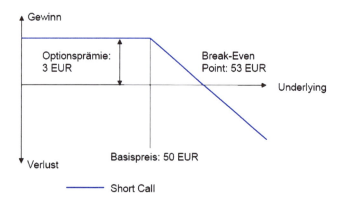

Abbildung 5.2: Gewinn- und Verlust-Szenario beim Short Call (Naked Call Writing)

Call Writing ist der Verkauf von Call Optionen, ohne im Besitz des Basiswertes zu sein. Es ist deutlich spekulativer als das **Covered Call Writing**, bei dem der Stillhalter die Papiere im Bestand hat.

Lassen Sie uns zunächst das aufgezeigte Beispiel in der Variante des Naked Call Writing reflektieren.
Die Gewinn- und Verlustsituation ist somit spiegelbildlich zur Long Position.

Szenarioanalyse:
- **Der Aktienkurs liegt unter dem Basispreis von 50 Euro:** Der Investor im Short Call realisiert seinen maximalen Gewinn. Er hat die Prämie vollständig vereinnahmt, und die Option verfällt wertlos.
- **Der Aktienkurs liegt zwischen 50 Euro und 53 Euro:** Der Short-Call-Investor erzielt einen verminderten Gewinn. Da der Long-Call-Investor den Call ausübt, muss der Short-Call-Investor die Aktien liefern. Er kauft diese also am Markt und bringt sie in den Call ein (Zur Erinnerung: Es handelt sich um ein Naked Call Writing). Die Differenz zwischen bereits erhaltener Optionsprämie und Aufwand zur Beschaffung der Wertpapiere minus Basispreis ist sein Gewinn.
- **Der Aktienkurs notiert über dem Break Even Point von 53 Euro:** Der Investor erleidet einen Verlust. Er ist verpflichtet, die Aktien zum Basispreis zu liefern. Sein Verlust errechnet sich wie folgt: (Einkaufspreis – Basispreis) – Optionsprämie.

Sehr wichtig: Das Verlustpotential der Strategie „Short Call" ist bei steigenden Märkten unbegrenzt!
Die konservative Ausgestaltung eines Short Calls ist das **Covered Call Writing** (CCW). Hier werden Calls auf Bestände verkauft. Sollte es zu einer Ausübung kommen, kann der Short-Call-Investor aus seinem Bestand die Lieferung vornehmen. Das CCW ist eine Strategie zur Steigerung der Rendite, da vor allem unbewegte Bestände durch die Prämieneinnahme renditestärker werden. Das Risiko ist auf einen entgangenen Gewinn begrenzt. Denn steigt das Underlying über den Basispreis hinaus, so muss der CCW-Investor die Stücke liefern. Er partizipiert nicht mehr an weiteren Steigerungen des Underlying. Sollte die Gesamtposition (Kassa & Termin) unter 47 Euro sinken (50 Euro Basis – 3 Euro Prämie), macht der Investor in der Gesamtposition einen Verlust: Er hat zusätzlich zum Terminmarktinstrument auch das Underlying im Bestand. Umgekehrt kompensiert die Einnahme aus dem Terminmarkt auch Kursrückgänge in der Kassaposition ab.

Beispiel für ein CCW Investment:
Unser Investor hat folgende Aktien im Bestand/in seinem Portfolio:
10.000 Aktien der X AG; Kaufkurs 30 Euro; Aktueller Kurs: 48 Euro

10.000 Aktien der Y AG; Kaufkurs 50 Euro; Aktueller Kurs: 51 Euro
5.000 Aktien der V AG; Kaufkurs 35 USD; Aktueller Kurs: 34 USD
5.000 Aktien der C AG; Kaufkurs 28 CHF; Aktueller Kurs: 75 CHF
Die Bestände sind allesamt unbewegt, und der Investor nutzt diese lediglich, um Dividenden einzunehmen.

Strategie: Während des Zeitraums, in dem keine Dividendenzahlungen zu erwarten sind, wird ein CCW auf das Portfolio angewendet. Bei den Calls sollte darauf geachtet werden, dass diese aus dem Geld geschrieben werden. Durch die Prämien sichert sich der Investor einen positiven Cash Flow. Im Falle einer Ausübung durch die Gegenposition (Long Call) ist das Risiko begrenzt, da er die Stücke bereits besitzt. Mit Hilfe der Prämieneinnahme, die er als außerordentlichen Ertrag eingenommen hat, ist der Investor gegen leichte Kursrückgänge abgesichert.

5.1.3 Welche Strategie steht hinter der Grundposition 3 – Long Put?

Der Long-Put-Investor erwirbt durch den Kauf des Puts ein Recht, aber nicht die Pflicht, während der Laufzeit oder zum Ende der Laufzeit das Underlying an den Verkäufer des Put (Short Put) zu verkaufen. Er bezahlt diesem eine Prämie dafür, dass er das Risiko aktiv in Kauf nimmt. Der Long-Put-Investor hat also das Recht, durch Ausübung der Option zum Verkäufer von Stücken zu werden.

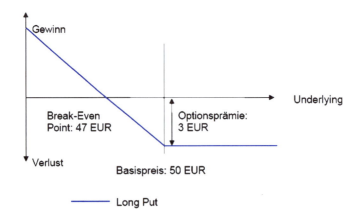

Abbildung 5.3: Gewinn- und Verlustszenario beim Long Put

In unserem Beispiel sieht dies wie folgt aus:

> Long Put auf die Aktie X
> Basispreis 50 Euro
> Optionsprämie 3 Euro
> Laufzeit: September.

Der Long-Put-Investor hat das Recht, die Aktie X bis zum September an den Short-Put-Investor zu verkaufen. Dieses Recht kostet 3 Euro, welches bei Geschäftsabschluss an den Short-Put-Investor bezahlt wird. Gleichzeitig wird auch der Basispreis pro Aktie auf 50 Euro festgelegt.

Der Break-Even Point eines Long Put ist der Marktpreis, welcher unterschritten werden muss, damit der Käufer bei Ausübung der Option einen Gewinn realisiert.

Verkauf mit:	50 Euro
Prämie:	3 Euro (bereits bezahlt)
Break-Even Point:	47 Euro

Szenarioanalyse:
- **Die Aktie fällt unter 47 Euro:** Der Long-Put-Investor erzielt seinen maximalen Gewinn.
- **Die Aktie liegt nur zwischen 50 und 47 Euro:** Der Investor erleidet einen verminderten Verlust, da die Option am letzten Handelstag nur noch den im Geld liegenden Faktor wert ist.
- **Das Underlying steigt gegen die Erwartungen des Investors an:** Der Investor erleidet seinen maximalen Verlust. Dieser ist zwar auf die bereits bezahlte Optionsprämie begrenzt, aber dennoch als Komplettverlust anzusehen.

Diese Strategie eignet sich sowohl zur Absicherung (Hedging) als auch zur Spekulation auf fallende Kurse. Wenn Long Puts als Absicherungsstrategie verwendet werden, entspricht die bezahlte Optionsprämie der Versicherungsprämie für die Laufzeit.

5.1.4 Welche Strategie steht hinter der Grundposition 4 – Short Put?

Die Gegenposition zu unserer vorangegangen Put Strategie bildet der Short Put. Ein Short-Put-Investor ist damit einverstanden, das Underlying an einem bestimmten Tag (beziehungsweise in einem bestimmten Zeitraum) und zu einem bestimmten Preis zu kaufen, wofür er die Optionsprämie erhält. Diese stellt gleichzeitig seinen maximalen Gewinn dar. Jedoch ist sein Verlustpotential unbegrenzt, da er die Stücke übernehmen muss (bis maximal 0).

In unserem bereits dargestellten Beispiel müsste der Short-Put-Investor bei Ausübung der Option durch den Long-Put-Investors die Aktien zu 50 Euro kaufen. Da er bereits 3 Euro erhalten hat, ist sein realer Einstandskurs bei 47 Euro. Fällt die Aktie unter 47 Euro, erleidet der Short-Put-Investor einen Verlust.

Szenarioanalyse:
* **Die Aktie fällt unter 47 Euro:** Der Short-Put-Investor erleidet einen Verlust.
* **Die Aktie steht zwischen 47 und 50 Euro:** Die Short-Put-Position realisiert einen verminderten Gewinn.
* **Die Aktie steht über 50 Euro:** Der Investor behält die bereits erhaltene Optionsprämie und erzielt damit gleichzeitig den maximalen Gewinn.

Diese Strategie ist bei fallenden Kursen sehr riskant. Es besteht die Gefahr, hohe Verluste hinnehmen zu müssen, während der mögliche Gewinn auf die Prämieneinnahme begrenzt ist.

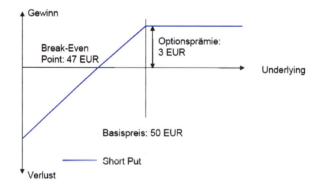

Abbildung 5.4: Gewinn- und Verlustszenario beim Short Put

Tabelle 5-1: Zusammenfassung der vier Grundpositionen

	Grundeinstellung	**Geschäft**
Long Call	Steigendes Underlying	Muss Prämie bezahlen; kann ggf. kaufen
Short Call	Gleich bleibendes, leicht sinkendes Underlying	Erhält als Stillhalter die Prämie und muss evtl. liefern
Long Put	Sinkendes Underlying	Muss Prämie bezahlen; kann ggf. verkaufen
Short Put	Gleich bleibendes, leicht steigendes Underlying	Erhält als Stillhalter die Prämie und muss evtl. abnehmen

Tabelle 5-2: Die 4 Grundpositionen in der Übersicht und deren Erwartungshaltung

Position	**Kurs Underlying**	**Volatilität**	**Zeitwerteffekt**
Long Call	↑	↑	–
Short Call	⇗	↓	+
Long Put	↓	↑	–
Short Put	⇘	↓	+

5.2   Wie erfolgt ein Hedging mit Optionen?

Einer der grundlegendsten Gedanken im Geschäft mit Optionen ist das Absichern von bestehenden Positionen beziehungsweise von Positionen, welche in der Zukunft eingegangen werden sollen. Die einfachste Art der Absicherung ist die Strategie „Short Basiswert": Man verkauft dazu den abzusichernden Teil. Das ist einfach, aber oft nicht effektiv. Daher ist eine Absicherung über Termingeschäfte sinnvoller.

Um einen Hedge mit Optionen aufbauen zu können, benötigt man immer einen „Hedge-Ratio". Wie bereits dargelegt, gibt das Delta einer Option an, inwieweit der Optionswert sich aufgrund von Schwankungen des Basiswertes verändert. Es ist daher notwendig und ideal, diesen zur Berechnung eines Absicherungsverhältnisses heranzuziehen. Das Hedge-Ratio gibt also an, wie viele Optionen für die abzusichernde Position benötigt werden.

Berechnung des Hedge Ratios:

$$\# \, Kontrakte = \frac{Aktienanzahl}{Kontraktgr\ddot{o}\beta e} \times \frac{1}{Delta \, der \, Option}$$

Praktisches Beispiel:

Unser Investor hat 10.000 Aktien der V AG im Bestand. Er möchte diese bei 40 Euro absichern. Dafür wählt er einen Put mit Basis 40 Euro, welches ein Delta von $-0,50$ hat.

Kontraktanzahl $= 10.000 / 100 / (-0,50)$

Kontraktanzahl $= -200$

Er benötigt also 200 Kontrakte (Vorzeichen spielt keine Rolle), um die Position absichern zu können. Sollte die Aktie V fallen, kompensiert die Hedge-Position den Verlust. Jedoch muss unser Investor seinen Hedge immer anpassen, da sich das Delta der Option verändert. Zum Beispiel muss er bei einem Delta von $-0,60$ nur noch 167 Kontrakte halten. Diese Strategie ist sehr teuer, da aufgrund der Veränderungen des Delta eine permanente Anpassung erfolgen muss.

Als Alternative könnte der Investor die Strategie des Protective Put wählen. Dabei richtet sich die Anzahl der zu kaufenden Puts nach der Anzahl der Aktien im Portfolio. Er würde also hier eine starre 1:1-Absicherung vornehmen, wodurch er jedoch stark gebunden ist.

Eine weitere Möglichkeit der Absicherung ist der **β-Hedge**. Hierbei kommt das **β** des Portfolios zum Tragen. Es handelt sich dabei um eine Portfolioabsicherungsstrategie, die mittels einer Indexoption zustande kommt. Diese Art des Hedging ist sehr weit verbreitet, da ein β-Faktor aus jedem Portfolio errechnet werden kann.

Hedge Ratio für einen β-Hedge: Die Kontraktanzahl errechnet sich nach folgender Formel:

$$\# \, Kontrakte = \frac{Gegenwert \, des \, Portfolios}{\left(Indexstand \times Kontraktgr\ddot{o}\beta e \, der \, Indexoption\right)} \times \beta - Portfolio$$

5.3 Welche Optionskombinationen sind gängig?

Eingangs haben wir erwähnt, dass alle Optionskombinationen auf den vier Grundpositionen beruhen. Im kommenden Abschnitt wollen wir die gängigsten Optionskombinationen erläutern.

Straddle

Unter einem Straddle (engl.: Grätsche) versteht man den gleichzeitigen Kauf oder Verkauf der gleichen Anzahl von Calls und Puts, mit dem gleichen Underlying, demselben Verfallsdatum und demselben Basispreis. Wie Sie erkennen können, ist nicht die Richtung einer Kursbewegung ausschlaggebend, sondern deren Intensität.

Long Straddle

Bei einem Long Straddle setzt der Investor sowohl auf eine starke Kursveränderung des jeweiligen Underlying als auch auf eine Zunahme der Volatilität. In welche Richtung sich der Kurs bewegt, ist nicht von Relevanz, da der Investor sich beidseitig aufgestellt hat. In einer solchen Strategie steht dem unbegrenzten Gewinnpotential ein Verlustpotential gegenüber, das auf die gezahlten Optionsprämien begrenzt ist.

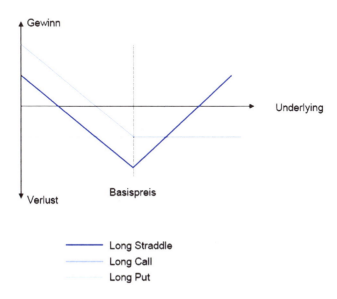

Abbildung 5.5: Gewinn- und Verlustszenario bei Long Straddle

Konstruktion eines Long Straddle: Der simultane Kauf eines Calls (Long Call) und eines Puts (Long Put) mit gleicher Laufzeit und identischen Basispreisen ergibt einen Long Straddle.

Beispiel:
> Long Call, X Aktie, Basis 50 Euro, Verfall September, Optionsprämie 2 Euro.
> Long Put, X Aktie, Basis 50 Euro, Verfall September, Optionsprämie 1,80 Euro.

Der gesamte Prämienaufwand für diese Strategie beträgt 3,80 Euro. Somit liegt der Break-Even-Point entweder bei 53,80 Euro oder bei 46,20 Euro. Wir sehen also, es muss die komplette Prämie in die Erfolgsrechnung übernommen werden. Wenn sich das Underlying zwischen den beiden Break-Even-Points befindet, ist der Investor im Bereich des verminderten beziehungsweise vollen Verlustes. Er kommt in den Bereich des unbegrenzten Gewinns, wenn der Kurs über einen der Break Even Points steigt oder fällt. Der Investor profitiert aus einer steigenden Volatilität aufgrund der dadurch steigenden Preise von Long-Optionen. Daher kann diese Strategie auch als positive Volatilitätsstrategie bezeichnet werden.

Short Straddle

Der Short Straddle ist das exakte Gegenstück zur Long-Ausrichtung: Der Investor geht davon aus, dass sich das Underlying nicht allzu sehr um den Basispreis bewegt.

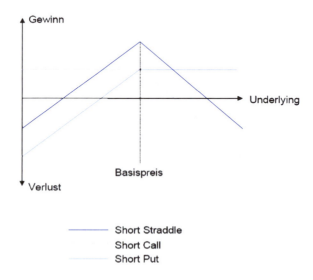

Abbildung 5.6: Gewinn- und Verlustszenario beim Short Straddle

Beispiel:

> Short Call, X Aktie, Basispreis 50 Euro, Verfall September, Optionsprämie 2 Euro.
>
> Short Put, X Aktie, Basispreis 50 Euro, Verfall September, Optionsprämie 1,80 Euro.

Die gesamte Prämieneinnahme bei dieser Strategie beträgt 3,80 Euro. Die Verlustgrenzen sind also bei 52 Euro bzw. bei 48,20 Euro. Der Investor realisiert mit dieser Strategie Verluste, wenn das Underlying stärker schwankt; er profitiert also von einer rückläufigen Volatilität. Das Verlustpotential dieser Strategie ist unbegrenzt. Sie gilt folglich als Risikostrategie, weil dem Risiko nur geringe Einnahmen aus den Prämien gegenüberstehen.

Strangle

Unter einem Strangle versteht man den gleichzeitigen Kauf oder Verkauf der gleichen Anzahl von Calls und Puts mit demselben Basiswert und Verfallsdatum, aber unterschiedlichen Basispreisen. Diese Strategie unterscheidet sich vom Straddle also lediglich dadurch, dass die Calls oder Puts unterschiedliche Basispreise aufweisen. (von einem Strangle spricht man auch, wenn es sich um Kauf oder Verkauf von Calls und Puts handelt, die denselben Basispreis, aber unterschiedliche Laufzeiten innehaben.)

Long Strangle

Im Prinzip gehen der Strategie, Long Strangle, dieselben Grundgedanken voraus, wie beim Long Straddle. Lediglich werden hier die Kursausschläge stärker eingestuft.

Beispiel:

> Long Call, X Aktie, Basispreis 40 Euro, Verfall: September, Prämie 1 Euro.
>
> Long Put, X Aktie, Basispreis 36 Euro, Verfall: September, Prämie 0,80 Euro.

Die Gewinnschwellen dieser Strategie liegen bei 41,80 Euro und 34,20 Euro. Zwischen diesen beiden Punkten liegt eine relativ breite Verlustspanne: Wenn sich das Underlying innerhalb dieses Bereichs bewegt, macht der Investor einen Verlust. Überschreitet aber der Basiswert eine der beiden Schwellen, ist der Gewinn potentiell unbegrenzt. Dagegen ist der Verlust auf die bereits bei Abschluss bezahlte Prämie begrenzt.

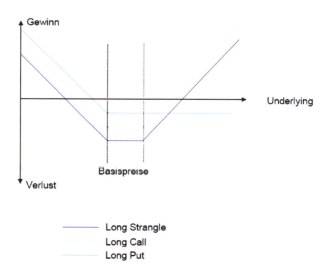

Abbildung 5.7: Gewinn- und Verlustszenario beim Long Strangle

Short Strangle

Der Short Strangle ist ebenfalls spiegelbildlich zum Long Strangle zu sehen. Dieser hat im Vergleich zur Short Straddle Strategie den Vorteil, dass durch den breiten Optionskorridor die Chancen größer sind. Der maximale Ertrag ist auf die Prämieneinnahme begrenzt. Gleichzeitig ist jedoch der Verlust potentiell unbegrenzt.

Beispiel:

Short Call, X Aktie, Basispreis 40 Euro, Verfall: September, Prämie 1 Euro.
Short Put, X Aktie, Basispreis 36 Euro, Verfall: September, Prämie 0,80 Euro.

Die Verlustschwellen liegen bei 41,80 Euro und 34,20 Euro.

Es ist zu beachten, dass sowohl bei stark steigenden als auch bei stark fallenden Kursszenarien die Strategie deutlich in die Verlustzone kommen kann. Daher ist anzuraten, im Vorfeld zu definieren und zu klären, wann und wie die Strategie im schlechtesten Fall geschlossen werden kann und muss.

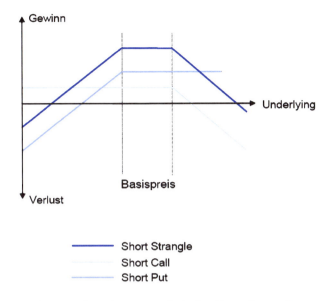

Abbildung 5.8: Gewinn- und Verlustszenario beim Short Strangle

Spreads

Unter einem Spread versteht man den gleichzeitigen Kauf und Verkauf einer Option desselben Typs, bei denen die Basispreise und/oder die Verfallstermine differieren.

In der Fachterminologie werden Spreads, die mit Calls gebildet werden als **Bull-Spreads** bezeichnet. Im Gegenzug werden Spreads, welche mit Puts erstellt werden als **Bear-Spreads** bezeichnet.

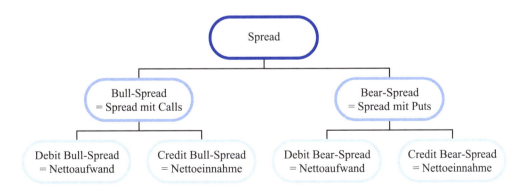

Abbildung 5.9: Grundarten von Spreads

Man spricht von einem gekauften oder auch **Debit Spread**, wenn der Investor für das Spread-Konstrukt einen Nettoprämienaufwand leisten muss. Der **Credit-Spread** (auch: verkaufter Spread) stattet den Investor mit einer Nettoprämiengutschrift aus.

Nachfolgend wollen wir an zwei Beispielen Spreads aufzeigen:
Debit-Bull-Spread: Dabei wird ein Call gekauft und ein Call mit einem höheren Basispreis verkauft.

Beispiel:

> Kauf eines Calls auf Aktie X
> Basispreis 40 Euro
> Laufzeit: September
> Optionsprämie: 1,50 Euro.

> Verkauf eines Calls auf Aktie X
> Basispreis 50 Euro
> Laufzeit: September
> Optionsprämie: 0,50 Euro.

Somit beträgt der Nettoaufwand: 1 Euro.

Für diese Strategie ergibt sich der größtmögliche Gewinn, wenn die Aktie am Verfallstag am oberen Basispreis oder darüber notiert. Er errechnet sich aus der Differenz der beiden Basispreise abzüglich der gezahlten Optionspreisdifferenz. Der maximale Verlust tritt ein, wenn der Kurs der Aktie unter den tieferen Basispreis sinkt und damit beide Optionen wertlos verfallen.

Credit-Bear-Spread: Der Investor geht von einem seitwärts leicht steigenden Markt aus. Für Marktrückschläge ist jedoch eine Long-Put-Position eingebaut. Der Investor shortet einen höheren Put und kauft einen niedrigeren Long Put. Durch den Short Put, der sich auf einen höheren Basispreis bezieht, nimmt er mehr Prämie ein, als er für den Long Put ausgeben hat. Dadurch erhält er eine Nettoprämieneinnahme, welche den maximalen Gewinn darstellt. Der maximale Verlust ist die Differenz zwischen den beiden Basispreisen abzüglich der Nettoprämie.

Beispiel:

Verkauf eines Puts auf Aktie X
Basispreis 50 Euro
Laufzeit: September
Optionsprämie: 3 Euro.

Kauf eines Puts auf Aktie X
Basispreis 45 Euro
Laufzeit: September
Optionsprämie: 1 Euro.

Es ergibt sich eine Prämieneinahme (netto) von 2 Euro.

Der maximale Verlust beträgt 3 Euro: Und nun müssen die einzelnen Beträge mit Begriffen versehen werden. (50 – 45 = 5; 5 – 2 = 3).

Tabelle 5-3: Strategien für eine positive Markteinstellung:

Markterwartung	Optionsposition	Pot. Gewinn	Verlustrisiko
Kräftig steigend	Long Call + Call 30	Unbegrenzt	Maximal Prämie
Leicht steigend	Kauf Bull Spread + Call 30 – Call 35	Maximal Basispreis-differenz minus Nettoprämienaufwand	Maximal Netto-prämienaufwand
Schwach steigend	Short Put – Put 30	Maximal Prämie	Nahezu unbegrenzt

Tabelle 5-4: Strategien für eine neutrale Markteinstellung

Markterwartung	Optionsposition	Potenzieller Gewinn	Verlustrisiko
Seitwärts	**Verkauf** **Bear Spread** + Put 36 – Put 40	Maximal Netto-prämienerlös	Maximal Basispreis-differenz minus Nettoprämienerlös
Seitwärts	**Verkauf** **Bull Spread** + Call 40 – Call 36	Maximal Netto-prämienerlös	Maximal Basispreis-differenz minus Nettoprämienerlös

Tabelle 5-5: Strategien für eine negative Markteinstellung

Markterwartung	Optionsposition	Potenzieller Gewinn	Verlustrisiko
Schwach fallend	Short Call – Call 40	Maximal Prämie	Unbegrenzt
Leicht fallend	Kauf Bear Spread + Put 36 – Put 32	Maximal Basis- preisdifferenz minus Nettoprämienaufwand	Maximal Nettoprämien- aufwand
Kräftig fallend	Long Put + Put 36	Nahezu unbegrenzt	Maximal gezahlte Prämie

Tabelle 5-6: Strategien für eine volatile Markteinstellung

Markterwartung	Optionsposition	Maximaler Gewinn	Verlustrisiko
Stark schwankend	Long Straddle + Call 36 + Put 36	Nahezu unbegrenzt	Begrenzt auf gezahlte Prämie
Sehr stark schwankend	Long Strangle + Call 38 + Put 34	Nahezu unbegrenzt	Begrenzt auf gezahlte Prämie
Um die Basispreise schwankend	Short Straddle – Call 36 – Put 36	Maximal erhaltene Prämie	Nahezu unbegrenzt
Zwischen den Basis- preisen schwankend	Short Strangle – Call 38 – Put 34	Maximal erhaltene Prämien	Nahezu unbegrenzt

5.4 Wie erfolgt ein Strategieaufbau im Optionsgeschäft?

Es ist anzuraten, die Strategien aufeinander aufzubauen. Bei einem Neu-engagement ist gleichzeitig zu beachten, dass genügend Liquidität für spätere Operationen zurückgehalten wird. Dies ist grundsätzlich und immer ein wichtiger Punkt: Nur wenn der Investor über genügend Liquidität verfügt, kann er seine Strategien ausreichend erweitern und managen. In diesem Zusammenhang gilt: Lieber eine Position weniger eröffnen, dafür aber die bereits bestehenden Positionen professionell und konsequent managen.

Bei Optionsstrategien ist auch zu beachten, dass Außenfaktoren wie beispielsweise die Volatilität wichtige Einflussfaktoren sind, welche man sich zu Nutze machen kann. So kann man zum Beispiel Strategien zur Ausnutzung der Volatilität zusätzlich zu den Spekulationspositionen aufbauen. Diese Erweiterungen sind zwar „Nebenkriegsschauplätze" im Portfolio, tragen jedoch ebenfalls zur Rendite bei und sind meist schnell und preiswert zu handeln. Somit hat man als Investor eine weitere Möglichkeit, sein Positionsbuch um einen weiteren Handelsgegenstand zu ergänzen.

Optionsstrategien mit Risiko mindernder Wirkung können hier ebenso eingebaut werden, wie Ergänzungsoptionen, die evtl. nur kurz (auch Intraday genannt) gehalten werden.

Unserer Meinung nach ist es notwendig, das Portfolio in folgende drei Gruppen aufzuteilen.

Gruppe I: Langfristige Strategiegeschäfte. Hierzu gehören Positionen, welche aus strategischen Überlegungen langfristig eingegangen werden. Sie sind das Grundgerüst des Portfolios und können aus Absicherungsgeschäfte und Kombinationsstrategien bestehen.

Gruppe II: Spekulationspositionen. Hier werden die klassischen Terminmarktspekulationen auf bestimmte Marktbewegungen zugeordnet. Diese Positionen dienen nur der Spekulation.

Gruppe III: Ultrakurze Spekulationen. Diese Spekulationen werden oft nur Intraday betrieben. Im langfristigen Fall setzt man maximal drei Tage darauf, wobei der Übergang zur Gruppe II fließend ist. Investitionen aus dieser Gruppe werden beispielsweise vor Zahlenveröffentlichungen oder an Tagen mit besonderen Marktbewegungen und Ähnlichem abgeschlossen.
An dieser Stelle ist uns wichtig daraufhin zuweisen, dass man vorsichtig sein sollte, wenn ein Investment der Gruppe III zu einem Gruppe-I-Investment wird. Die Grundintention, auch wenn diese nicht aufgeht, sollte beibehalten werden!

Beispiele:
>Gruppe I:
>Dazu gehören Futures auf Indices, Futures auf Zinsderivate, Optionen auf Rentenfutures etc.
>Gruppe II
>Investitionen wie zum Beispiel Optionen auf Indices, Optionen auf Aktienbestände, Short-Put-Optionen etc. sind Mitglieder dieser Gruppe.

Gruppe III
Diese Gruppe besteht unter anderem aus sehr kurzfristigen Futures, Währungsfuture, Optionspositionen auf einen speziellen Einzelwert etc.

Der Investor versucht im obigen Beispiel (stark vereinfacht), so viele Möglichkeiten auszunutzen, wie machbar sind. Dafür benötigt er folgende Elemente:

- Ausreichend Liquidität
- Ausreichende Informationen
- Ausreichende Markteinstellung

Die Liquidität und Informationen sind meistens vorhanden. Die anfälligste Komponente ist die ausreichende Markteinstellung, welche im besten Fall richtig sein muss.

5.5 Welche Bedeutung hat die Markteinstellung?

Unserer Ansicht nach muss sich jeder Investor eine eigene Vorstellung vom Markt verschaffen, diesen bewerten und daraus seine Investitionen ableiten. Aufgezwungene Marktmeinungen und/oder von Dritten übernommene Aussagen enden oft negativ.

Jeder Investor sollte sich selbst ein Bild machen und eigenständig entscheiden was er tun möchte und was nicht. Demzufolge ist ein Heranführen eines neuen Optionsinvestors an die gegebenen Instrumente absoluter unumgänglich. Nur wenn der Investor die Instrumente eigenständig versteht, kann er eine adäquate Entscheidung treffen. Gleichzeitig entwickelt er selbst ein Gefühl für Chance und Risiko und kann dieses ins Verhältnis zu seinen Investitionen setzen.

In diesem Punkt unterscheiden sich die beiden großen Investorengruppen deutlich. Auf der einen Seite haben wir die institutionellen/professionellen Investoren, die mit Liquidität und Know-how ausgestattet sind. Auf der anderen Seite steht eine Vielzahl privater Investoren. Diese können sich das Know-how ebenfalls aneignen, verfügen jedoch oft nicht über ausreichende Liquidität oder wollen diese nicht einsetzen.

Grundsätzlich sind beide Gruppen nach der gleichen Art und Weise zu beraten. Dabei sind private Investoren nochmals eingehender auf die eingegangenen Risiken, deren Höhe und Ausgestaltung hinzuweisen. Prinzipiell kann man privaten Investoren dieselben Strategien anraten, allerdings sind diese häufig wegen des hohen Liquiditätsumfangs nicht umsetzbar.

Seit einigen Jahren ist unter den privaten Investoren ein deutlicher Trend hin zu verbrieften Derivaten erkennbar. Die Gründe hierfür sind schnell aufgezeigt: Verbriefte Derivate sind einfach zu erklären, schnell zu verstehen und sind für die unterschiedlich großen Engagements gut einsetzbar. Wir weisen darauf hin, dass verbriefte Derivate auch für professionelle beziehungsweise institutionelle Investoren offen stehen, jedoch oft aufgrund der Größen- und Kostenthematik wenig Sinn haben. Aus unserer eigenen Erfahrung ist es eher so, dass die Privaten die verbrieften Derivate bei den Institutionellen kaufen und letztgenannten sich eher den klassischen Derivaten an den Terminbörsen bzw. OTC zuwenden.

Zusammenfassung:
Bei den Optionsstrategien unterscheidet man zuerst die vier Grundstrategien:
Long Call – absolut positiv
Short Call – Stagnation, leicht fallend
Long Put – absolut negativ
Short Put – Stagnation, leicht steigend
und dann die so genannten Kombinationsstrategien, wie Straddle, Strangle, Spreads etc. Bei den Kombinationen sind verschiedenen Chancen- und Risikoprofile darstellbar, wobei ein Investor diese jederzeit überblicken muss.
Optionen haben aufgrund der Prämienzahlung und der beiden Komponenten (Zeitwert und Innerer Wert) eine asymmetrische Risikoverteilung.

6 Futures – unbedingte Termingeschäfte

In diesem Kapitel sollen folgende Fragen beantwortet werden:
1. Was sind Futures und Forwards?
2. Was ist die Funktionsweise eines Futures?
3. Was unterscheidet Index-Futures von Renten-Futures?
4. Was ist der DAX-Future?
5. Was ist der Euro-Bund Future?

6.1 Was sind Futures?

Klassische Termingeschäfte sind so alt wie der Handel selbst: Bereits im 16. Jahrhundert wurden in Japan Termingeschäfte auf Reis abgeschlossen. Die ersten Financial Futures wurden im August des Jahres 1977 in Chicago gehandelt; ihnen lag der 30-jährige US Treasury Bond (T-Bond) zugrunde. Heutzutage gibt es eine Vielzahl von Futures auf die unterschiedlichsten Underlying. Index- und Zins-Futures, jedoch auch Warentermin-Futures sind nicht nur weit verbreitet, sondern nach wie vor ein wichtiger Bestandteil des Future-Marktes.

Doch was unterscheidet einen Future von einem Forward? Ganz einfach: Ein Future ist ein Vertrag, dessen Bestandteile standardisiert sind und der somit an den Börsen handelbar ist. Er ist aufgrund dieser Eigenschaft jederzeit übertragbar und auch von einer dritten Partei zu akzeptieren. Das Gegenstück dazu ist ein Forward, der eine individuelle Vertragslösung zwischen zwei Parteien (meist zwischen einer Bank und einem Klienten) darstellt. Dieser Vertrag wird speziell für deren Bedürfnisse ausgestaltet und kann somit nicht einfach auf einen Dritten übertragen werden.

Was beide wiederum eint, ist die Tatsache dass es sich um unbedingte Termingeschäfte handelt, deren Verpflichtungen eingehalten werden müssen. Beide Vertragsparteien haben sich verpflichtet, die beim Abschluss eingegangenen Verbindlichkeiten, einzuhalten. Die Grundintention eines Forwardinvestors ist, sich gegen Risiken abzusichern bzw. mittelfristig auf eine Marktbewegung zu

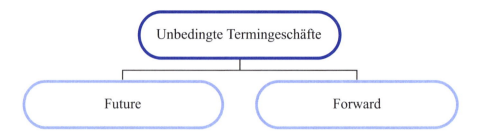

Abbildung 6.1: Unbedingte Termingeschäfte

spekulieren. Aufgrund der eingeschränkten Fungibilität des Forward eignet er sich nicht für die kurzfristige oder „richtige" Spekulation; vielmehr dienen solche Termingeschäfte meist der Sicherung eines Grundgeschäftes und der damit verbundenen Zahlungsströme.

Wir wollen uns in diesem Buch nur mit dem Handel und der Ausgestaltung von börsengehandelten Termingeschäften beschäftigen und wenden uns daher nur noch den Futures zu.

Ein Future ist per Definition ein Termingeschäft, dass die Verpflichtung beinhaltet, ein bestimmtes Underlying (Basiswert), zu einem im Voraus bestimmten Preis, zu einem festgelegten Termin, in einer festgelegten Qualität und Quantität zu übernehmen (Long) oder zu liefern (Short). Dabei gibt es kein Wahlrecht. Das Termingeschäft muss erfüllt werden.

6.2 Future-Märkte

Es gibt Futures auf verschiedene Basiswerte. Nachfolgend die gängigsten:

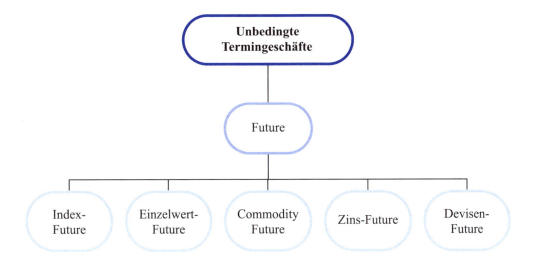

Abbildung 6.2: Die gängigsten Arten von Futures

6.3 Future-Handel

Um einen Future-Kontrakt handeln zu können, braucht ein Investor einen bestimmten Geldbetrag, welcher nur einen Teil des eigentlichen Kontraktwertes
ausmacht und in der Praxis als **Initial Margin** bezeichnet wird. Dieser soll die
Glattstellungsrisiken des Investors bis zum nächsten Börsentag absichern und
welche sowohl vom Käufer wie auch vom Verkäufer gestellt wird.

Während der Investor einen Future-Kontrakt in seinem Positionsbuch besitzt,
findet täglich ein Gewinn- und Verlustausgleich statt, welcher in Finanzkreisen
als Variation Margin tituliert wird. Nähere Informationen zum Thema „Margins" finden Sie dazu im Kapitel 17.

Grundsätzlich hat ein Future-Investor zwei Grundstrategien zur Auswahl.
• Er kauft einen Future („geht long"), wenn er auf einen steigenden Trend setzen möchte.
• Er verkauft einen Future („geht short"), wenn er auf einen Abwärtstrend spekuliert.

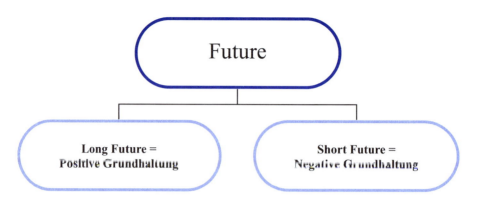

Abbildung 6.3: Mögliche Grundhaltungen eines Future-Investors

Bei einem Long Future setzt der Investor, wie bereits erwähnt, auf einen Aufwärtstrend des Underlying, welchen er sich synthetisch aneignet. Durch den geringen Liquiditätsanteil (Initial Margin), den er für eine Investition im Future stellen muss, erhält er den gewünschten Hebelfaktor: Er erzielt einen Gewinn, wenn das Underlying und somit der Future teurer wird, und kommt nur dann in die Verlustzone, wenn das Underlying fällt. Die Gewinne beziehungsweise Verluste werden, wie eingangs erwähnt, zu Börsenschluss durch eine Geldbuchung ausgeglichen. Ein solches Investment empfiehlt sich also bei steigenden Preisen oder einem intakten Trend.

Ein Investor sollte nur dann in einen Short Future investieren, wenn er von einem sinkenden Underlying ausgeht. Der Short Future kommt analog der obigen Betrachtungsweise nur dann in die Verlustzone, wenn das Underlying steigt.

Futures werden in der gleichen Art und Weise gehandelt wie Optionen und können ebenfalls durch entsprechende Positionen geöffnet und geschlossen werden. Diese Form des unbedingten Termingeschäftes ist vor allem bei professionellen Investoren sehr beliebt, da es mit der Möglichkeit ausgestattet ist, schnell und kostengünstig den Gesamtmarkt abzudecken bzw. abzubilden.

Tabelle 6-1: Öffnen und Schließen von Positionen in Futures

Opening	BUY FUTURE (Long)
Closing	SELL FUTURE (Short)
Opening	SELL FUTURE (Short)
Closing	BUY FUTURE (Long)

6.3.1 Lieferverfahren

Es gibt zwei Möglichkeiten, Futures zu beliefern: zum einen die klassische physische Belieferung, welche wir beispielsweise beim Euro Bund Future haben. Die andere Variante ist die des Cash Settlements (= Barausgleich), wobei eine eine Differenzzahlung vorgenommen wird. Dies kommt zum Beispiel bei Index-Futures zum Tragen, da ein effektives Liefern des Underlying nicht möglich ist.

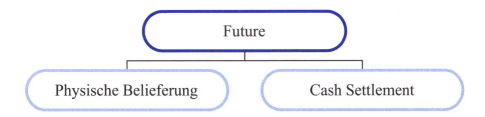

Abbildung 6.4: Belieferungsarten bei Futures

6.4 Index-Futures

Es gibt viele Futures auf Indices. Wir wollen im Folgenden anhand des Futures auf den DAX® Index (FDAX®) einige Beispiele aufzeigen. Hierfür werden jedoch noch einige Grundgegebenheiten benötigt. Bei einem Index-Future ist es wichtig das Underlying genau zu kennen. Handelt es sich um einen Performance- oder Kursindex? Wie viele Werte sind im Index enthalten? Wie wird der Index berechnet? Wie ist der Indexmultiplikator, welche Handelszeiten muss man einhalten? Erst nach Beantwortung dieser Fragen sollte der Handel im Index-Future beginnen.

Nehmen wir das Beispiel DAX® Index Future:

Das Underlying ist der DAX®-Performance-Index der Deutschen Börse AG, der 30 Aktientitel beinhaltet. Jeder einzelne wird nach festgelegten und von der Deutschen Börse AG näher definierten Regeln (Freefloat, Größe etc.) ausgewählt. Anpassungen des Index werden zu vordefinierten Zeitpunkten vorgenommen, oder wenn sich Grundgegebenheiten ändern, wobei eine Anpassung der Indexgewichtung vierteljährlich vorgenommen wird.

Da es sich um einen Performance-Index handelt, gehen die ausgeschütteten Dividenden wieder in den Index als Reinvestition ein. Dies unterscheidet ihn zum Beispiel vom Dow Jones Industrial Average, welcher ein Kursindex ist. Die Bereinigung der Dividendenzahlung wird am EX-Tag mittels eines Bereinigungsfaktors vorgenommen.

Ein weiterer wichtiger Hintergrund ist das Settlement. Da man keinen Index liefern kann, findet ein Cash Settlement statt, welches gleichbedeutend ist mit einer Differenzzahlung in Cash. In der Praxis wird die Mehrzahl der Futures-Kontrakte bereits vor dem Verfallstag geschlossen.

Einem Future auf dem DAX® (FDAX®) liegen 25 Euro pro Indexpunkt zugrunde. Wenn also der FDAX® um einen Punkt steigt, bekommt der Long-Investor 25 Euro gutgeschrieben und der Short-Investor bekommt diese 25 Euro belastet. Dieses Verfahren wird auch **Mark-to-Market** genannt. Die Buchung findet jeden Tag bis zur Ausübung oder dem Schließen der Position statt und sorgt dafür, dass nach Börsenschluss alle Konten ausgeglichen sind. Der Folgetag startet dann wieder mit einem Positionsbuchbestand in der täglichen GuV von Null.

Die Investition in einen Future entwickelt eine Hebelwirkung, da mit der geringen Sicherheitenleistung (Margin) eine große Investitionsleistung bewerkstelligt wird. Dies versetzt einen Investor in die Lage, beispielsweise mit einer deutlich geringeren Liquiditätsbildung denselben Effekt zu erreichen wie ein klassischer Kassa-Investor.

Handelt es sich um einen Index-Future, wird die Differenz in Punkten angegeben, welche dann mittels des Indexmultiplikators (beim FDAX®: 25 Euro pro Punkt) in die entsprechende Geldeinheit umgerechnet wird.

Beispiel:

Ein Investor kauft 10 DAX® Index Future Kontrakte (Long) bei 6.700 Punkten. Am Abend steht der FDAX® bei 6.650 Punkten. Der Investor erleidet einen Verlust von 50 Punkten. Bei einem Indexmultiplikator von 25 Euro pro Punkt entspricht dies einem Verlust von 1.250 Euro pro Kontrakt. In unserem Beispiel beläuft sich der Verlust des Investors in allen 10 Kontrakten auf 12.500 Euro.

Wir wollen nun kurz die gehandelte Größenordnung in Relation setzen: 10 FDAX® Kontrakte entsprechen (in unserem Beispiel) einem Kassa-Gegenwert von 1.675.000 Euro ($10 \times 25 \times 6.700$ Punkte). Der Investor bindet jedoch nur die Initial Margin (derzeit 410 Punkte pro Kontrakt) von 102.500 Euro ($410 \times 10 \times 25$).

Er bewegt somit mit 102.500 Euro einen Kassagegenwert von 1.675.000 Euro!

Tabelle 6-2: Häufig gehandelte Index-Futures:

Index	Future
DAX®	DAX®-Index-Future (FDAX®)
Standard & Poor's	S&P 500-Future
Dow Jones Industrial Average	DJI-Future
FTSE	FTSE-Future
Dow Jones Euro STOXX 50®	Dow-Jones-Euro-STOXX-50®-Future
…	…

Tabelle 6-3: Grundintentionen von Futureinvestoren

Futureposition	Grundeinstellung
Long Future	Steigende Märkte
Short Future	Sinkende Märkte

6.5 Zins-Futures

Ein anderes Bild zeigt sich bei einem Future wie zum Beispiel der Euro Bund Future (FGBL), welcher physisch beliefert wird. Ihm liegt eine synthetische Bundesanleihe mit einem Nominalkupon von 6 Prozent und einer Restlaufzeit von 8,5–10,5 Jahren zugrunde. Der Future wird physisch, also effektiv beliefert. Da es sich um eine fiktive Schuldverschreibung des Bundes handelt, wird ein Korb von Anleihen zugelassen, der am Fälligkeitsdatum zur Belieferung herangezogen werden kann. Jedoch entsprechen die Anleihen nicht der fiktiven 1:1-Abbildung und müssen mit dem Preisfaktor, auch Conversion Factor genannt, umgerechnet werden. Mit Hilfe des Faktors können die unterschiedlichen Kupons und Laufzeiten sowie die standardisierten Kontraktspezifikationen des Euro Bund Future ausgeglichen werden. Hierbei ist zu beachten, dass ein Großteil der Future-Kontrakte nicht effektiv beliefert werden, da sie bereits vor Fälligkeit geschlossen oder gerollt werden.

Der Handel in Zins-Futures wie zum etwa dem Euro Bund Future und dem 30-jährigen Treasury Bond Future (T-Bond) ist nicht nur sehr intensiv, sondern gleichzeitig auch sehr liquide. Aufgrund verschiedener Futures (Laufzeitenstruktur der Anleihen) können Investoren von Veränderungen am Zinsmarkt, Ungleichgewichte und Verschiebungen der Zinsstrukturkurve profitieren. Ein Investor, der von steigenden Zinsen ausgeht (langfristiges Ende), wird Kontrakte auf den Euro Bund Future verkaufen. Mit Hilfe einer solchen Operation deckt ein Investor die beiden Enden der Zinsstrukturkurve ab und kann durch Modellierung auch bei Verschiebung der Zinsstrukturkurve darauf investieren.

Dies gilt auch für Operationen, welche über den eigenen Währungsbereich hinausgehen. Dabei ist es möglich den Euro Bund Future (Euro) und T-BOND FUTURE (USD) zu kombinieren. Falls der Investor davon ausgeht, dass die Zinsen in den USA fallen und in Europa steigen werden, kann er den T-BOND FUTURE kaufen und gleichzeitig den Euro Bund Future verkaufen. In Kombination mit einem Währungs-Future kann er eine höhere Rendite erwarten.

Tabelle 6-4: Laufzeitenstruktur unterschiedlicher Futures

Future	Laufzeit des Underlying in Jahren
Euro-Schatz-Future (EUR)	1,75–2,25 Bundesanleihen
Euro-Bobl-Future (EUR)	4,5–5,5 Bundesanleihen
Euro-Bund-Future (EUR)	8,5–10,5 Bundesanleihen
Euro-Buxl-Future® (EUR)	24,0–35,0 Bundesanleihen
Conf-Future (CHF)	8,0–13,0 Schweizer Eidgenossenschaft
T-Bill Future (USD)	Dreimonatiger US Schatzwechsel
10-y T-Bond Future (USD)	10-jährige US Staatsanleihen
30-y T-Bond Future (USD)	30-jährige US Staatsanleihen

Tabelle 6-5: Grundintention im Rentenfuturehandel

Futureposition	Grundeinstellung	Erfüllung
Long Future	Sinkende Zinsen; Anleihekurse steigen	Muss Anleihen kaufen
Short Future	Steigende Zinsen; Anleihekurse fallen	Muss Anleihen verkaufen

6.6 Devisen-Future

Devisen-Futures werden zum Beispiel an der CME in Chicago gehandelt. Hier kann man feste Währungspaare wie etwa Euro/USD handeln. Der Kontrakt entspricht einer Summe von 125.000 Euro. Ein Investor kann durch den Kauf (Long) auf ein Steigen des Euro gegenüber dem USD setzen oder umgekehrt, durch den Verkauf des Futures (Short) auf ein Fallen des Euro gegenüber dem USD spekulieren. Natürlich gilt dieser Zusammenhang auch für die anderen angebotenen Währungspaare. Aufgrund der schnellen und liquiden Handelsmöglichkeiten lohnen sich diese Futures auch für schnelle Spekulationen und nicht nur für den mittel- bzw. langfristigen Anlagehorizont. Die Möglichkeit der Renditesteigerung kann durch kurze und ergänzende Geschäfte in einem aktiven Derivate-Positionsbuch erreicht werden.

Tabelle 6-6: Mögliche Devisen-Futures

EUR	USD
EUR	CHF
EUR	YEN
GBP	USD
AUD	USD
...	...

Die Terminbörsen decken mit ihrem Angebot annähernd jedes Währungspaar sofern (sinnvoll und notwendig) ab. Die Belieferung der Futures ist meist physisch, und sie werden daher vorzeitig geschlossen.

6.7 Commodity Futures

Der Handel mit Commodity Futures ist ein sehr spannendes und wichtiges Kapitel innerhalb der Termingeschäfte. Commodity Futures (zu deutsch: Warenterminingeschäfte) sind die „Muttergeschäfte" der Terminbörse und somit ihr eigentlicher Existenzgrund. Heute werden sie nicht mehr ausschließlich zur Sicherung (Hedging) sondern häufig zu Spekulationszwecken gehandelt. In Deutschland

sind die Warentermin-Futures sehr schwach repräsentiert und unter anderem dadurch zum Ausdruck kommt, dass sie großen Terminbörsen in den USA behei-
matet sind.

Hier werden z.B. nachfolgenden Produktgattungen gehandelt:

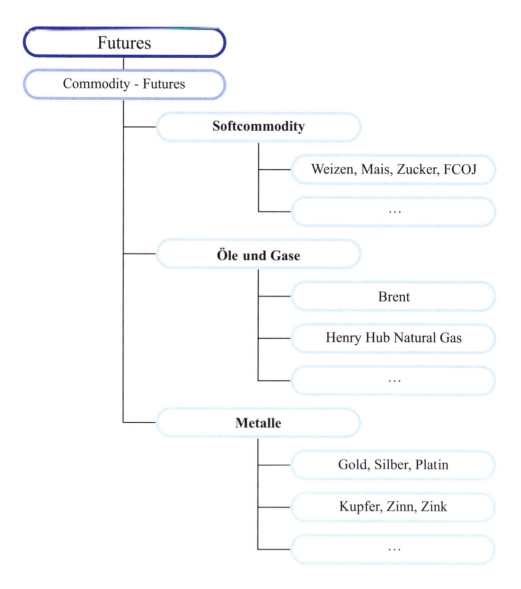

Abbildung 6.5: Produktgattungen an den US-Warenterminbörsen

Auch hier ist es wichtig festzustellen, ob die Futures in Cash „gesettled" oder physisch beliefert werden. Meistens werden beide Varianten angeboten. Die Möglichkeit des Cash Settlement ist für Spekulationszwecke sicherer, da eine physische Belieferung im Vorhinein ausgeschlossen wurde!

6.8 Futures auf Einzelwerte

Eine andere Version von Futures ist die auf Einzelwerte, wobei sich diese auf einzelne Unternehmenswerte als Underlying beziehen. Auf Eurex werden beispielsweise Dow-Jones-Euro-STOXX-50®-Unternehmen als Single-Stock-Futures gehandelt. Dabei ist ein Investor in der Lage, wie bei den klassischen Index-Futures auf steigende beziehungsweise fallende Kurse des Underlying zu setzen. Durch das Angebot von Single-Stock-Futures wird das Angebot im Bereich der Aktien-Futures komplettiert.

Tabelle 6-7: Grundintention von Single Stock Futures

Futureposition	Grundeinstellung
Long Future	Steigender Aktienkurs
Short Future	Sinkender Aktienkurs

6.9 Marktverfassung beim Future-Trading

Da es gerade beim Handel mit Futures, aber auch mit Optionen, wichtig ist, eine Markteinschätzung abgeben zu können, wollen wir kurz einen Blick auf das Open Interest werfen.

Das Open Interest gibt an wie viele Kontrakte eröffnet sind: Jedes Geschäft wird dabei nur einmal gezählt, da zu jeder Short Position eine Long Position gehört. Das Open Interest steigt demnach, wenn zwei Marktteilnehmer ein neues Geschäft eröffnen, und sinkt, wenn zwei Marktteilnehmer ein Geschäft schließen. Es verändert sich jedoch nicht, wenn ein Marktteilnehmer ein Geschäft schließt und ein anderer an seine Stelle tritt! Wenn man das Open Interest ins Verhältnis zu Umsatz und Marktpreis setzt, lassen sich gewisse Rückschlüsse zur Marktverfassung ziehen.

Tabelle 6-8: Open Interest und Marktverfassung

Open Interest	Preise	Umsätze	Marktverfassung
↑	↑	↑	↑
↓	↑	↓	↓
↑	↓	↑	↓
↓	↓	↓	↑

Der Handel an der Terminbörse ist anonym. Das bedeutet, dass sich die beiden Vertragsparteien nicht kennen und auch nicht kennen müssen, um ins Geschäft zu kommen. Dabei fungiert die Terminbörse als zentraler Kontrahent, der das Risiko, dass das Geschäft nicht erfüllt wird, ausschließt und eine reibungslose Abwicklung gewährleistet.

Zusammenfassung:
Der Future ist ein unbedingtes Termingeschäft, das erfüllt werden muss. Grundsätzlich unterscheidet man bei einem Future, ob er physisch beliefert wird oder in Liquidität (Differenzausgleich) ausgeglichen wird. Futures sind auf viele Underlying abzuschließen. Die gängigsten sind Futures auf Indices, Zinsen, Waren, Devisen und Einzelwerte. Bei einem klassischen Futuregeschäft kann der Investor entweder eine positive Marktmeinung (Long) oder eine negative Marktmeinung (Short) eingehen. Da es sich bei einem Future um ein Delta-1-Instrument handelt und es sich genauso wie die Kassaposition verhält, partizipiert der Investor von dieser ebenfalls 1:1.

7 Preisbildung von Futures

In diesem Kapitel sollen folgende Fragen beantwortet werden:
1. Wie erfolgt die Preisbildung bei einem Future?
2. Wie erfolgt die Preisbildung bei einem Zinsfuture?
3. Was versteht man unter einer CTD Anleihe?
4. Was versteht man unter „Final Settlement"?
5. Welche Verfallstermine gibt es bei Futures?

7.1 Wie erfolgt die Preisbildung bei einem Future?

Die Preisbildung bei einem Future ist einfacher als bei Optionen.

Ein Investor hat zwei Möglichkeiten: Er kauft entweder ein Portfolio, bestehend aus den Werten, welche auch dem Future zugrunde liegen, oder er kauft direkt einen Future. Wenn sich der Investor zum Aufbau des Portfolios entschließt, muss er die Werte analog der Gewichtung im Future kaufen und diese genauso lange wie die Futureposition halten. Beim Kauf der Werte entstehen Kosten, aber im Gegenzug erhält er gleichzeitig Erträge aus den Papieren. Wird der Futurepreis unter diesen Annahmen sowie unter der Annahme der Arbitragefreiheit berechnet, müssen beide Varianten zum gleichen Ergebnis führen. Somit lässt sich für die Ermittlung des Future-Preises nachfolgende Formel herleiten:

Theoretischer Future Preis = Basiswert + (Finanzierungskosten – Entgangene Erträge)

$$Future\,Preis = C_t + \left(C_t \times r_c \times \left(\frac{T-t}{360}\right) - d_{t,T}\right)$$

C_t = Basiswert, z.B. Indexstand
r_c = Geldmarktzinssatz (In Prozent; actual/360)
t = Valuta der Kassamarkttransaktionen
T = Erfüllungstag eines Future
$T - t$ = Restlaufzeit eines Future
$d_{t,T}$ = Erwartete Dividendenzahlungen im Zeitraum t bis T

Die Nettofinanzierungskosten, die sich aus der Differenz zwischen Finanzierungskosten und entgangene Erträge ergibt, bezeichnen wir als **Cost-of-Carry** (CoC) oder **Basis**.

Basis = Futurepreis – Kassapreis

Die Cost of Carry (CoC) kann positiv oder negativ sein. Sie ist positiv, wenn die Rendite höher ist als die Finanzierungskosten, und negativ, wenn die Finanzierungskosten die Rendite übersteigen.

Je näher der letzte Handelstag des Futures rückt, desto geringer wird die Basis. Am letzten Handelstag entspricht der Kassapreis dem Terminpreis. Man spricht von der Basiskonvergenz. Aufgrund der gesunkenen Finanzierungskosten und der Erträge aus dem Investment ist die Basis am letzten Handelstag gleich Null. Der Spot-Preis (Preis des Kassa-Investment) und der Future-Preis entsprechen sich nun.

Tabelle 7-1: Future-Basis

Spot-Preis ist...	Future-Preis ist...	Basis ist...
...niedriger als Future-Preis	...höher als Spot-Preis	negativ
...höher als Future-Preis	...niedriger als Spot-Preis	positiv

Wir sehen also: Die Berechnung des Future-Preises ist recht unkompliziert. Es werden dabei lediglich dem **Kassainstrument (Underlying) die Kosten für die Terminmarkthaltung aufgeschlagen und im Gegenzug die Erträge abgezogen**, welche entstanden wären, wenn man das Gut nicht auf Termin, sondern sofort gekauft hätte. Des Weiteren sehen wir, dass die Volatilität keinen Einfluss auf die Preisbildung von Futures hat.

7.2 Wie erfolgt die Preisbildung bei Zinsfutures?

Die Zinsstrukturkurve hat großen Einfluss auf die Preisbildung bei Zinsfutures. Dabei beeinflussen kurzfristige Zinsen die Refinanzierung einer Anleiheninvestition, während die längerfristigen Zinsen den Anlageertrag in Form des Kupons

bestimmen. Folglich ergibt sich, dass der Ertrag bei einer normalen Zinsstrukturkurve höher ist als die zu zahlenden Finanzierungskosten. Der Terminpreis kann
somit eine positive Basis aufweisen, da der Spot-Preis über dem Terminpreis liegt.
In diesem Zusammenhang kann man erkennen, dass der Future-Preis günstiger
wird, je länger ein Future läuft. Der umgekehrte Fall setzt bei einer inversen Zinsstrukturkurve ein: Die Basis des Future ist dann negativ und die Finanzierungskosten übersteigen die Haltungskosten. Dies hat zur Folge, dass der Future-Preis
mit längerer Restlaufzeit höher ist. Nachfolgend haben wir nochmals die drei
möglichen Zinsstrukturkurven zusammengefasst:

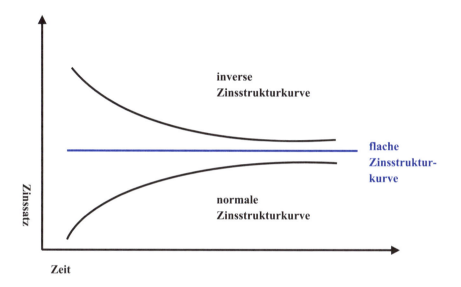

Abbildung 7.1: Zinsstrukturkurven

Der faire Wert eines Zinsfutures

$$F = \left(\frac{U}{P}\right) - Z + C$$

$F =$ Futurepreis
$U =$ Kassaposition
$P =$ Preisfaktor
$Z =$ Kuponerträge
$C =$ Finanzierungskosten der Kassaposition

Durch Modulation kann folgende Gleichung isoliert werden:

$$\left(\frac{U}{P}\right) - F = Z - C$$

$F =$ Futurepreis
$U =$ Kassaposition
$P =$ Preisfaktor
$Z =$ Kuponerträge
$C =$ Finanzierungskosten der Kassaposition

Der Fair Value ist dann gegeben, wenn sich theoretische und aktuelle Basis entsprechen. Anders ausgedrückt, entspricht der Fair Value dem Preis des Underlying zuzüglich der Finanzierungskosten und abzüglich der während der Haltedauer angefallenen Gewinne (Kuponzahlungen).

Der Preisfaktor kann erst am Fälligkeitstag seine volle Bedeutung entfalten. Mit seiner Hilfe wird daraus der Schlussabrechnungspreis errechnet.

Abrechnungspreis = Schlusskurs des Futures × Nominale × Preisfaktor + Aufgelaufene Stückzinsen

7.3 Was versteht man unter einer CTD-Anleihe?

Die CTD-(Cheapest To Deliver)-Anleihe ist die Anleihe, welche bei der Belieferung (in den Future) den größten Gewinn oder den geringsten Verlust erzielt. Sie wird schlussendlich zur Belieferung herangezogen und ist synthetisch gesehen die beste Variante. Die Bestimmung der CTD-Anleihe wird mit einem Konversionsfaktor (W_{pys} / W_{syn}) ermittelt. Dieser gleicht die unterschiedlichen Anleihebedingungen (Kupons, Laufzeiten, etc.) aus. Nach Berechnung aller Liefermöglichkeiten wird die günstigste zu liefernde Anleihe (dies ist dann die CTD) ausgewählt und geliefert.

Es ist jedoch anzumerken, dass die meisten Investoren keine Lieferung/Abnahme der Stücke wünschen und deshalb ihre Futures im Vorfeld schließen bzw. einen Roll-Over durchführen. Ein Marktteilnehmer muss dann anzeigen, welche Anleihe er liefern wird, wenn er seine Future-Positionen bis zum Final Settlement halten will (Anzeigetag oder Notification Day = letzter Handelstag). Die Lieferung erfolgt dann am zweiten Börsentag nach dem letzten Handelstag. Sie wird analog zu den Aktienoptionen über die Clearing-Stelle vorgenommen.

7.4 Was versteht man unter „Final Settlement"?

Der am letzten Handelstag festgestellte Abrechnungspreis wird auch Final Settlement Price genannt. Zu diesem Preis wird der Future abgerechnet beziehungsweise beliefert. Vor Abschluss eines solches Geschäfts wird festgelegt (und in den Kontraktspezifikationen festgehalten), ob ein Future physisch geliefert oder durch ein Cash Settlement ausgeglichen wird. Diese Information sollte in den Investitionsüberlegungen eines Investors mit einfließen. Um sich einer Verpflichtung zu entziehen, ist es definitiv ratsam, ein vorzeitiges Closing vorzunehmen und damit eine potentielle Lieferung zu umgehen. Falls ein Investor aufgrund seiner Grundeinstellung das Geschäft über den ursprünglichen Verfallstag hinaus verlängern möchte, kann er dies durch einen Roll-Over realisieren: Er schließt die Ursprungsposition und eröffnet eine neue Position mit einem späteren Verfallstag.

7.5 Welche Verfallstermine gibt es für Futures?

In der Regel stehen mindestens drei verschiedene Verfallstermine zur Verfügung. So werden zum Beispiel an der Eurex die Futures auf den Dow Jones Euro STOXX 50® immer für die nächsten drei Quartals-Endmonate angeboten. Jede Terminbörse hat ihr eigenes Regelwerk welche Future-Termine für die verschiedenen Produkte angeboten werden. Für Futures auf Indices werden in der Regel die nächsten drei Quartalsendtermine angeboten.

Falls ein Investor beschließt, einen nach dem nächsten Verfallstag liegenden Future zu handeln, so muss er beachten, dass sich hierbei die Finanzierungskosten eventuell negativ für ihn entwickeln können – das heißt, sie können unter Umständen höher (bei einem Long Future) oder niedriger (beim Short Future) sein. Diese Problematik kann sich auch bei Roll-Over-Positionen in Futures ergeben. Dabei werden auftretende Verluste, die durch die bestehenden Preisunterschiede

Tabelle 7-2: Übersicht der möglichen Future-Serien am Beispiel des DJ EURO STOXX 50® Futures:

1. Möglichkeit	März	Juni	September
2. Möglichkeit	Juni	September	Dezember
3. Möglichkeit	September	Dezember	März
4. Möglichkeit	Dezember	März	Juni

verursacht wurden, als Roll-Over-Verluste bezeichnet. Bedauerlicherweise sind diese Verluste für Investoren nicht zu vermeiden, da sie aus der Preisbildung einstehen und unabhängig von der Strategie sind. Hier ein Beispiel für einen Rollover-Verlust (Nachfolgende Futures sind teurer zu kaufen).

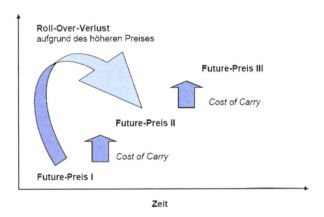

Abbildung 7.2: Roll-Over-Verlust

Zusammenfassung:

In diesem Kapitel wurden Nettofinanzierungskosten behandelt, die die Preisbildung für Futures beeinflussen. Sie können für eine Erhöhung oder auch einen Rückgang des Future-Preis verantwortlich sein. Abhängig davon, ob dieser höher oder niedriger ist, spricht man von einer positiven oder negativen Basis. Die Basiskonvergenz beschreibt die Situation am letzten Handelstag, an dem sich Future-Preis und Kassapreis gleichen. Ebenfalls wird auf die beiden Lieferarten – physische Belieferung und Cash Settlement – eingegangen.

Future Preis = Kassapreis + Cost of Carry

Cost of Carry = Finanzierungskosten – Entgangene Beträge

$$Future\ Preis = C_t + \left(C_t \times r_c \times \left(\frac{T-t}{360}\right) - d_{t,T}\right)$$

8 Strategien mit Futures

In diesem Kapitel sollen folgende Fragen beantwortet werden:
1. Strategien, welche mit Futures gebildet werden können
2. Aufbau einer solchen Strategie

8.1 Was für Future-Strategien gibt es?

Wie bei allen Termingeschäften, so liegen auch bei Futures die Hauptmotive in den drei grundlegenden Investitionsarten

* Spekulation
* Hedging
* Arbitrage.

Es gibt jedoch noch weitere Gründe, warum Future-Märkte wichtig für den Gesamtmarkt sind. Einer davon ist die Tatsache des Leverage-Handels. Durch den geringen Kapitaleinsatz bildet sich ein Hebel der Investition aus; das heißt, der Investor kann mit wenig Einsatz eine große Investition bewegen. Ein zweiter Vorteil ist, dass er diese nicht nur auf der Käuferseite (Long) sondern auch auf der Verkäuferseite (Short) durchführen kann. Ein dritter Vorteil ist die Erfüllungssicherheit der Geschäfte. Das Bonitätsrisiko ist minimiert (da als Geschäftspartner die Clearing-Stelle der Börse eintritt). Diese Tatsache bedingt auch die schnelle Handelbarkeit sowie das Lösen alter Positionen. Ebenfalls zu berücksichtigen sind die kostengünstigen und schnellen Transaktionen, die eine große Breite und Vielfalt von handelbaren Investments abdecken. Somit kann ein Investor schnell und effektiv Geschäfte abwickeln.

Long-Future-Position
Der Investor rechnet mit einem Steigen des Underlying; er geht folglich eine Long-Future-Position darauf ein. Sein Gewinn ist die Differenz zwischen dem niedrigen Kauf- und dem höheren Verkaufspreis; dagegen erleidet er bei fallenden Kursen einen Verlust. Das Chancen- und Gewinnpotential einer Long Position ist fast analog der eines Long Underlying. Aufgrund der Hebelwirkung ergeben sich jedoch andere Ergebnisse.

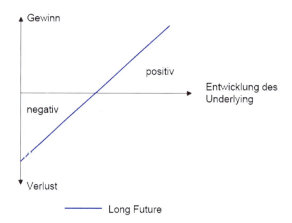

Abbildung 8.1: Long Future Position und seine grafische Darstellung

Short-Future-Position

Der Investor rechnet mit einem Sinken des Underlying und geht daher eine Short-Future-Position darauf ein. Sein Gewinn ist in diesem Fall die Differenz zwischen dem hohen Verkaufspreis und dem niedrigeren Rückkauf des Futures. Steigt der Future jedoch gegen die Erwartung des Investors, erleidet er einen Verlust.

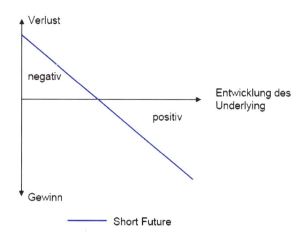

Abbildung 8.2: Short Future Position und seine grafische Darstellung

Die beiden aufgeführten Future-Spekulationen sind als Grundstrategien anzusehen, auf denen die anderen Strategien aufbauen. An dieser Stelle wollen wir ein paar grundsätzliche Worte zum Future-Investor verlieren: Dieser muss drei unerlässliche Grundeigenschaften für sein Investment mit sich bringen.

- Eine hohe Liquiditätsdecke
- Einen hohen Ausbildungs-/Kenntnisstand
- Eine hohe Informationsdichte

Nur wenn er diese drei Voraussetzungen erfüllt, sollte er in Futures investieren. Das Handeln einer Future-Position ist sehr simpel, der Umgang damit aber nicht! Future-Positionen können zum Spekulieren und zum Hedging verwendet werden. Das Hedging mit einer klassischen Future-Position ist recht simpel: Man will sich entweder gegen fallende oder gegen steigende Kurse absichern.

Das Absichern gegen fallende Kurse ist klassisch: Ein Investor befürchtet, dass sein Portfolio weniger Wert sein wird. Er will sich mittels eines Short Future absichern. Eine solche klassische Absicherung ist nur möglich, wenn das Portfolio und das Underlying des Future einander entsprechen. Da dies jedoch meist nicht der Fall ist, wird die größtmögliche Schnittmenge gesucht und mit diesem Future eine Absicherungsstrategie aufgebaut.

Zunächst errechnet man die Anzahl der benötigten Future Kontrakte.

$$Hedge\ Ratio = \frac{Portfolio}{Index - Future - Punkte} \times \frac{1}{Indexmultiplikator}$$

Beispiel:

Ein Investor hat ein Portfolio in Höhe von 1 Million Euro. Dieses will er gegen Kursrückgänge absichern. Da die im Portfolio enthaltenen Werte am ehesten mit dem Dow Jones (DJ) Euro STOXX 50® zu vergleichen sind, entscheidet er sich für eine Absicherung mittels DJ-Euro-STOXX-50-Future® (FESX).

Vorab errechnet er zunächst die Hedgeratio:

(Portfolio/DJ Euro STOXX 50®)/Indexmultiplikator = X

x = (1 Mio./4.450)/10 Euro

x = 22,47

Er muss also 23 DJ-Euro-STOXX-50-Future®-Kontrakte verkaufen, um sich abzusichern.

Eine Absicherung gegen höhere Kurse klingt anfänglich etwas irreführend, ist aber durchaus ebenfalls zu erwägen. Nehmen wir an, der Investor erwartet einen großen Mittelzufluss in sechs Monaten; aufgrund der augenblicklichen Marktlage ist aber ein Investment momentan günstig. Der Investor sichert sich somit heute das Einstiegsniveau ab, obwohl er erst in sechs Monaten sein Investment an der Börse tätigen wird. Diese Art der Absicherung ist vor allem dann vonnöten, wenn der Investor in Zukunft über einen regelmäßigen Liquiditätszufluss verfügen wird. Er kauft sich somit heute schon synthetisch sein Investment, welches er erst in sechs Monaten bezahlen kann. Im Gegenzug zur Absicherung vor einem Preisverfall wird also hier der Future gekauft, da man sich gegen ein Steigen absichern will.

In beiden Fällen ist der Investor besorgt, dass sich das Kursverhalten am Kassamarkt zu seinen Ungunsten ändern wird. Er sichert sich mit den beiden genannten Strategien seinen Ein- bzw. Ausstiegspreis im Investment.

Wie wir bereits im Kapitel „Future-Preis" erläutert haben, bildet sich dieser aus den Kassakosten sowie der Cost of Carry. Daher ergibt sich eine Differenz zwischen den Futures auf dasselbe Underlying, aber mit unterschiedlichen Verfallsterminen. Diesen Unterschied nennt man Time Spread. Er resultiert aus der Differenz der Nettofinanzierungskosten für die unterschiedlichen Restlaufzeiten. Keinen Einfluss hat die Erwartung des Underlying für diesen Zeitraum.

Diesen Spread kann man sich als Investor zu eigen machen und dadurch eine Investition tätigen.

Kauf eines Spread

Der Future-Investor kauft den frühen Kontrakt und verkauft den auf der Zeitskala späteren Kontrakt.

Beispiel:

> Kauf X-Index Verfall März
> Verkauf X-Index Verfall Dezember
> Verkauf eines Spread

Der Future-Investor verkauft den nächstliegenden Kontrakt und kauft den auf der Zeitskala späteren Kontrakt.

Beispiel:

> Verkauf X-Index Verfall März
> Kauf X-Index Verfall Dezember

Doch wann ist welche Strategie anzuraten?

Grundsätzlich muss hier nochmals unterschieden werden, ob wir einen Future auf einen Kursindex oder einen Perfomance-Index handeln. Ebenso ist es notwendig, dass sich der Investor Gedanken um die Kursentwicklung des Index sowie die Entwicklung der Nettofinanzierungskosten macht.

Tabelle 8-1: Spreads

Indexart	Kurse steigen	Kurse fallen
Performance-Index	Verkauf eines Spread	Kauf eines Spread
Kursindex Cost of Carry >0	Verkauf eines Spread	Kauf eines Spread
Kursindex Cost of Carry <0	Kauf eines Spread	Verkauf eines Spread

Wir sehen also: Bei Performance Indices lässt sich die strategische Entscheidung nur aus dem Kursverhalten ableiten. Denn je länger die Restlaufzeit des Futures ist, desto höher ist der Future-Kurs (negative Basis). Bei einem Anstieg des Underlying erhöht sich also diese Basis. Doch das ist bei beiden Kontrakten der Fall (proportional gleich); somit erhöht sich der Spread. Genau gegenteilig wirkt sich dieser Mechanismus bei sinkenden Preisen aus. Hier erleidet der Spread-Future-Investor einen Verlust.

Bei den Kurs-Indices ist dies anders. Hier muss das Augenmerk des Investors auf den Nettofinanzierungskosten liegen. Besitzt der Future eine positive Basis, ist das Verhalten genau umgekehrt zur Performance-Future-Position zu sehen.

Inter-Market-Spread
Bei einem Inter Market Spread kauft und verkauft ein Investor denselben Kontrakt an zwei unterschiedlichen Börsen. Er nutzt somit die Preisunterschiede an zwei Börsenplätzen aus.

Beispiel:
> Kauf X-Index an der A-Börse zu 11.000
> Verkauf Y-Index an der B-Börse zu 11.010

Aufgrund der guten Informationstechnik ist ein solcher Spread heute nur noch selten handelbar.

Interkontrakt-Spread und Intrakontrakt-Spread

Bei einem **Inter**kontrakt-Spread werden zwei Futures mit unterschiedlichen Kontraktspezifikationen gegenseitig gehandelt. Der Investor geht somit von einer Veränderung der Grundgegebenheiten für beide Kontrakte aus. Bei einem **Intra**kontrakt-Spread wird ein Future mit unterschiedlichen Verfallstagen gegenseitig gehandelt. Der Investor geht von einer Veränderung der Kontrakte aufgrund der Laufzeitdifferenz aus.

Interkontraktspread: Euro-Bund-Future vs. Euro-Bobl-Future
Intrakontraktspread: Euro-Bund-Future mit unterschiedlichen Verfallsangaben

Bei beiden Operationen lassen sich nur durch die Differenz Gewinne erwirtschaften. Man profitiert somit aus den Preisunterschieden zueinander.

Beispiel:
> Kauf Euro-Bund-Future Verfall September
> Verkauf Euro–Bund-Future Verfall Dezember

Cash-and-Carry-Arbitrage

Bei einer Arbitrage geht es darum, risikolose Einnahmen aufgrund von Preisungleichgewichten zu erzielen. Diese Preisungleichgewichte entstehen immer dann, wenn eine Differenz zwischen dem aktuell gehandelten Future-Preis und dem Kassapreis auftritt. Ist also die Differenz zwischen der aktuellen Basis und der theoretischen größer, so lassen sich dadurch Arbitragegewinne erzielen. Ist der Future gegenüber dem theoretischen Fair Value zu teuer, wird man ihn verkaufen und das Underlying kaufen. Man spricht nun von einer Cash and Carry Arbitrage. Ist das Phänomen umgekehrt, so dass der Future zu preiswert ist, kauft man den Future und verkauft das Underlying. Nun spricht man von einer Reverse Cash and Carry Arbitrage.

> Cash and Carry → Verkauf Future und Kauf Kasse
> Reverse Cash and Carry → Kauf Future und Verkauf Kasse

Ein Underlying, beispielsweise ein Index, kann nicht so einfach gekauft und verkauft werden wie der Future. Folglich bedient man sich der Basket-Bildung: Dabei werden alle Werte, die ein Beta von rund 1 haben, gekauft. Weisen diese gleichzeitig einen hohen Korrelationskoeffizienten auf, kann man damit den Index nachbilden. Es besteht zwar keine 1:1-Abbildung, jedoch eine gleichlaufende synthetische Konstante dazu.

Beispiel:

> Wir bilden ein DJ-Euro-STOXX-50®-Basket mit Werten, die ein Beta von etwa 1 haben und einen hohen Korrelationskoeffizienten aufweisen. Somit können wir den DJ Euro STOXX 50® synthetisch nachbilden. Zu dieser Nachbildung handeln wir (je nach Marktlage) den DJ Euro STOXX 50® Future.

Die Probleme einer solchen Transaktion sind folgende:
* Es sind Transaktionskosten zu verbuchen
* Leerverkäufe sind manchmal nur schwierig möglich bzw. verursachen Kosten
* bei Rententiteln besteht eine Wahlmöglichkeit am Ausübungstag

Hedges

Long und Short Hedges sind uns bereits aus den vergangenen Kapiteln bekannt. Auch bei Futures ist dies so umsetzbar. Bei einem Long Hedge (Kauf eines Futures) sichert sich der Investor gegen steigende Preise bis zu seinem Investment (**t+x**) ab. Bei einem Short Hedge sichert er ein bereits getätigtes Investment (**t-x**) ab.

Bei einem Long Hedge steht immer eine Investition in der Zukunft an, welche heute bereits genehmigt ist. Ein Investor erhält zum Beispiel in drei Monaten 1 Million Euro und möchte dann damit in DJ-Euro-STOXX-50®-Titel investieren. Er hat jedoch die Sorge, dass in drei Monaten der Index höher stehen wird als heute. Somit kauft er heute Future-Kontrakte, um dieses Szenario auszugleichen. Sobald er die Liquidität erhalten hat, schließt er die Futures und kauft mit dem Geld seine Kassawerte. Ist der Future gestiegen, und somit auch der Index, hat er über die Future-Mehreinnahmen die höheren Kosten kompensiert. Ist der Future und somit der Index gesunken, so hat er denselben Verlust erlitten, wie wenn er vor drei Monaten in die Kassamarktinvestition investiert hätten. Er sichert sich über dieses Geschäft den Einstiegspreis seiner Investition ab.

Bei einem Short Hedge sichert der Investor bestehende Bestände gegen Kursrückgänge ab. Er hat die Kassamarktinvestition somit bereits getätigt. Da er mit einem Kursrückgang rechnet, diesen jedoch nicht konkretisieren kann, sichert er sich mittels Verkauf des Future gegen diesen Rückgang ab. Tritt dieser ein, kompensiert der Future die Kursverluste im Portfolio. Tritt er nicht ein, so entstehen Kosten für die Absicherung (gegenläufige Future-Position), welche der Investor tragen muss.

Beta-Hedge mittels eines Index-Future

Da sich für jedes Portfolio ein Betafaktor (β) errechnen lässt, ist diese Steuerungsgröße beim Hedging optimal anzuwenden. Der Betafaktor beschreibt die Sensibilität eines Portfolios im Vergleich zum Gesamtmarkt.

Je nach der Markterwartung wird ein Investor den Betafaktor seines Portfolios adjustieren. Geht er also von einem Steigen des Marktes aus, so wird er eine hohe Aktienquote im Portfolio führen und einen Long-Index-Future darauf aufbauen. Das Umgekehrte gilt, wenn er von einem Sinken des Marktes ausgeht: Nun wird der Investor die Aktienquote reduzieren und Short Futures darauf aufbauen.

Risikosteuerung

Wenn man von Risikosteuerung spricht, ist es unbedingt notwendig, das Risiko richtig zu benennen. Wir unterscheiden zwischen dem **unsystematischen** Risiko, welches aus dem Einzelengagement resultiert und dem **systematischen** Risiko, welches auch als Gesamtmarktrisiko bezeichnet werden kann. Das unsystematische Risiko lässt sich durch aktives Depotmanagement und Diversifikation eliminieren (s. dazu Harry M. Markowitz, *Portfolio Selection Theory*, 1952), dass systematische Risiko ist im Gesamtmarkt verwoben und betrifft damit alle Investitionen eines Marktes.

Tabelle 8-2: Beta-Werte

Wert	Bedeutung
Beta (β) 1	Aktie bewegt sich genau so stark wie der Markt: 1:1
Beta (β) größer 1	Aktie bewegt sich stärker als der Markt
Beta (β) kleiner 1	Aktie bewegt sich schwächer als der Markt

Korrelationskoeffizienten (r)

Um jedoch genau aufzuzeigen, ob sich ein Einzelwert mit oder gegen den Gesamtmarkt bewegt, ermittelt man den Korrelationskoeffizienten (r). Dieser kann Werte von –1 bis +1 annehmen.

Tabelle 8-3: Korrelationskoeffizienten – Werte und Bedeutung

Wert	Bedeutung
r = +1 Korrelation positiv	es besteht ein absolut positiver Zusammenhang und Gleichlauf
r = 0 Korrelation neutral	kein Zusammenhang; max. zufallsbedingt
r = –1 Korrelation negativ	vollkommen gegensätzliche Entwicklung (absolut)

Beta-Hedge bei sinkender Marktaussicht

Um ein Portfolio absichern zu können, muss zuerst dessen Betafaktor (β) bestimmt werden. Hat der Investor diesen ermittelt, kann er wie nachfolgend beschrieben einen Beta-Hedge durchführen.

$$\# \text{ Future Kontrakte} = -1 \times \left(\frac{\text{Gegenwert des Portfolios}}{(\text{Indexstand} \times \text{Kontraktgröße})} \right) \times \beta - \text{Portfolio}$$

Beispiel:

Ein Investor hat ein X-Index Portfolio mit 1,5 Millionen Euro. Das β liegt bei 1,1. Der X-Index steht bei 6.700 Punkten; Indexmultiplikator des X-Futures ist 25 Euro pro Punkt. Er möchte dieses absichern.

$$= -1 \times (1.500.000 / (6.700 \times 25)) \times 1,1$$
$$= 9,8$$

Der Investor muss also 10 Kontrakte verkaufen.

Ergeben sich Änderungen an der obigen Thematik, so muss der Investor konsequenterweise den Hedge anpassen.

Entsprechend wird die Absicherung im Long Hedge vorgenommen; nur hier werden die Kontrakte nicht verkauft, sondern gekauft.

Die Formel ist dieselbe:

$$\# \text{ Future Kontrakte} = -1 \times \left(\frac{\text{Gegenwert des Portfolios}}{(\text{Indexstand} \times \text{Kontraktgröße})} \right) \times \beta - \text{Portfolio}$$

Warum werden Hedges mittels Futures durchgeführt?

Zum einen sind Future-Transaktionen sehr preiswert und transparent durchzuführen. Ein weiterer sehr wichtiger Punkt ist die schnelle und konsequente Umsetzung einer solchen Strategie. Die Positionen müssen zwar kontinuierlich überwacht und angepasst werden, dies ist jedoch über technische Möglichkeiten abzuwickeln und kann sehr zeitsparend erfolgen.

Wir möchten an diesem Punkt noch ein paar Worte zur Transparenz von Futures sagen. Da Portfolios nie vollständig aus den Heimatmärkten bestehen beziehungsweise eine Abdeckung der Heimatmärkte nicht ausreicht, bieten sich

Futures sehr gut an, um diese Märkte transparent, aber auch konsequent abzubilden. Die Transparenz ergibt sich aus der Future-Preis-Berechnung sowie dem fortlaufenden und durch Market Maker gestützten Handel. Die schnelle und kostengünstige Ausführung der Orders ist ebenfalls ein großes und wichtiges Merkmal, das für die Future-Märkte spricht. Ein negativer Punkt, der jedoch meist nur den Kundenverkehr mit privaten Investoren betrifft, ist die Größe der gehandelten Volumina.

Hedging mit Zins-Futures

Grundsätzlich gibt es die folgenden Methoden, einen Hedge zur Absicherung gegen steigende oder fallende Zinsen aufzubauen:

Preisfaktor- und Nominalwertmethode: Wird hauptsächlich zur Absicherung der CTD verwand

$$Hedge-Ratio = \frac{Nominalwert_{Kassa}}{Nominalwert_{Future}}$$

Durationsmethode: Hier wird versucht, die Preisreagibiliät in Verbindung mit der CTD vergleichbar zu machen.

$$Hedge-Ratio = \left(\frac{Nominal_{Kasse}}{Nominal_{Future}}\right) \times \left(\frac{Duration_{Kasse}}{Duration_{Future}}\right) \times PF_{CTD}$$

PF_{CTD} = Preisfaktor der CTD

Basis-Point-Value Methode: Hierbei wird berechnet, inwieweit sich der Kurs der Anleihe verändert, wenn sich die Rendite der Anleihe um einen Basispunkt verändert. Dies wird für die Kassaposition wie auch für die CTD ausgeführt und dann ins Verhältnis gesetzt.

$$Hedge-Ratio = \left(\frac{Nominal_{Kasse}}{Nominal_{Future}}\right) \times \left(\frac{\Delta_{Kasse,BP}}{\Delta_{CTD,BP}}\right) \times PF_{CTD}$$

Die Wertveränderungen lassen sich aus der Renditeformel ableiten

Regressionsmethode: Dabei wird der Grad des Zusammenhangs zwischen Kassa-
und Futuremarkt ermittelt.

$$Hedge - Ratio = \frac{Nominalwert_{Kassa}}{Nominalwert_{Future}} \times RK$$

RK = Regressionskoeffizient

Cross Hedge
Da ein Portfolio meist auch aus Werten besteht, für welche es keinen passenden
Future gibt, ist man oft gezwungen, einen so genannten Cross Hedge aufzubauen.
Dabei baut man Future-Positionen auf, welche dem Kassainstrument ähneln. So
kann mit ähnlich laufenden Positionen eine andere Position abgedeckt werden.
Dies funktioniert jedoch nur, wenn die Preise strikt parallel zueinander verlaufen.
Dasselbe gilt für Portfolios, welche nicht nur aus derselben Referenzzinsstruktur
bestehen. Hierbei ist eine Kombination aus verschiedenen Futures vonnöten.

Zwei Seiten einer Münze
Hedges bieten also die Möglichkeit, klar und transparent darzustellen, wie viel
Restrisiko sich in einem Portfolio befindet. Doch so schön und praktisch Hedges
sind, so problematisch sind sie auch. Denn jeder Hedge verursacht Kosten und
Aufwendungen und verhindert, dass der Hedger von einer anderweitigen Preisbewegung profitiert. Des Weiteren ist es oft schwierig, komplexe Portfolios abzudecken. Es besteht zwar die Möglichkeit, dies mittels eines Cross-Hedge zu versuchen, doch eine 100-prozentige Abdeckung ist häufig nicht möglich. Auf der
anderen Seite ist fraglich, ob eine solche Abdeckung wirklich notwendig ist.

Beispiel:
    Grundintention des Investors:
    Der X-Index ist zu teuer und charttechnisch total überkauft. Er geht von
    einem Sinken des Index aus.
    Bestand:
    X-Index-Portfolio mit 1 Million Euro
    Aufbau aufgrund der Grundintention:
    Short-X-Index-Kontrakte, verkauft bei 7.000 Punkten
    Nun steigt der X-Index, aufgrund einer positiven wirtschaftlichen Ent-
    wicklung von 7.000 auf 7.150 Punkte! Der Investor profitiert nicht mehr
    davon, da er den X-Index bereits bei 7.000 Punkten verkauft hat. Er
    macht mit diesen Positionen einen Verlust. Fällt der Index aufgrund von

Marktübergewichten darauf, so erzielt er einen Gewinn. Doch erst, wenn der X-Index unter die 7.000 Punkte fällt, ist er wirklich im Gewinn und nicht nur in der Zone des verminderten Verlustes.

Wir sehen an diesem Beispiel, wie wichtig die richtige Einschätzung des Marktumfeldes für den Investor ist. Kommt es zu einer gegenläufigen Marktsituation, macht der Investor Verluste. Da es sich bei einem Future um ein Delta-1-Instrument handelt, ist der Investor sofort am Gewinn bzw. Verlust beteiligt.

Zusammenfassung:
Grundsätzlich gibt es zwei Grundstrategien in Future-Handel:
– Long Future
– Short Future
Der Long-Future-Investor setzt auf ein Steigen des Underlying, der Short-Future-Investor auf dessen Sinken. Futures können sowohl zur Spekulation als auch zum Hedging eingesetzt werden. Durch die Kombination von verschiedenen Future-Kontrakten können Spreads gebildet beziehungsweise Kombinationsstrategien aufgebaut werden.
Bei Hedging-Strategien unterscheidet man zwischen Long und Short Hedges. Gleichzeitig unterscheidet man nochmals zwischen dynamischen und statischen Hedges.
Future-Strategien sind im Verhältnis zu Optionsstrategien klarer und einfacher. Dazu trägt auch der tägliche Gewinn- und Verlustausgleich bei.

9 Optionen auf Futures, synthetische Termingeschäfte & Kombinationen

In diesem Kapitel sollen folgende Fragen beantwortet werden:
1. Was kennzeichnet Optionen auf Futures?
2. Wie sind der Aufbau und die Struktur von Optionen auf Futures?
3. Was versteht man unter der Future Style Methode?
4. Welche Strategien werden mit Optionen auf Futures verfolgt?
5. Was versteht man unter synthetischen Terminmarktpositionen?
6. Welche Kombinationen und Verkettungsgeschäfte werden in der Praxis eingesetzt?
7. Warum führt man Kombinationen und Verkettungsgeschäfte durch?

9.1 Was kennzeichnet Optionen auf Futures?

Optionen, welche sich auf Futures beziehen, ergänzen die große Palette der gelisteten Derivate. Durch die Kombination eines bedingten Termingeschäftes mit einem unbedingten Termingeschäft schaffen diese das unmittelbare Bindeglied zwischen diesen beiden.

Diese Art von Optionen wird physisch mit dem Future-Kontrakt beliefert und ermöglicht dem Investor ein abgeschlossenes Chancen- und Risikoprofil. Bedingt durch die Optionsposition, findet der Investor eine für ihn vorteilhafte, asymmetrische Risikoverteilung vor, da er ein Wahlrecht bzw. eine Option besitzt und bisher keine Verpflichtung eingegangen ist. Nach Ausübung der Option wird aus dem Wahlrecht eine Verpflichtung, nämlich die des Future, welcher zur Gattung der unbedingten Terminmarktgeschäften zählt/gehört.

Vor allem im Bereich des Zinsfutures sind Optionen auf Futures sind sehr geläufig. So werden z.B. **Optionen auf den Euro-Bund-Future** (OGBL) und den 30 year **Treasury Bond Future** (T-BOND) angeboten.

9.2 Wie sind Optionen auf Futures aufgebaut und strukturiert?

Der Käufer einer Option auf den Future (wie etwa den Euro-Bund-Future) erwirbt das Recht, jedoch nicht die Pflicht, den Future zu einem bei Geschäftsabschluss festgelegten Preis zu kaufen (Call) oder zu verkaufen (Put). Im Falle einer Ausübung der Option wird diese physisch mit dem Future beliefert, so dass der Optionsinvestor zum Future-Investor wird. Man kann es auch anders ausdrücken: Die Optionsposition (bedingtes Geschäft) wird durch die Future-Position (unbedingtes Geschäft) ersetzt.

9.3 Was versteht man unter der Future-Style-Methode?

Bei Optionen auf Futures werden die Optionspreiszahlungen nicht bei Abschluss des Geschäftes, sondern während der Laufzeit (analog zur Variation-Margin-Buchung) durchgeführt. Es kommt somit zu einem täglichen Gewinn- und Verlustausgleich. Ein weiterer wichtiger Punkt ist, dass die kurzfristigen Zinsen die Optionspreisbildung beeinflussen. Im Falle kurzfristig steigender Zinsen werden die Prämien sowohl auf der Call- als auch auf der Put-Seite reduziert. Dieser Zusammenhang lässt sich dadurch erklären, dass die Prämie dargestellt wird als Barwert des erwarteten Gewinnes am Laufzeitende. Wenn also die Zinsen steigen, sinken der Barwert und mit ihm die Optionspreise.

Die Optionspositionen werden jeden Abend anhand des Settlement-Preises bewertet und somit über das Future-Style-Verfahren ausgeglichen. Hierbei geht man nach einem ähnlichen Verfahren vor wie bei den Futures. Der Käufer einer Option profitiert von gestiegenen Optionspreisen, der Verkäufer erzielt einen Gewinn bei fallenden Preisen.

Die Optionen sind meist im amerikanischen Stil aufgelegt. Ein vorzeitiges Ausüben ist in der Regel nicht zu empfehlen, da der Zeitwert verloren geht. Der Verfallstag der Optionen differiert vom „normalen" Verfallstag, damit der Inhaber einer Short-Position angemessen entscheiden und reagieren kann. Die Optionen werden in der Regel mit dem dazugehörigen nächsten Future-Kontrakt beliefert.

Optionen auf Futures entsprechen folgenden Future-Positionen beziehungsweise werden wie folgt beliefert:

Tabelle 9-1: Übersicht über Optionen auf Futures

Optionskontrakt	Future
Long Call	Long Future
Short Call	Short Future
Long Put	Short Future
Short Put	Long Future

9.4 Welche Strategien werden mit Optionen auf Futures verfolgt?

Es ist anzuraten, bei Optionspositionen auch Positionen auf den dazugehörigen Future in das Positionsbuch aufzunehmen. Über konsequentes Beimischen von Optionen auf Futures sind Investoren in der Lage, Strategien zur Erweiterung und Absicherung zu verfolgen.

So kann ein Short-Future-Investor weitere Positionen über Short-Optionen auf Futures aufbauen, und durch die Prämie generiert er einen zusätzlichen Gewinn. Falls die Optionen wertlos verfallen sollten, hat der Investor die Prämie eingenommen ohne dabei weitere Futures aufgebaut zu haben. Wenn jedoch die Position im Geld steht, werden weitere Future-Positionen generiert und ein aktives Management des Positionsbuches durchgeführt.

Beispiel:

Ein Future-Investor hat den Euro-Bund-Future (FGBL) bei 116 Euro verkauft. Seine Einstellung gegenüber dem Bund-Future ist negativ, beziehungsweise er vertritt die Meinung, dass die Zinsen steigen. Aus diesem Grund möchte er seine Position erweitern. Da er sich jedoch nicht absolut sicher ist, beschließt unser Investor, die Position über Optionen und nicht über weitere Futures zu erweitern.

Bestand:

100 Kontrakte, Short FGBL, Preis 116 Euro

Er baut diese Position wie folgt aus:

25 Kontrakte, Short Call, Basispreis 116 Euro

25 Kontrakte, Short Call, Basispreis 116,50 Euro

25 Kontrakte, Short Call, Basispreis 117 Euro

Der Investor nimmt über diese Positionen Prämien ein und wird nur dann ein Short-Future-Investor, wenn das Underlying die Basispreise erreicht und die Gegenposition (Long Call) die Option ausübt. Somit ist unser Investor in der komfortablen Position, sein Risiko diversifizieren zu können. Auch im Falle eines sinkenden Future (Basispreise werden nicht erreicht) kann der Investor aus der erhaltenen Prämie und den zuvor aufgemachten 100 Short-Futures profitieren. Die Future-Positionen werden durch Optionen erweitert, wenn der Future entgegen den Erwartungen steigen sollte. Der Vorteil dieses Vorgehens liegt darin, dass der Investor durch die erhaltene Prämie seinen Einstandspreis reduziert.

Wenn die Einstellung des Investors gegenüber dem Future nur bis zu einem gewissen Preis negativ ist (maximale Untergrenze) – beispielsweise 114,50 Euro –, kann er auch Gegenpositionen eröffnen. Der Investor verkauft nun Short Puts mit den Basispreisen 114,50 Euro und 114,00 Euro. Im Falle einer Andienung sind diese Short Puts als Closing-Positionen zu sehen, da es sich um ein Gegengeschäft (zugegebenermaßen ohne Closing-Vermerk, aber mit derselben Wirkung) handelt.

Der Investor profitiert in einem solchen Fall von seinen Short Future bis 114,50 Euro beziehungsweise 114,00 Euro. Dabei verfallen die verkauften Calls, und die Short Puts bilden die Gegenposition. Der Investor ist durch beide Short-Positionen und die damit verbundenen Prämieneinnahmen in der Lage, seinen Gewinn zu erweitern. Lassen Sie uns nun die obige Strategie anhand des Chancen- und Risikoprofils aufgliedern.

Positionsbuch: FGBL steht bei 115,50

Tabelle 9-2: Strategien mit Optionen auf Futures

Kontraktanzahl	Kontrakt-Typ	Basispreis	Strategie
100	Short Future	116	Ursprung
25	Short Call	116	Erweiterung Future
25	Short Call	116,50	Erweiterung Future
25	Short Call	117	Erweiterung Future
50	Short Put	114,50	Cap Future
50	Short Put	114	Cap Future

Das Cap definiert hierbei die Gegenposition zu den oben stehenden ursprünglichen Future-Positionen.

Das Grundprofil ist einfach: Der Short Future generiert einen Gewinn, wenn der Future fällt, und wir haben den gewünschten Ertrag. Andererseits machen wir einen Verlust, wenn der Future steigt.

Durch die erste Erweiterung mit den Short Calls auf den Future ergänzen wir die Strategie zunächst nur indirekt: Wir übernehmen den Future erst nach Erreichen des Basispreises. Auf den ersten Blick wirkt die erhaltene Prämie gewinnbringend, beinhaltet jedoch das Risiko, dass die bestehende Position erweitert wird. Damit wir dieses Risiko absichern können, verkaufen wir Puts mit den Basispreisen von 114,50 Euro und 114 Euro. Das ermöglicht uns, aus der Ursprungstrategie bei den Basispreisen auszusteigen; das heißt, wir haben einen Cap bei 114 Euro und 114,50 Euro. Die Strategie wird somit abgeschlossen, und gleichzeitig sichern wir uns durch die erhaltene Prämie einen weiteren Risikopuffer.

Welche Szenarien können eintreten? Wir erweitern die Short Futures durch ein Ausüben der Calls (→ **Puts verfallen**) und besitzen dann die Position, die wir ursprünglich erweitern wollten. Eine andere Möglichkeit ist die Ausübung der Puts (→ **Calls verfallen**) und die damit verbundene Schließung der Future-Position. Die dritte Möglichkeit wäre, dass beide Optionstypen verfallen, da sich der Future nicht signifikant bewegt hat! Wir sehen somit, dass wir durch die Erweiterung der einfachen Future-Strategie eine „planbare", aber gleichzeitig auch komplexere Kombinationsstrategie erhalten haben. In der Praxis wird diese Art von Verkettung und Kombination täglich 1000-fach angewandt und gehört zu den Standardstrategien.

Eine weitere Verkettung ist die Kombination von zwei verschiedenen Futures, um zum Beispiel unterschiedliche Laufzeithorizonte abzudecken. So kann ein Investor von der Veränderung der Zinsstrukturkurve profitieren. Solche Strategien sind jedoch nur bei liquiditätstarken Investoren zu empfehlen: Neben der Margin-Stellung benötigt man zusätzlich eine tägliche Liquiditätsdecke zur Bezahlung der Gewinn- und Verlustausgleiche. Ferner ist das komplexe Wissen um Chance und Risiko sowie die Gesamtstrategie beim Kunden vorauszusetzen.

Des Weiteren lohnt es bei solchen Strategien, sowohl mit Gewinn- und Verlustschwellen, als auch mit Limits zu arbeiten. Das Aufbauen einer gegenseitigen Limitstrategie ist gerade bei Positionen, bei denen die ständige Überwachung notwendig ist, angebracht.

9.5 Was versteht man unter synthetischen Terminmarktpositionen?

Die dargestellten Terminmarktpositionen können auch synthetisch nachgebaut werden, wobei das Chancen-Risikoprofil synthetisch imitiert wird.

In Verbindung mit verschiedenen Einzelpositionen ersteht bei einer synthetischen Position eine neue Gesamtposition, welche als solche angesehen werden muss. Daher ist von einem einseitigen Auflösen der Position abzuraten.

Nachfolgend die Kombinationsmöglichkeiten für synthetische Terminmarktpositionen:

Tabelle 9-3: Kombinationsmöglichkeiten

Synthetische Form eines:	Kombinationsform aus:		
	Call-Option	**Put-Option**	**Future**
Long Call		Long	Long
Short Call		Short	Short
Long Put	Long		Short
Short Put	Short		Long

Synthetische Form eines:	Kombinationsform aus:		
	Call-Option	**Put-Option**	**Future**
Long Future	Long	Short	
Short Future	Short	Long	

Durch die Kombination einzelner Termingeschäfte entsteht das Chancen- und Risikoprofil eines erweiterten Termingeschäftes. Somit kann ein Investor mittels der einzelnen Komponenten eine neue, komplexere Chancen- und Risikostruktur schaffen. Jedoch sollte diese Kombinationen nur von erfahrenen Investoren durchgeführt werden.

9.6 Welche Kombinationen und Verkettungsgeschäfte werden in der Praxis eingesetzt?

In der Praxis werden oft Kombinationen von Optionen (Straddle, Strangle etc.) und verbrieften Derivaten (Long Call auf ein Discountzertifikat[1]; etc.) angewendet. Hierbei gilt jedoch: Je komplizierter das Konstrukt, desto unübersichtlicher wirkt das Chancen- und Risikoprofil.

Daher ist unbedingt darauf zu achten, dass die Übersichtlichkeit und die Handelbarkeit jederzeit gewährleistet sind. In der Unübersichtlichkeit liegt bei diesen Strategien das größte Risikopotenzial, da Verkettungen oft nicht auf einen Blick zu erkennen sind und nur durch gesonderte Dokumentation aufgenommen werden können. Aus diesen Gründen ist eine strikte Dokumentation inklusive Handlungsempfehlung anzuraten.

9.7 Warum führt man Kombinationen und Verkettungsgeschäfte durch?

Aufgrund zweier Grundintensionen können Kombinationen und Verkettungsgeschäfte entstehen:

• Spekulation und
• Hedging

Bei einer Spekulation versucht der Investor, eine Überrendite mittels Kombination mit einem weiteren Instrument zu erreichen. Dies ist beispielsweise in seitwärts laufenden Märkten anzuraten.

Beim Hedging ist der Investor eine Position eingegangen, welche sich nicht nach seinen Vorstellungen entwickelt. Er versucht nun, diese durch eine Kombination mit einem Termingeschäft abzusichern. Sollte ihm dies gelingen, kann er eine feste Planungsgröße vorgeben; andernfalls hat er den resultierenden Verlust zu akzeptieren.

Beide Kombinationsformen kommen meist bei Verkettungsgeschäften mit verbrieften Derivaten (Discount-Zertifikate etc.) zum Tragen. Die Grundintention

---

1 Verbrieftes Derivat auf einen Einzelwert oder einen Index

eines Investors bei der Erweiterung eines verbrieften Derivates ist das Schaffen eines zusätzlichen Chancenprofils. Dafür geht er ein erweitertes, aber für ihn überschaubares Risiko ein. Er baut die Standardgegebenheiten des verbrieften Derivats (Vorgabe des Emittenten) durch eine von ihm aufgestellte Terminmarktposition aus. Diese Strategien im Zusammenhang ergeben die Gesamtposition. Solche Positionen sollten nur von Investoren aufgebaut werden, welche sich in der Materie bestens auskennen, da nicht nur das klassische Termingeschäft, sondern auch das verbriefte Termingeschäft bewertet werden muss.

Beispiel:

> Unser Investor hat ein Discount-Zertifikat auf den Index X. Der Cap ist bei 7.000 Punkten, während der Index bei 6.900 Punkten notiert. Das auf den Index X basierende Discount-Zertifikat steht bei 67,50 Euro. Unser Investor geht davon aus, dass der Cap von 7.000 Punkten erreicht wird, aber der Index X während der Laufzeit des Zertifikats unter 7.400 Punkten notieren wird. Daher verkauft er zusätzlich Call-Optionen mit einem Basispreis von 7.400 Punkten. Mit der daraus resultierenden Prämie kann er sofort seinen Gewinn erhöhen.
>
> **Szenario 1: Der Index steigt über 7.000 Punkte, notiert aber gleichzeitig unter 7.400 Punkten.** Der Investor hat Recht behalten und kann seinen maximalen Gewinn realisieren.
>
> **Szenario 2: Der Index bleibt unter den 7.000 Punkten.** Der Investor erzielt zwar einen vollen Gewinn aus den verkauften Calls, jedoch lediglich einen verminderten Gewinn im Discountzertifikat, da der Cap nicht erreicht wurde.
>
> **Szenario 3: Der Index steigt über 7.400 Punkte.** Der Investor kann sich über einen vollen Gewinn aus dem Discount-Zertifikat freuen, muss aber einen Verlust in der Short-Call-Option hinnehmen, welcher durch dic erhaltene Prämie abgefedert wird. Sollte der Index weiter steigen, ist ein rechtzeitiges Closing anzustreben, da das Verlustpotential aus dem Short Call unbegrenzt ist.

Wie bereits erläutert, ist die entstandene Kombination als Gesamtposition anzusehen. Denn nur durch diese Betrachtungsweise eröffnet sich das ganze Spektrum an Chancen, aber auch an Risiken.

Es ist auch vorstellbar, Kombinationen mit anderen verbrieften Derivaten (zum Beispiel Express-Strukturen) durchzuführen, wobei die Komponente des verbrieften Derivates eine andere ist und dementsprechend beachtet werden muss.

Zusammenfassung:

Neben „klassischen" Optionen und Futures gibt es auch Optionen auf Futures, die das Produktangebot ergänzen. Sie unterscheiden sich in der Prämienzahlung von den klassischen Derivaten durch die Future-Style-Methode: Die Prämie wird nicht beim Abschluss bezahlt, sondern verteilt sich über die Laufzeit, ähnlich der Variation-Margin-Buchung im Future.

In diesem Kapitel wurden auch synthetische Terminmarktpositionen behandelt, die dann entstehen, wenn man zwei Terminmarktpositionen kombiniert und somit das Chancen- und Risikoprofil einer dritten Position erhält. So ist es beispielsweise möglich, durch die Kombination zweier Optionen das Chancen- und Risikoprofil eines Future nachzubilden.

10 Devisentermingeschäfte

In diesem Kapitel sollen folgende Fragen beantwortet werden:
1. Was sind die Grundlagen des Devisenhandels?
2. Was sind Devisentermingeschäfte?
3. Was sind Devisenoptionen?
4. Was sind Devisenfutures?

10.1 Entwicklung des Devisenhandels

Nachdem 1971 die **Goldkonvertibilität** aufgehoben wurde und die Währungen sich frei bewegen konnten, begann der Bereich der Devisentermingeschäfte zu expandieren. Dies lag vor allem daran, dass sich Investoren der Chancen und Risiken des neuartigen Währungssystems bewusst waren. Auch wurde die Notwendigkeit erkannt, sich gegen ungewünschte Abwertungen abzusichern und auf diese zu spekulieren.

Es gibt zwei verschiedene Möglichkeiten, Devisentermingeschäfte abzuschließen: zum einen die OTC-Geschäfte, welche die Banken in ihren Devisenhandelszentren untereinander und für ihre Kunden abwickeln; zum anderen Termingeschäfte, welche über die Terminbörsen gehandelt werden. Die CME in Chicago hat hier eine Vormachtstellung im Handel. Beide Arten von Devisentermingeschäften sind heute in der Praxis stark verbreitet, wobei die individuell abgeschlossenen Geschäfte eher zum Hedging und die Devisen-Futures eher zur Spekulation eingesetzt werden.

10.2 Grundsätzliches zum Devisenhandel

Lassen Sie uns einen kurzen Ausflug in die Welt des Devisenhandels machen. Devisen (engl. **Foreign Exchange** oder auch nur **FX**) sind ausländische Währungen in Form von Buchgeld. Im Gegensatz zum Buchgeld wird Bargeld als Sorten bezeichnet. Unter dem Devisenhandel versteht man also den Tausch von Währungen untereinander. Er hat aus Sicht der Volkswirtschaftslehre die Aufgabe, als

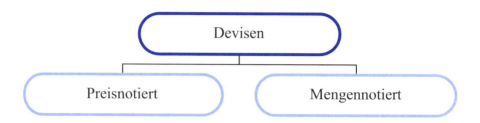

Abbildung 10.1: Devisen-Notierungsarten

konjunkturellen Regulator zwischen zwei verschiedenen Volkswirtschaften mit unterschiedlichen Währungen zu wirken.

Der Devisenkurs ist definiert als der Preis (angegeben in der Heimatwährung), welcher für eine fremde Währung bezahlt werden muss. Man spricht hier auch von der **Preisnotiz**. Das Gegenstück dazu ist die **Mengennotiz**, die in einer Fremd-währung ausgedrückt wird und den Preis für die Heimatwährung angibt.

In der Praxis wird der Euro grundsätzlich gegen alle Währungen mengen-notiert. Einzige Ausnahme ist die Notierung Britisches Pfund (GBP) gegen Euro, welche preisnotiert ist. Grundsätzlich sind aber beide Notierungsarten möglich, da sie lediglich die Sichtweise des Betrachters wiedergeben.

Während im Devisenkassahandel die Lieferung und Erfüllung nach zwei Ar-beitstagen erfolgen muss, gibt es beim Devisenterminhandel eine zeitliche Lücke: Die Erfüllung folgt nicht sofort der Einigung, sondern innerhalb eines Zeitraums, welchen wir als Devisenterminzeitraum bezeichnen wollen.

10.2.1 Devisenkassageschäft

Bei einem Kassa- oder auch Kassenfestpreisgeschäft wird der Handelsgegen-stand – in unserem Fall die Devise – fest gehandelt und innerhalb von zwei Arbeitstagen nach Abschluss geliefert beziehungsweise abgenommen. Diese Geschäfte, bei denen Abschluss und Erfüllung zeitnah aufeinander folgen, wer-den im normalen Geschäftsverlauf ohne besondere Berücksichtigungen täglich durchgeführt. Sie unterliegen keinen besonderen Verpflichtungen und werden wie ein Wertpapierkassageschäft behandelt und angesehen. Dies bedeutet unter an-derem auch, dass der Investor die zur Erfüllung benötige Liquidität sofort vor-halten muss. Der Abrechnungskurs wird dabei entweder als Kassakurs oder als Spot-Rate bezeichnet und stellt den Wechselkurs der Kassatransaktion dar. Als

Handelstage gelten alle Bankwochentage, ausgenommen Samstag, Sonntag und die Bankfeiertage der jeweiligen Länder. Der Liefertag des Geschäftes wird auch Valuta oder Valutentag genannt.

10.2.2 Devisentermingeschäfte über die Banken

Lassen Sie uns zuerst einen Blick auf die Devisenhandelsinstrumente der Banken werfen. Ein Kunde kann auf Termin Devisen kaufen und/oder verkaufen, wobei die Bank die Gegenposition einnimmt. Diese Termingeschäfte beziehen sich meist auf Grundgeschäfte und dienen dazu, diese abzusichern und/oder die Absicherung zu erweitern. Die meisten Firmen sichern damit ihre Import- und Exportaktivitäten (gegen Wechselkursrisiken) ab und schaffen sich dadurch eine kalkulatorische Grundlage. Bei solchen Geschäften spricht man, je nach Ausgestaltung des Vertrages, entweder von einer OTC-Option oder einem Forward. Da es sich um einen individuellen Vertrag zwischen zwei Parteien handelt, ist die Übertragbarkeit eines solchen Termingeschäftes auf Dritte nur sehr unwahrscheinlich und in der Praxis fast nie umsetzbar.

Die Grundintention eines Handelspartners (oftmals Firmen) ist es meist, sich gegen Wechselkursentwicklungen abzusichern, und sie bezieht sich somit auf bestehende Grundgeschäfte. Das heißt, ihnen steht beispielsweise eine Import-Exporttätigkeit gegenüber.

In den wenigsten Fällen dienen diese Geschäfte der Spekulation, was jedoch ebenfalls möglich wäre.

Beispiel:

> Ein Unternehmer erhält in 6 Monaten einen Eingang über 1 Million US-Dollar. Er möchte den Wechselkurs zum Euro sichern. Hierfür stehen ihm zwei Möglichkeiten zur Verfügung:
> 1. Verkauf der 1 Million Dollar auf Termin
> 2. Verkauf der 1 Million Dollar gegen Euro und anschließend Aufnahme eines Kredites über 1 Million Dollar. Diesen halten, bis die Zahlung kommt.

Bei beiden Varianten kommen wir zum selben Ergebnis – was auch zu erwarten war, da sonst risikolose Arbitrage getätigt werden könnte.

10.2.3 Berechnung des Terminkurses

$$Terminkurs = Kassakurs \times \frac{1 + \left(r_G \times \dfrac{T}{B_G} \right)}{1 + \left(r_Q \times \dfrac{T}{B_Q} \right)}$$

T = Anzahl der Tage
r_G = Zinssatz p.a. in Dezimalen, quotierte Währung
r_Q = Zinssatz p.a. in Dezimalen, Gegenwährung
B_G = Berechungsbasis für quotierte Währung (360 oder 365)
B_Q = Berechnungsbasis für Gegenwährung (360 oder 365)

Berücksichtigt man, dass die Handelspartner zu Geld-/Briefkursen quotieren, erhalten wir folgende Formeln:

$$Terminkurs_{Geld} = Kassakurs_{Geld} \times \frac{1 + \left(r_{Geld,G} \times \dfrac{T}{B_G} \right)}{1 + \left(r_{Brief,Q} \times \dfrac{T}{B_Q} \right)}$$

$$Terminkurs_{Brief} = Kassakurs_{Brief} \times \frac{1 + \left(r_{Brief,G} \times \dfrac{T}{B_G} \right)}{1 + \left(r_{Geld,Q} \times \dfrac{T}{B_Q} \right)}$$

T = Anzahl der Tage
r_G = Zinssatz p.a. in Dezimalen, quotierte Währung
r_Q = Zinssatz p.a. in Dezimalen, Gegenwährung
B_G = Berechungsbasis für quotierte Währung (360 oder 365)
B_Q = Berechnungsbasis für Gegenwährung (360 oder 365)

10.2.4 Devisentermingeschäfte über die Börsen

Die Börse hat nicht nur bei den börslich gehandelten Devisentermingeschäften, sondern auch bei allen anderen Termingeschäften zwei zentrale Funktionen: Sie kann beispielsweise zwei Parteien zusammenführen, die dann ein Geschäft eingehen, und/oder sie stellt über das Market-Maker-System die Liquidität für den Markt zur Verfügung. Die Börse ist somit der Vermittler zwischen zwei Parteien, welche gegenläufige Ziele verfolgen.

Wir unterscheiden auch hier zwischen Devisenoptionen und Devisen-Future.

10.2.5 Devisentermingeschäfte im Überblick

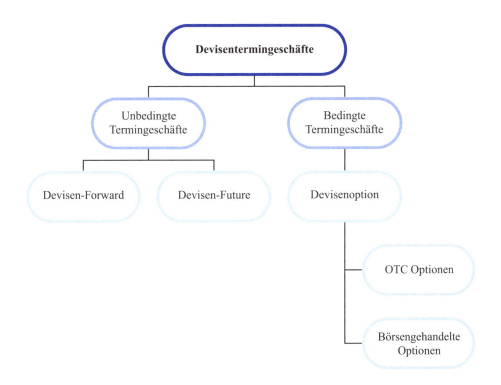

Abbildung 10.2: Devisentermingeschäfte

10.2.6 Cross Rate

In manchen Fällen muss eine so genannte Cross Rate errechnet werden, da ein Währungspaar nicht unmittelbar gehandelt werden kann. Dies ist beispielsweise beim Japanischen Yen (JPY) zum Schweizer Franken (CHF) der Fall. Dabei wird zuerst JPY gegen Euro und dann Euro gegen CHF gehandelt. Der resultierende Devisenkurs wird Cross Rate genannt, da „über Kreuz" gehandelt wird. In der Praxis ist ein solcher Cross Rate kein Problem, weil er von den großen Devisenabteilungen der Banken errechnet und mit dem Kunden abgerechnet wird.

10.2.7 Wirtschaftliche Einflussfaktoren der Währungspreisbildung

* Leistungs- und Kapitalverkehrsvolumen
* Zinsniveau
* Inflationsraten
* Wirtschaftswachstum
* Geldmengenveränderung
* Konjunkturentwicklung
* Wirtschaftspolitik der Regierungen und der Notenbanken
* Krisen, Unruhen, Kriege
* Politische Einflussnahme von innen und außen
* Marktpsychologische Einflussfaktoren wie Rücktritte, Gerüchte, Bestätigungen, Ankündigungen, Wahlergebnisse etc.

10.3 Was sind Devisentermingeschäfte?

Die Differenz zwischen dem Kassakurs und dem Terminkurs von Devisen hängt von den Zinsdifferenzen der beiden Währungen zueinander ab. Man geht davon aus, dass eine Anlage in der einen Währung den gleichen Ertrag erbringen muss wie in der anderen Währung. Da es sich jedoch um zwei verschiedene Zinsmärkte handelt, muss die Differenz über die Währung ausgeglichen werden. Damit gilt auch, dass risikolose Anlagen in Fremdwährung den gleichen Ertrag abwerfen wie in Eigenwährung. Der Konvergenzfaktor ist die Währung.

Weist ein Devisenterminkurs gegenüber dem Devisenkassakurs einen **Aufschlag** auf, spricht man von einem **Report**. Sollte sich dagegen ein **Abschlag** ergeben, wird dieser als **Deport** bezeichnet. Gemäß des Zinsparitätentheorem bezeichnet man die Zinsdifferenz zwischen zwei Währungen als Swap-Satz.

10.3.1 Swap-Satz

Wie lässt sich ein Swap-Satz errechnen?

1. Bestimmung der Eigenzinsaktivität:

$$Eigenzinsaktivität = \left(1 + r \times \left(\frac{Laufzeit\ in\ Tagen}{360}\right)\right)$$

r = Inlandszins

2. Bestimmung der Fremdwährungszinsaktivität:

$$Fremdwährungszinsaktivität = \frac{1}{K_1} \times \left(1 + r_1 \times \left(\frac{Laufzeit\ in\ Tagen}{360}\right)\right) \times Terminkurs$$

K_1 = Kassakurs
r_1 = Auslandszins

Daraus ergibt sich:

$$Fremdwährungszinsaktivität = \frac{1}{K_1} \times \left(1 + r_1 \times \left(\frac{Laufzeit\ in\ Tagen}{360}\right)\right) \times Terminkurs$$

K_1 = Kassakurs
r = Inlandszins
r_1 = Auslandszins

Somit ist die Formel für den Terminkurs:

$$\left(1+r\times\left(\frac{Laufzeit\ in\ Tagen}{360}\right)\right)=\frac{1}{K_1}\times\left(1+r_1\times\left(\frac{Laufzeit\ in\ Tagen}{360}\right)\right)\times Terminkurs$$

$$Terminkurs=K_1\times\left[\frac{\left(1+r\times\left(\frac{Laufzeit\ in\ Tagen}{360}\right)\right)}{\left(1+r_1\times\left(\frac{Laufzeit\ in\ Tagen}{360}\right)\right)}\right]$$

K_1 = Kassakurs
r = Inlandszins
r_1 = Auslandszins

In der Praxis wird dies mit Hilfe der Vereinfachungsformel wie folgt berechnet:

$$Swapsatz=\frac{K_1\times Z\times Laufzeit\ in\ Tagen}{360}$$

K_1 = Kassakurs
Z = Zinsdifferenz der Währungen zueinander

Aufgrund der obigen Thematik können sich also drei verschiedene Möglichkeiten einer Zinsdifferenz ergeben:

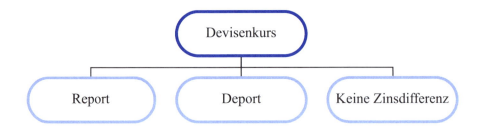

Abbildung 10.3: Mögliche Zinsrelationen zwischen zwei Währungen

Zinssatz der Gegenwährung > Zinssatz der quotierten Währung = Report
Zinssatz der Gegenwährung < Zinssatz der quotierten Währung = Deport

10.4 Was sind Devisenoptionen (Currency Options)?

Auch hier unterscheidet man zwischen OTC-Optionen, welche individuell und anonym gehandelt werden, und den klassischen, an den Terminbörsen gehandelten, standardisierten Optionen. Der Vorteil von OTC-Währungsoptionen ist, dass der Investor sich diese genau so zusammenstellen lassen kann, wie er sie benötigt. Der Nachteil ist, dass diese Option nur für ihn sinnvoll ist und beispielsweise ein Weiterverkauf nur schwer möglich ist. Es können sowohl Standardoptionen als auch exotische Optionen gehandelt werden.

Die standardisierten Devisenoptionen (gehandelt unter anderem an der CME) weisen wie die Aktienoptionen immer dieselben Grundeinstellungen auf: So ist ein Euro/USD-Kontrakt (CME) im Gegenwert von 62.500 Euro standardisiert. Der große Vorteil dieser Optionen ist die hohe Liquidität und die schnelle Handelbarkeit an den Terminbörsen.

Der Käufer einer Devisenoption erhält durch den Kauf das Recht, aber nicht die Pflicht, einen Fremdwährungsbetrag bis zu einem im Voraus bestimmten Termin, zu einem im Voraus fest vereinbarten Preis zu kaufen beziehungsweise zu verkaufen. Für dieses Recht bezahlt er eine Optionsprämie an den Stillhalter (Short).

Wenn ein Investor einen Call kauft, geht er von einer steigenden Grunderwartung aus. Im Falle eines Verkaufs rechnet er mit einem seitwärts laufenden, leicht sinkenden Preis. Der Käufer des Put geht von einem Sinken aus, der Verkäufer von einem seitwärts laufenden, leicht steigenden Markts.

Der Käufer (Long) hat das Wahlrecht (bedingtes Termingeschäft) und bezahlt für dieses eine Prämie an den Verkäufer (Short), welcher nur Stillhalter ist und das Risiko trägt. Während der Käufer maximal sein – in Form der Prämienzahlung – eingesetztes Kapital verlieren kann, ist der Verkäufer rein theoretisch einem unbegrenzten rechnerischen Risiko ausgesetzt.

Auch bei Devisenoptionen werden solche nach europäischem und nach amerikanischem Stil unterschieden. Der Optionspreis berechnet sich genauso, wie bereits in Kapitel 4 für die Aktienoptionen erläutert. Der Investor löst sich auch bei Devisenoptionen durch ein Gegengeschäft aus der Ursprungsverpflichtung.

Im Vergleich zu Standardoptionen werden bei exotischen Optionen, deren Rechte anders ausgestaltet sind, die Vertragbestandteile individuell vereinbart, wobei deren Kombination keine Grenzen gesetzt sind.

10.5 Was sind Devisen-Futures?

Die CME in Chicago (als Beispiel einer Börse mit Devisen-Futures) bietet eine Vielzahl von Devisentermin-Futures an. Sie sind standardisiert und mit hoher Liquidität versehen. Der klassische Euro / USD-Future (EC) hat einen Kontraktgegenwert von 125.000 Euro und ist einer der meist gehandelten Kontrakte. Die Futures werden unter anderem rund um die Uhr (CME GLOBEX) gehandelt und können individuell und schnell eingesetzt werden.

Die Funktionsweise der Devisen-Futures ist analog der anderer Futures. Es gibt die beiden Grundausrichtungen – steigend oder fallend –, und je nach Einstellung wird ein Währungsfuture gekauft oder verkauft. Da das Settlement am Ende der Laufzeit physisch erfolgt, werden viele Futures vor dem letzten Handelstag geschlossen beziehungsweise gerollt.

Beispiel:

Unser Investor geht von einem Steigen des Euro gegenüber dem USD aus. Er kauft aufgrund dieser Intention 10 Euro / USD-Futures (EC) an der CME. Wenn der Euro tatsächlich gegenüber dem USD steigt, macht der Investor einen Gewinn. Er erleidet einen Verlust, wenn er fällt.

Obwohl die 10 Kontrakte einen Gegenwert von 1.250.000 Euro haben, muss unser Investor nur die Initial Margin für diese Position investieren. Das bedeutet, dass er eine günstige und flexible Währungsposition aufbauen kann.

10.5.1 Einsatzmöglichkeiten

Da Devisentermingeschäfte eine schnelle und sehr preiswerte Variante des Handelns verkörpern, werden sie nicht nur zum Hedging, sondern häufig auch zur Spekulation eingesetzt. Große Investoren setzen hierbei auf eine angenommene Marktbewegung der Währung. An dieser Stelle ist es ratsam, mit Limits zu arbeiten, da sich die Währungen oft sehr schnell und zum Teil auch nachts bewegen.

Oft werden diese Instrumente als Ergänzung zu bestehenden Termingeschäften wie etwa den Euro-Bund-Future eingesetzt. Doch auch als Einzelposition sind Währungs-Futures in Betracht zu ziehen. Gerade in einer Zeit schneller globaler Investitionen kann darauf im professionellen Management von Portfolios und Positionsbüchern nicht mehr verzichtet werden.

10.5.2 Grundintentionen eines Investors

Auch der Handel mit Devisentermingeschäften basiert auf den drei Grundintentionen. Wir wollen uns diese kurz anschauen:

Hedging
Das klassische Absichern gegen Währungsschwankungen kann auf verschiedene Grundbedürfnisse zurückgehen – wie beispielsweise:
- Import-Export Transaktionen
- Preissicherung bei Investitionsaufwendungen
- Absichern von Beständen (Wertpapieren; Rohstoffen etc.)
- Absichern von Zahlungsströmen, welche in der Zukunft liegen

Spekulation
Der Investor spekuliert auf eine nach seiner Ansicht eintretende Veränderung der Preise an den Devisenmärkten. Diese Spekulationen sind unabhängig von Grundgeschäften und dienen ausschließlich zur Erwirtschaftung zusätzlicher Einnahmen, wobei auch diesen Verlustrisiken gegenüber stehen: Falls der Investor auf die falsche Kursbewegung setzt, hat er den Verlust zu tragen, wobei dieser nicht durch ein Grundgeschäft kompensiert werden kann.

Dennoch ergänzen diese Positionen optimal die Positionsbüchern von Spekulanten, denn durch die Kombination mit Index- und Zins-Futures eröffnen Devisen-Futures eine weitere Investitionsebene. Dies gilt auch für Kombinationen mit Warentermingeschäften, die ebenfalls Spekulationszwecken diesen können. An dieser Stelle wollen wir noch hinweisen, dass Devisen-Futures genauso einfach zu handeln sind wie Index-Futures.

Spekulation auf Spreads beziehungsweise Währungspaare
Ein Investor, der darauf spekuliert, dass sich verschiedene Währungspaare im Verhältnis zueinander verändern, kann Kombinationen aufbauen, welche das Ri-

sikoprofil teilweise reduzieren können. Allerdings besteht auch die Gefahr, das
Risiko zu potenzieren, wenn die Kombinationen nicht gegenläufig, sondern in
Reihe eingesetzt werden.

Zusammenfassung:

Grundsätzlich unterscheidet man beim Devisenhandel zwischen zwei
Geschäftsarten: den Devisenkassageschäften und den Devisentermingeschäften. Bei Letzteren wiederum unterscheidet man zwischen
den individuellen Verträgen, welche ein Investor mit den Devisen-
handelsabteilungen der Banken abschließt, und den börsengehandelten Devisentermingeschäften in Form von Optionen und Futures.

Sollte sich bei einem Devisentermingeschäft ein Aufschlag auf den Kassapreis ergeben, spricht man von einem Report. Einen möglichen Abschlag nennt man Deport. Die Differenz zwischen zwei Währungen wird
als Swap-Satz bezeichnet.

Einen schnellen, liquiden Handel in Devisentermingeschäften bieten die
börsengehandelten Devisen-Futures. Sie dienen sowohl als Hedging-Ins-
trument als auch zur Spekulation.

11 Warentermingeschäfte

In diesem Kapitel sollen die folgenden Fragen beantwortet werden:
1. Was sind Warentermingeschäfte und wie unterscheiden sie sich von Warenkassageschäften?
2. Auf welche Waren können Termingeschäfte abgeschlossen werden?

11.1 Warenkassa und Warentermingeschäfte

Warentermingeschäfte unterscheiden sich von klassischen Warenkassageschäften darin, dass bei Abschluss des Geschäftes keine Lieferung erfolgt – diese wird auf einen in der Zukunft liegenden Termin verschoben. Daher kann es vorkommen, dass man heute ein Warentermingeschäft auf ein Gut abschließt, welches zum Zeitpunkt des Vertrages noch nicht produziert beziehungsweise gefördert worden ist. Diese Termingeschäfte, die auch als „Muttergeschäft" der Terminbörse bezeichnet werden, waren die ersten Handelsgegenstände, und nur durch sie entstanden im Lauf der Zeit die Terminbörsen, die wir heute kennen. Hauptgrund für den Abschluss solcher Geschäfte war das Übertragen von Risiken beziehungsweise der Kauf von Waren aus fernen Ländern. In einer sehr vereinfachten Form haben diese Börsen bereits in der Antike existiert. Die wichtigsten Warenterminbörsen befinden sich heute in den USA. Hier sind die CME in Chicago und die Nymex in New York zu nennen, welche aus einem Zusammenschluss der kleineren Milch- und Butterbörsen hervorging. Gegenwärtig wird an der Nymex, welche die größte Warenterminbörse der Welt darstellt, ein Großteil der Warentermingeschäfte abgewickelt; sie gilt als letzte wahre Bastion des „reinen Kapitalismus". Die meisten dieser Geschäfte dienen heute der Spekulation, ein Großteil davon wird durch ein Closing vorzeitig beendet. Im Gegensatz dazu ist bei Kassageschäften eine Lieferquote von fast 100 Prozent anzunehmen.

Die Waren, die an der Warenterminbörse gehandelt werden, werden meist über Futures gehandelt. Doch gibt es grundsätzlich auch hier die Unterscheidung zwischen dem Forward (dem individuell ausgestatteten, bilateralen Vertrag) und dem Future (standardisiert und somit handelbar). Mit Hilfe dieser standardisierten Verträge kann ein fließender Handel ermöglicht und gleichzeitig können diese auch an Dritte übertragen werden.

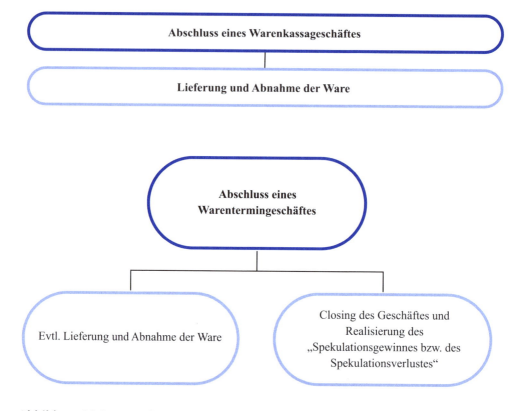

Abbildung 11.1: Warenkassa- und Warentermingeschäfte

Aufgrund der Thematik wollen wir im weiteren Verlauf dieses Buches nur noch die Futures betrachten, welche in der Praxis den Optionen vorgezogen werden.

11.1.1 Waren-Termin-Futures

Der Aufbau eines Waren-Termin-Futures entspricht der eines Index-Future oder Renten-Future. Es handelt sich um ein unbedingtes Termingeschäft, bei dem bereits bei Abschluss alle relevanten Handelsdinge vereinbart worden sind. Wie auch bei den anderen Futures ist die Grundeinstellung des Long Future Investor eine steigende Intention und die des Short Future Investor eine fallende Einstellung gegenüber dem Preis des Underlying.

11.1.2 Opening und Closing und Settlement

Wie wir bereits erwähnt haben, wird ein Großteil aller Waren-Termin-Futures (Commodity Futures) vorzeitig geschlossen und dient hauptsächlich der Spekulation. Gleichzeitig kann, wie bei einem Index-Future, ein Closing durch ein Gegengeschäft vollzogen werden, das den Investor von seinen eingegangenen Future-Verplichtungen vollständig entbindet. Wenn ein Future nicht vorzeitig geschlossen wird, muss er erfüllt werden.

Tabelle 11-1: Opening und Closing von Waren-Termin-Futures

Opening	Closing
Long Future	Short Future
Short Future	Long Future

Aufgrund der Vielzahl von Investoren und deren Grundbedürfnisse gibt es Waren-Termin-Futures mit physischer Belieferung oder Cash Settlement.

Lassen Sie uns zuerst auf die physische Belieferung eingehen: Hier wechseln Waren den Besitzer beziehungsweise werden ausgetauscht. Diese – im Regelfall – klassische und ursprüngliche Form des Settlement wird zum Beispiel von Firmen angewandt, die mit dem gekauften Gut arbeiten oder weiterverkaufen wollen (wie es den eigentlichen Grundansprüchen eines Warentermininvestors entspricht).

Insbesondere in den letzten 10 Jahren ist man dazu übergangen, zusätzlich zur physischen Belieferung auch ein Cash Settlement anzubieten, da im Bereich der Warentermingeschäfte immer mehr Spekulanten tätig sind, welche keine physische Lieferung benötigen und mittels des Cash Settlements den Geldbetrag ausgeglichen bekommen. Der Grund hierfür ist ganz einfach: Ein Investor, welcher

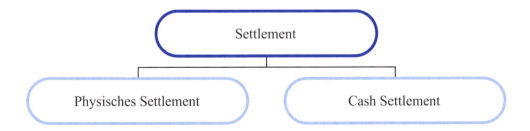

Abbildung 11.2: Möglichkeiten des Settlement

rein auf die Preisveränderung eines Gutes spekuliert, handelt einen Cash-Settlement-Kontrakt und **möchte das Gut auf keinen Fall geliefert bekommen**, sondern nur von der Marktbewegung profitieren.

Das vorzeitige Schließen funktioniert genauso wie bei den Index-Futures: Der Differenzbetrag wird in bar ausgeglichen. Müsste der Investor hingegen die Waren liefern beziehungsweise abnehmen, könnte das für ihn sehr problematisch werden, da er die dafür notwendige und kostenintensive Infrastruktur aufbauen und zudem das Gut kaufen oder verkaufen müsste, je nachdem, auf welchen Future er gesetzt hat.

Beispiel:

Kauft ein Investor z.B. einen Henry Hub Natural Gas Future und lässt sich diesen andienen, so muss er das Gut in den USA abholen. Dies ist sowohl unpraktisch als auch für viele Investoren in der Praxis nicht umsetzbar.

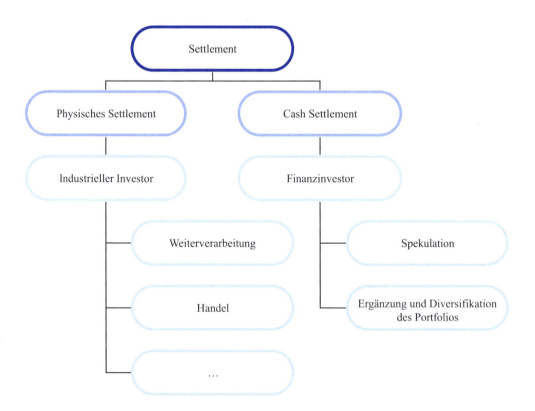

Abbildung 11.3: Settlement-Varianten und Realisierung

11.1.3 Anwendung der verschiedenen Settlements

Natürlich können in der Praxis Überschneidungen vorkommen, die jedoch meistens daraus herrühren, dass ein industrieller Investor als Beimischung zusätzlich Cash-Settlement-Produkte handelt.

11.2 Auf welche Waren können Termingeschäfte abgeschlossen werden?

Grundsätzlich sind Warentermingeschäfte auf jedes Gut möglich. In der Praxis werden die Güter wie folgt unterschieden:

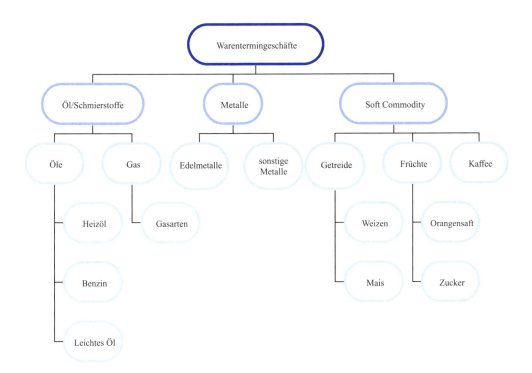

Abbildung 11.4: Den Warentermingeschäften zugrunde liegende Güter

In der obigen Grafik wird „stark vereinfacht" dargestellt, in welchen Gruppen man Warentermingeschäfte unterscheidet. Eines der meistgehandelten Warenterminprodukte ist gefrorener, hoch konzentrierter Orangensaft (Frozen Concentrated Orange Juice / FCOJ). Bei der Herstellung wird der Orangensaft auf ein Siebtel reduziert; dabei werden ihm zuvor die flüchtigen Aromen entzogen und nach der Reduktion wieder beigemischt. Anschließend wird das Konzentrat für den Lagerungsprozess eingefroren. Bei der Wiederherstellung des Saftes wird dann der Sirup aufgetaut und mit Wasser sowie etwas Zucker versetzt. Aufgrund der starken weltweiten Nachfrage werden die Kontrakte auf den FCOJ sehr rege gehandelt. Vor allem sollte man beachten, dass man heute an den Terminbörsen bereits die Ernten der nächsten Jahre handelt. Durch Krankheiten, Umweltkatastrophen und Missernten können deutliche Preissteigerungen hervorgerufen werden; umgekehrt kann bei einer sehr guten Erntesituation oder einem Einbrechen der Verbrauchernachfrage ein Preisverfall eintreten. Gerade der Handel in den Soft Commodities hat in den vergangenen Jahren stark zugenommen; so wurden zum Beispiel die Futures auf Zucker und Mais rege gehandelt, da beide Rohstoffe bei der Herstellung von Ethanol zum Einsatz kommen. Selbst private Investoren versuchen oft, über andere Derivate (zum Beispiel Turbozertifikate) in diesen Bereichen zu investieren.

11.3 Abschluss von Warentermingeschäften

In Deutschland sind bislang nur die großen Terminbörsen-Broker und einige Banken mit einschlägiger Kompetenz in der Lage, Futures an Warenterminbörsen handeln. Die wenigsten Kreditinstitute führen bereits ein eigenes Warenterminbuch; bei den meisten ist dieser Geschäftszweig erst im Auf- und Ausbau. Nur vereinzelt werden Warentermingeschäfte (hauptsächlich den Firmenkunden) zu Absicherungs- oder Spekulationszwecken angeboten. Grund ist die Gesetzeslage: Erst seit Inkrafttreten des neuen „Grundsatzes I" (Anfang 2004 herausgegeben von der Bundesanstalt für Finanzdienstleistungsaufsicht) ist den Banken in Deutschland der Abschluss von Warentermingeschäften erlaubt.

Weiterhin fällt auf, dass hauptsächlich institutionelle beziehungsweise professionelle Investoren sich mit dem Thema auseinandersetzen. Privaten Investoren ist dieser Markt oft aufgrund der mangelnden Liquidität verschlossen. Sie bedienen sich stattdessen der klassischen Hebelprodukte beziehungsweise der Anlagezertifikate, um am Warenterminmarkt zu profitieren. Hinter diesen verbrieften Derivaten stehen große Emittenten, welche die an den Warenterminbörsen abgeschlossenen Geschäfte verbriefen und in eine für private Kunden handelbare

Größe bringen. Im Grundsatz sind diese Produkte jedoch ähnlich aufgebaut wie die klassischen Termingeschäfte an den Terminbörsen.

Hier ist eindeutig ein Trend zu erkennen: Die privaten Investoren sind eher dem verbrieften Derivat (ausgegeben von einem Emittenten) zugewandt, wohingegen die professionellen Investoren ihre klassischen Terminmarktpositionen weiter ausbauen.

11.3.1 Wann sollte ein Investor Warentermingeschäfte abschließen?

Diese grundlegende Frage kann je nach Investor unterschiedlich beantwortet werden. Einige Voraussetzungen müssen unserem Erachten nach jedoch unbedingt erfüllt sein:

- Ein Investor, welcher in Warentermingeschäften spekulieren will, muss ausreichend Liquidität vorweisen können, da diese ihm den positiven Ausgang seiner Positionen sichert.
- Daneben sind aber auch fachliche Eignung und Kompetenz unverzichtbar, denn der Derivate-Markt ist kein Spielplatz, und ein Fehlgeschäft kann schnell sehr teuer werden.
- Der dritte Punkt ist die absolute Marktbereitschaft und die gute Informationsversorgung. Mit absoluter Marktbereitschaft ist gemeint, dass sich der Investor täglich mit seinem Positionsbuch beschäftigen muss. Der Derivate-Markt ist ein schneller Markt; folglich ist nicht nur eine absolute Marktpräsenz unentbehrlich, sondern auch die konsequente und korrekte Versorgung mit Informationen. Hinzu kommt die Problematik der Zeitverschiebung, da sich die Terminbörsen meist in den USA oder im sonstigen Ausland befinden. Es muss sichergestellt werden, dass Orders platziert, weitergeleitet und gehandelt werden können und dass sie gleichzeitig auch sicher abgewickelt werden.

Diese Dinge, welche deutlich hinter der eigentlichen Order stehen, sind fundamental und müssen im Vorfeld geklärt werden.

Wie Sie dem Gesagten entnehmen können, sind Warentermingeschäfte nur professionellen Anlegern zu empfehlen, beziehungsweise nur diese können nachhaltig damit Geld verdienen. Den privaten Investoren sind die verbrieften Derivate (Hebelprodukte) eher ans Herz zu legen, zumal diese speziell für private Investoren konzipiert wurden.

11.4 Entwicklungen und Ausblick

Angesichts der sich schnell verändernden und weiterentwickelnden Märkte sehen wir deutliches Potential im Bereich der Warentermingeschäfte. Es erscheint gut vorstellbar, dass Warentermingeschäfte in den nächsten Jahren auch in Deutschland zu strategischen Anlageinstrumenten werden und dann auch über die Terminbörsen gehandelt werden können. Ebenso ist denkbar, dass direkte Warentermingeschäfte, auch auf Commodity-Indices, in naher Zukunft eingeführt werden. Da die Nachfrage das Angebot bestimmt und nicht umgekehrt, ist es somit nur eine Frage der Zeit, bis wir die ersten, gut florierenden Warentermingeschäfte auch bei uns so selbstverständlich abschließen können, wie dies heute schon in anderen Teilen der Welt (wie etwa den USA) möglich ist.

Zusammenfassung:
Für viele Investoren sind Warentermingeschäfte spannend und risikoreich zugleich. Sie werden oft zum Hedgen von bestehenden oder in der Zukunft entstehenden Produktionen eingesetzt, aber auch zur Spekulation auf eine Preisveränderung am Markt. Wir unterscheiden bei Warentermingeschäften zwischen solchen, welche auf Soft Commodities („weiche Waren") und solchen, die auf Hard Commodities (Stahl, Eisen, Öl etc.) lauten. Seit einigen Jahren nehmen die Spekulationen im Bereich der Commodities zu. Daher ist man dazu übergegangen zusätzlich zu den physisch belieferten Kontrakten auch Cash-Settlement-Kontrakte anzubieten.

12 Preisbildung und Einflussfaktoren bei Warentermingeschäften

In diesem Kapitel sollen die folgenden Fragen beantwortet werden:
1. Wie kommt die Preisbildung von Warenterminfutures zustande?
2. Welche Faktoren können die Preisbildung beeinflussen und wie wirken sich deren Veränderung auf den Preis aus?

12.1 Wie kommt bei Warentermin-Futures die Preisbildung zustande?

Wie bereits bei den Index-Futures dargestellt, ist der faire Future-Preis vom Kassainstrument und der **Cost of Carry** (Finanzierungskosten) abhängig. Doch anders als bei einem Finanzterminkontrakt kommen hier zu den Finanzierungskosten noch die Lagerhaltungs- und die Versicherungskosten hinzu. Die Lagerhaltungskosten entfallen nur, wenn ein Gut (beispielsweise lebende Güter) nicht gelagert werden kann. Die Finanzierungskosten werden höher, wenn klassische Kosten (wie etwa für die Lagerhaltung) anfallen, und sie verringern sich, wenn so genannte Zwischenerträge realisiert werden. Letzteres ist allerdings bei Waren nicht ganz so einfach: Während eine Aktie Dividende einbringt, die als Zwischengewinn zu verbuchen ist, verhält es sich bei Waren anders: Hier wird für das Halten des Gutes der so genannte Vorteilszins (**Convenience Yield**) berechnet. Dieser Zusatznutzen kann zu einem Steigen oder Fallen der Cost of Carry beitragen: Steigt die Convenience Yield über die errechnete Cost of Carry, so dass sich ein Zuwachs ergibt, wird der Future unter dem aktuellen Spot-Preis (Kassapreis) gehandelt. Man spricht nun davon, dass der Future „mit **Backwardation** gehandelt" wird. Ist jedoch die Cost of Carry größer als die Convenience Yield, so ist der Future teurer als der Spotpreis: Man sagt, er wird „mit **Contango** gehandelt".

12.1.1 Commodity-Future-Preise

Tabelle 12-1: Relation zwischen Kassa- und Future-Preis

Commodity-Futures			
Kassapreis	<	Future-Preis	**Contango**
Kassapreis	>	Future-Preis	**Backwardation**

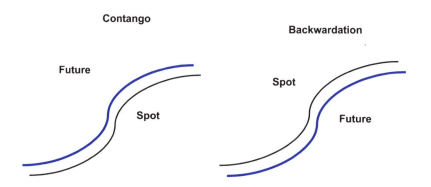

Abbildung 12.1: Contango und Backwardation

Es ist hier also zu unterscheiden, ob der errechnete Vorteilszins die Finanzierungskosten anhebt oder senkt. Warum dies so wichtig ist, werden wir in den kommenden Abschnitten erläutern.

12.1.2 Preisberechnung

Die Convenience Yield ist der Ertrag des Investors, wenn er ein Gut physisch hält anstatt das zugehörigen Derivats. Bei Konsumgütern ist dies jedoch keine unmittelbar messbare Größe, sondern lässt sich aus der Terminstruktur ableiten. Somit enthält nicht jeder Future eine Convenience Yield in der Berechnung des Fair Value.

Der Fair Value kann entsprechend folgender Formel kalkuliert werden, wenn eine Convenience Yield vorhanden ist:

$$F_0 = K_0 \times \frac{(1+i+L)^t}{(1+y)^t}$$

F_0 = Fair Value
K_0 = Spotpreis
I = Lagerkosten (netto)
i = Risikoloser Zinssatz
y = Convenience Yield
t = Laufzeit in Jahren

Wenn man y (Convenience Yield) mittels einer Formel darstellen möchte, so lautet diese:

$$F_0 \times (1+y)^t = (K_0 + L_0) \times (1+i)^t$$

Man kann auch die Lagerkosten als proportionalen Lagerhaltungskostensatz I ausdrücken und erhält so:

$$F_0 \times (1+y)^t = K_0 \times (1+i+L)^t$$

Die Convenience Yield drückt also den Grad aus, um den die linke Seite der Gleichung der rechten Seite der Gleichung überragt. Somit ist sie der daraus resultierende positive Überhang der Ungleichung.

Wenn man es nicht mathematisch ausdrücken will, könnte man sagen, dass **y die von den Marktteilnehmern erwartete Unsicherheit an den Märkten darstellt, welche beispielsweise durch Missernten zustande kommen könnte**. Vereinfacht gesagt, drückt es eine praktische Verknappung eines Gutes aus. Sofern man von einem regen Güterangebot ausgeht, wird y gering oder gar nicht vorhanden sein. Im Falle eines Überangebots entsteht durch –y ein diskontierender Abschlag.

Wie bereits erwähnt, ist die Preisberechnung der Waren-Termin-Futures ähnlich wie bei Index-Futures:

Futurepreis = Kassapreis + ((Finanzierungkosten + Lagerkosten) − Convenience Yield)

Diese vereinfachte Formel spiegelt die soeben darstellte und komplexe Materie wieder.

12.1.3 Worin liegt die Problematik einer Contango-Notierung?

Die Antwort auf diese Frage leitet sich aus der Thematik selbst ab. Ein Investor, der einen Contango-Future gekauft hat, hat auch die Erhöhung auf die Basis bezahlt. Durch das Contango erleidet er dann einen Verlust, wenn sich der Spot-Preis nicht oder nur sehr wenig ändert. Wird nun dieser Kontrakt in den Folgemonat weiter „gerollt", welcher ebenfalls im Contago notiert, so baut er das Verlustpotential weiter aus. Dieser Zusammenhang soll die nachfolgende Grafik veranschaulichen:

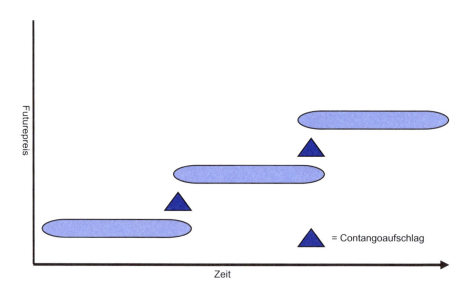

Abbildung 12.2: Contangoproblematik bei Futurepositionen

In der Praxis kann ein Contango zwischen 15 und 20 Prozent in einem Jahr liegen. Dies muss einem Investor bewusst sein. Erst bei einem Übersteigen des Contango kommt er rechnerisch in die Gewinnzone. Natürlich besteht die Möglichkeit, aufgrund bestimmter Marktsituationen schneller und effizienter Gewinne zu realisieren; dennoch sind diese Zusammenhänge bei der Bewertung unbedingt zu beachten.

Entsprechendes gilt natürlich auch für den umgekehrten Fall, der Backwardation.

12.1.4 Future-Handel

Beim Handel mit Waren-Termin-Futures sind einige Dinge zu beachten, welche bei Index-Futures nicht zutreffen.

Der Handelskalender bei Index-Futures beinhaltet meist die nächsten drei Quartals-Endmonate und unterscheidet sich schon in diesem Punkt von den Waren-Termin-Futures, in denen es oft für jeden Kontrakt eine monatliche Fälligkeit gibt (oft über mehrere Jahre im Voraus). Diese Tatsache ermöglicht auch einen stetigen und liquiden Handel. Die Qualität des Underlying wird in den Kontraktdaten festgehalten. So wird zum Beispiel der Light Sweet Crude Oil Future mit einem süßen Öl beliefert, das maximal 0,42 Prozent Schwefelgehalt und eine relative Dichte von 37° bis 42° API aufweisen muss. Solche detaillierten Kontraktspezifikationen sind wichtig, um sicherzustellen, dass vom gleichen Gut ausgegangen wird. Gerade bei Öl, wo es sehr viele Unterschiede gibt, ist dies wichtig. Aber auch bei anderen Waren wird darauf geachtet und verlangt für die dazugehörenden Futures eine genaue Festlegung des Underlying. So unterscheidet man beispielsweise bei Zucker zwischen der Nr. 11 und der Nr. 14.

12.1.5 Lagerungsmöglichkeiten

Eine weitere Besonderheit bei Warentermingeschäften ist die Frage nach der Lagerungsmöglichkeit des Gutes. So lassen sich Edelmetalle und Öle recht einfach und gut lagern, wobei es bei Soft Commodities und lebenden Erzeugnissen (wie Rinder oder Schweine) schon deutlich schwieriger wird. Es ist daher immer notwenig, sich die Lagermengen und die Lagerhaltung anzuschauen, bevor man eine Investitionsentscheidung trifft.

So sind derzeit beispielsweise die Lagerbestände für Basismetalle aufgrund der großen Nachfrage aus Asien sehr niedrig. Dies kann Gewinne ermöglichen, wenn man auf steigende Preise setzt. Wenn sich jedoch ein Trend ändert und diese Änderung durch eine Veränderung der Lagerkapazität hervorgerufen wird, ist diese immer mit Vorsicht zu genießen. Wenn beispielsweise, wie in New Orleans, Lagerflächen für Kaffee durch Hurrikane vernichtet werden, hat dies einen enormen Einfluss auf das Preisgefüge aller laufenden Futures.

12.2 Preisbildungsfaktoren und deren Einfluss

Es ist offensichtlich, dass Warenterminmärkte starken Schwankungen und äußeren Einflüssen unterliegen. Die häufigsten Einflussfaktoren sind:
- Nachfrage- und Angebotszahlen
- Produktionszahlen (real)
- Wetterlagen und klimatische Veränderungen
- Naturkatastrophen
- Missernten und Schädlinge
- Subventionsprogramme
- Kriege, Embargos und Katastrophen
- Importzölle
- Einflussnahmen aus dem Wirtschaftswachstum einer Volkswirtschaft
- Lagereinflüsse

etc.

Diese potentiellen Einflussfaktoren bergen sowohl Risiken als auch Chancen, und es ist daher wichtig, dass ein Investor sich gut mit der Materie auskennt. Er muss die Einflussfaktoren, die für die jeweiligen Futures relevant sind, kennen und auch einschätzen können. Ebenso ist eine entsprechende Informationspolitik unabdingbar: Wenn ein Investor in Kaffee-Futures investiert hat, muss er zeitnahe und präzise Informationen zu diesem Investment bekommen. Hier unterscheiden sich die institutionellen von den privaten Investoren: Die institutionellen verfügen über ein fundiertes und stets aktuelles Wissen (aufgrund ihrer technischen Voraussetzungen), während sich die meisten privaten Investoren die Informationen mühsam aus verschiedenen Quellen zusammentragen müssen. In den nächsten Jahren wird sich hier ein Wandel vollziehen: Hoch potente private Investoren werden immer mehr in diesem Bereich investieren und sich somit zu einer weiteren Nachfragerschicht entwickeln.

Wir haben weiter oben bereits erläutert, dass die Soft Commodities in den letzten Jahren eine deutlich größere Nachfrage widerfahren haben. Dies hängt auch mit den Veränderungen in unserer Gesellschaft zusammen. So erlebt die Welt beispielsweise derzeit einen Boom bei den Kaffeetrinkern. „Coffee to go" ist in aller Munde, und selbst im Land des Lächelns, wo früher nur Tee getrunken wurde, erfreut sich Kaffee mittlerweile großer Beliebtheit. Somit steht ein großer, noch „schlafender" neuer Nachfrager auf der Handelsbühne. Lassen Sie uns noch ein weiteres Beispiel aufzeigen: Zucker. Was früher nur zum Süßen genutzt wurde, ist heute einer der wichtigsten Energieträger. Durch die Beimischung bei der Produktion von Ethanol ist sowohl bei Zucker als auch bei Mais ein großes Nachfragepotential entstanden.

Noch ist unsere heutige Gesellschaft so aufgebaut, dass es mehr junge als alte Menschen gibt. Doch aufgrund der demographischen Veränderung wird sich diese Struktur in den nächsten Jahren drastisch verschieben und auch unser Konsumverhalten beeinflussen. Auch die Steigerung des persönlichen Lebensstandards trägt ihren Anteil dazu bei, dass wir als Konsumenten andere Waren nachfragen. Das führt dazu, das der Preis solcher Waren steigt und sich damit unsere Prioritäten verändern. Haben in der Vergangenheit noch viele über Kaffee- und Orangensaft-Futures gelacht, so muss man heute in diese investiert haben. Das Schöne an den Future-Märkten ist, dass man sowohl von steigenden als auch von fallenden Preisen profitieren kann und somit eine Investition im Regelfall immer machbar ist. Voraussetzung ist immer, dass man den aktuellen Trend erkannt hat und entsprechend investiert. So einfach wie sich diese Aussage anhört, so kompliziert ist sie in die Realität umzusetzen. Gerade weil der Waren-Termin-Future ein einfaches und transparentes Instrument ist, lassen sich – teilweise intraday – gewinnbringende Strategien aufbauen.

12.3 Informationen beziehen!

Im Zusammenhang mit Warenterminfutures ist also, wie erläutert, der Bezug von Informationen sehr wichtig. Gleichzeitig aber steckt hier das grundlegendste Problem vieler Investoren: Nur wer eine konsequente und gute Nachrichtenversorgung hat, kann langfristig konsequente Strategien aufbauen. Auch das richtige Einschätzen von Informationen hat eine enorme Bedeutung – insbesondere bei Warentermingeschäften ist man auf gute und vor allem realistische Expertenanalysen angewiesen. Denn nur die wenigsten Derivate-Spezialisten können ein Gutachten über eine Kaffeeernte richtig deuten.

Wer einfach ins Blaue investiert, hat meist Pech. Daher ist eine konsequente Analyse unter fundamentalen und technischen Gesichtspunkten der erste Schritt für eine richtige Strategie. Dabei ist wiederum zu beachten, dass Instrumente gewählt werden, deren Handel und Clearing abgestimmt ist. Gleichzeitig muss man

sich Gedanken über ein eventuelles Erfüllen des Termingeschäfts machen und zusätzlich eine Nettokosten-Nutzenrechnung erstellen. Ist ein Warentermingeschäft
aufgrund der Komplexität und der besonderen Abwicklung zu teuer, sollte man
davon absehen. Grundsätzlich gilt: Es muss ein im Verhältnis zum Risiko gestei-
gerter Gewinn möglich sein.

Zusammenfassung:

Warentermingeschäfte sind so alt wie die Terminbörse selbst. Das Investieren in Warentermingeschäften unterliegt jedoch anderen Einflussfaktoren als Finanztermingeschäfte. Wichtig ist beim Investment, darauf zu
achten, ob der Warenterminfuture im Contango (teurer als der Spot-
Preis) oder in der Backwardation (preiswerter als der Spotpreis) notiert.
Ein ebenfalls sehr wichtiges Thema ist die Belieferung der Futures. Es
ist ratsam, bei Spekulationsgeschäften Futures mit Cash-Settlement zu
wählen.

13 Strategien mit Warentermingeschäften und Devisentermingeschäften

In diesem Kapitel sollen folgende Fragen beantwortet werden:
1. Was gibt es für Strategien im Bereich der Warentermingeschäfte?
2. Was sind Kombinationen zwischen Devisentermingeschäften und Wartentermingeschäften?
3. Was gibt es für Strategien mit Devisentermingeschäften?

13.1 Strategien im Bereich Warentermingeschäfte

Die letzte Bastion des absoluten Kapitalismus ist die Warenterminbörse: Hier werden die Dinge gehandelt, welche die Welt am Laufen halten. Doch wie kann man von diesen Investitionen profitieren?

Wie für alle anderen Arten von Termingeschäften gelten auch hier die drei Grundintentionen:

- **Hedging**
- **Arbitrage**
- **Spekulation**.

13.1.1 Hedging mit Warentermininstrumenten

Der Grundgedanke der Absicherung eines Warengeschäftes ist das Vorhandensein eines Grundgeschäftes. Wir beziehen also entweder Waren oder verkaufen sie. Um diese Grundgeschäfte absichern zu können, bauen wir Terminpositionen auf. Die einfachste Terminposition ist mittels eines Future abzudecken: Wenn wir uns beispielsweise gegen steigende Preise im Industriemetallbereich absichern wollen, werden wir uns entscheiden, einen Future zu kaufen. Sollten nun die Preise entsprechend unseren Erwartungen steigen, kompensieren wir durch den Kauf des Futures das entstandene Delta. Falls es jedoch nicht zum Preisanstieg kommt, erleiden wir durch den Future einen Verlust, welchen es einzudämmen gilt; gegebenenfalls müssen wir uns dabei schnell entscheiden. Eine weitere Möglichkeit besteht im Abschluss von Optionen, die in Hedging-Strategien durchaus ihren Platz haben, da durch gestiegene Rohstoffpreise eine Kosten- und Ertragskalkulation sehr schwierig wird. Somit schaffen wir mit dem Hedge eine gewisse Planungssicherheit. Bei einer Hedgingstrategie ist zu unterscheiden ob wir ein bestehendes Geschäft absichern wollen oder ob wir ein zukünftiges Geschäft heute schon preislich fixieren wollen. Bei beiden Geschäften steht die Planungssicherheit, wie oben angesprochen, im Vordergrund.

Mit Hilfe klassischer Strategien wie Long Put oder Short Future kann eine Absicherung erfolgen: Sie eignen sich, um ein bestehendes Geschäft zu hedgen. Strategien wie Long Call und Long Future sind dann notwendig wenn man sich vor einem Preisauftrieb in der Zukunft absichern will, indem dieser Preisauftrieb kompensiert wird. Dies ist immer dann vonnöten, wenn eine Investition in der Zukunft getätigt werden soll, jedoch die dafür benötigten finanziellen Mittel noch nicht zur Verfügung stehen.

13.1.2 Spekulation mit Warentermininstrumenten

Eine ganz andere Grundintention liegt dem Spekulieren auf veränderte Warenpreise zugrunde: Wir sind dabei nicht an ein Grundgeschäft gebunden und führen die Transaktion nur zur Generierung von Nebeneinnahmen durch. Wir spekulieren mittels eines Future entweder auf eine positive oder negative Preisänderung und haben keine weiteren Grundintentionen. Unserem Investment geht somit ausschließlich eine Grundüberlegung über eine Veränderung des Preises eines Warengutes voraus.

Beispiel:

Der Preis für Orangensaft erscheint unserem Investor zu niedrig, und er rechnet aufgrund der schlechten Wetterlage mit deutlichen Ernteeinbußen. Da er folglich von einer Angebotsverknappung ausgeht, was gleichbedeutend ist mit einer Preissteigerung, kauft er einen Future auf den FCOJ. Entspricht die Preisentwicklung seiner Vermutungen (in unserem Fall: steigende Tendenz), realisiert unser Investor einen Gewinn. Umgekehrt wird er einen Verlust erleiden, wenn die Preise aufgrund anderer Gegebenheiten fallen.

Der Investor spekuliert, wie bereits erwähnt, aktiv auf eine Preisveränderung und geht somit aktiv ins Obligo (er nimmt das Risiko auf), weil diese Geschäfte nicht abgeschlossen wurden, um Grundgeschäfte abzusichern. Es handelt sich um eine reine Spekulation, welche er auf eine Analyse aufbauen sollte.

Ein Großteil der heute gehandelten Warenterminkontrakte dient der Spekulation. Die meisten dieser Termingeschäfte werden per Cash Settlement und nicht durch Warenlieferung ausgeglichen.

13.1.3 Arbitrage mit Warentermininstrumenten

Die dritte Möglichkeit ist die Warenarbitrage: Ein Investor kauft ein Gut an der Börse X und verkauft es im gleichen Augenblick wieder an der Börse Y. Die entstandene Differenz ist sein Gewinn beziehungsweise Verlust. Der Investor geht, aufgrund des gleichzeitigen Geschäfts an beiden Märkten, kein Risiko ein.

13.1.4 Spread mit Warentermingeschäften

Der Investor baut einen Spread auf, um von den Preisunterschieden zu profitieren. So verkauft er den teuer erscheinenden Kontrakt und kauft den preiswerteren Kontrakt. Die Differenz zwischen beiden Geschäften ist, wie bei jedem Spread, sein begrenzter Gewinn. Er kann also nur aufgrund der Preisveränderung der beiden Kontrakte relativ zueinander verdienen.

Diese Strategien sind Zusatzstrategien zu großen Spekulationsstrategien und dienen der Erweiterung. Man könnte auch sagen, sie dienen in gewisser Weise zur Marktpflege.

Investoren, welche aktiv an den Terminbörsen handeln, bauen jeden Tag neue Strategien auf und schließen die vorherigen Strategien. An dieser Stelle ist erneut hinzuzufügen, dass die meisten Strategien nicht bis zur Fälligkeit gehalten werden, sondern bereits vor dieser geschlossen und ersetzt werden.

13.2 Was sind Kombinationen zwischen Devisen- und Wartentermingeschäften?

Die Kombination zwischen Devisen- und Warentermingeschäften kommt oft bei Trades vor, die sich auf Grundgeschäfte beziehen: Auf diese Weise kann sich ein Investor gegen Preisveränderungen beim Rohstoffgut und auch eventuelle Preisänderungen in der Handelswährung (meist USD) absichern.

Beispiel:

Unser Investor will für 10 Millionen USD Kupfer kaufen, benötigt es aber erst in sechs Monaten. Es ist einleuchtend, dass dieses Geschäft erst in sechs Monaten zustande kommen wird. Da aber unser Investor von einem Preisanstieg ausgeht, kauft er bereits heute einen Kupfer-Future (Long Copper Future). Gleichzeitig rechnet der Investor damit, dass der US-Dollar gegenüber dem Euro deutlich aufwerten wird. Da er das Geschäft in Dollar abwickeln wird, möchte er sich gegen eine solche Aufwertung für die nächsten 6 Monate absichern. Folglich verkauft er Euro-/USD-Futures im Gegenwert seines Grundgeschäftes. Trifft die erwartete Reaktion an den Devisenmärkten nun ein, ist unser Investor durch den Währungs-Future gegen die Abwertung des Euro gegenüber dem US-Dollar abgesichert. Zusätzlich ist er gegen durch den Long Cooper Future gegen eine Preissteigerung für Kupfer abgesichert. Er hat somit für beide Komponenten eine planbare Absicherung und eine kalkulatorische Grundbasis.

Natürlich macht es keinen Sinn jeden Euro absichern zu wollen. Der eventuell auftretende Verlust und die Absicherungskosten müssen schon in einer sinnvollen Relation stehen. Gleichzeitig ist auf jeden Fall darauf zu achten, dass die Grundintention auch marktgerecht und stimmig ist, da sonst die ganze Absicherung keinen Sinn hat.

13.3 Was gibt es für Strategien mit Devisentermingeschäften?

13.3.1 Absicherungsstrategien

Ein Investor will sich gegen die Abwertung der eigenen Währung absichern. Er verkauft folglich seine eigene Währung gegen eine Fremdwährung auf Termin und erwirtschaftet einen Gewinn, wenn die von ihm erwartete Preisveränderung eingetreten ist.

Beispiel:

> Der Investor bekommt in drei Monaten 10 Millionen Euro überwiesen. Da jedoch seine Heimatwährung der US-Dollar ist, möchte er sich gegen einen abwertenden Euro absichern und verkauft deshalb Euro-Futures. Diese Transaktion ist gleichbedeutend mit einem Verkauf von Euro und einem gleichzeitigen Kauf von US-Dollar, und sie versetzt den Investor in die Lage, die eventuell entstehende Differenz auszugleichen.

Bei Devisentermingeschäften werden Absicherungsstrategien hauptsächlich von Investoren mit großen Grundgeschäften getätigt und schaffen sich dadurch konkrete Planungs- und Kalkulationsmöglichkeiten.

Anders verhält es sich mit Spekulationen auf Devisen: Hierbei wird auf eine Veränderung der Währung zu einer anderen spekuliert. Solche Geschäfte sind unabhängig vom Grundgeschäft und dienen lediglich der zusätzlichen Ertragsgenerierung.

Beispiel:

> Ein Investor geht davon aus, dass der Euro gegenüber dem US-Dollar abwerten wird, und verkauft deshalb Euro-Futures. Den US-Dollar erwirbt er dadurch synthetisch. Wenn sich nun der Euro abwertet und der US-Dollar folglich aufwertet, macht der Investor einen Gewinn, im umgekehrten Fall einen Verlust.

Anhand dieses Beispiels soll unter anderem auch gezeigt werden, dass sich mit Hilfe dieser Transaktionen eventuelle Verluste aus einem Kassaobjekt (beispielsweise bei einem Bond-Portfolio) kompensieren lassen.

13.3.2 Spekulationsstrategien

Bei dieser Form der Strategie spekuliert ein Investor auf eine Veränderung in der Preisstellung eines Währungspaares, vorzugsweise mittels eines börsengehandelten FX-Future. Geht nun der Investor von steigenden Preisen aus, kauft er einen Future; umgekehrt verkauft er einen Future, wenn er mit einer Abwertung der Währung rechnet. Der **FX-Future** ist aufgrund seiner schnellen und kostengünstigen Durchführbarkeit das beste Instrument für die Spekulation in Währungen.

Beispiel:

Unser Investor rechnet mit einem Aufwerten des US-Dollar gegenüber dem Euro und nimmt die Short-Position im Euro-Future ein (analog dem Kauf von USD-Futures). Wenn sich der Euro gegenüber dem Dollar abwertet, tritt die Marktmeinung des Investors ein, und er macht einen Gewinn. Steigt aber umgekehrt der Euro gegenüber dem Dollar, erleidet der Investor einen Verlust. Er partizipiert an jeder Preisbewegung 1:1, da es sich um einen Future (**Delta-1-Instrument**) handelt.

Zusammenfassung:
Um ein Portfolio und das dazugehörige Terminmarktbuch effektiv verwalten zu können, ist es notwendig, zum einen den Überblick zu bewahren und zum anderen klare Strategien zu verfolgen. Dies gilt vor allem für den Bereich Warentermingeschäfte, Devisentermingeschäfte, Absicherungsgeschäfte (denen ein Grundgeschäft zugrunde liegt) und Spekulationsgeschäfte. Bei Geschäften zur Absicherung eines Grundgeschäftes ist es ratsam, sowohl eine Absicherung im Bereich Warentermingeschäft als auch eine Absicherung hinsichtlich der zugrunde liegenden Währung durchzuführen.

14 Nicht börsengehandelte Derivate

In diesem Kapitel sollen folgende Fragen beantwortet werden:
1. Was ist ein SWAP?
2. Was sind Swaptions & IRGs?
3. Was sind exotische Optionen?
4. Was ist ein Forward?

14.1 Derivate, welche nicht an der Börse gehandelt werden

Wir wollen an dieser Stelle einen Blick auf die nicht an Börsen gehandelten Derivate werfen.

Es handelt sich dabei um Derivate, die individuell zwischen den Parteien ausgehandelt werden und somit nicht standardisiert sind (individuelle bilaterale Finanzverträge). Wie in den vorangegangenen Kapiteln aufgezeigt wurde, sind nur standardisierte Derivate leicht an Börsen zu übertragen. Die nun angesprochenen Derivate wurden entweder zur Spekulation (mittel- bis langfristig) oder zur Absicherung eines Grundgeschäftes abgeschlossen. Investoren, die nicht börsengehandelte Derivate in ihrem Bestand haben, sind meist professionell bzw. institutionell. Nachfolgend wollen wir einige Derivate als Beispiele aufzeigen:

14.2 Was ist ein Swap?

Ein **Swap** (engl.: tauschen) ist, rein formal betrachtet, ein bilateraler Finanzvertrag, der einen Zahlungsstrom zwischen zwei Parteien aufzeigt und darstellt. Es wird somit ein Austausch von Zahlungsströmen vereinbart, dem ein Nominalbetrag sowie bei Abschluss festgelegte Kondition vorausgehen.

Abbildung 14.1: Swap

Da hierbei nur Zahlungsströme ausgetauscht werden, ist das Augenmerk auf die Bonität der vertragsschließenden Parteien zu richten, denn diese begründet einen Teil des Risikos.

Grundsätzlich unterscheidet man zwischen vier verschiedenen Arten von Swaps:

- Zinsswap
- Währungs-Swap
- Aktienindex-Swap
- Waren-Swap

14.2.1 Zins-Swap

Bei einem Zins-Swap (**Interest Swap**) vereinbaren die Parteien den Austausch von Zinsströmen, welche auf einen fiktiven Nennbetrag lauten. So können zum Beispiel variable Zinsen gegen einen festen Zinssatz ausgetauscht werden. Wenn der Klient den festen Zinssatz bezahlt, nennt man den Swap einen Payer Swap. Falls der Kunde ihn hingegen erhält, spricht man von einem **Receiver Swap**. Ein Basis-Swap liegt dann vor, wenn zwei variable Sätze getauscht werden. Gemessen am gehandelten Volumen (rund 50 Billionen Euro) ist der **Swap-Markt** größer als der Markt für Anleihen. Diese Größenordnung unterstreicht die Bedeutung der Instrumente zur Absicherung beziehungsweise zur Spekulation auf ein Marktereignis.

Tabelle 14.1: Benennung von Zins-Swaps

Zinsseite	Begriffserklärung
Festzinsseite	Payer Swap
Variable Seite	Receiver Swap

Vereinfacht dargestellt, könnte man sagen, dass ein Zins-Swap analog zum Tausch einer Anleihe mit festem Zins gegen eine Anleihe mit variablem Zins (Floater) zu sehen ist. Bei einem Swap werden jedoch nicht die Nominalen getauscht, sondern lediglich die Zinsströme „genettet". Bei Abschluss des Geschäftes hat der Swap einen Wert von Null, da sonst eine Ausgleichszahlung (von einer Partei an die andere) notwendig wäre. Der Payer geht entweder davon aus, dass die Zinssätze schneller steigen, als der Markt erwartet, oder dass sie langsamer als erwartet fallen. Aus dieser Überlegung heraus bezahlt er den Festzins. Sein Antagonist ist der Receiver. Sollte die Markterwartung des Payers eintreten, macht er einen Gewinn; umgekehrt realisiert er einen Verlust und der Receiver einen Gewinn, wenn er auf die falsche Markterwartung gesetzt hat.

Wir sehen somit, dass die Einschätzung der Marktlage wichtig ist, um mit einem Swap Geld zu verdienen.

Die folgenden Konditionen sind bei einem Swap vorab zu vereinbaren:
- Laufzeit
- Laufzeitbeginn
- Nominalbetrag
- Festsatzzahler / Festsatzerhalter
- Swap-Satz
- Referenzzinssatz
- Zahlungsfrequenz
- Zinsusance

14.2.2 Währungsswap

Hierbei wird der Austausch von zwei verschiedenen Währungen vereinbart, wobei sowohl die Differenz der Währungen als auch die Nominale ausgetauscht werden können.

Abbildung 14.2: Beispiel für einen Swap

14.2.3 Aktienindex-Swap

Hier ist der Austausch an die Entwicklung zweier Indices gebunden.

14.2.4 Waren-Swap

Bei einem Waren-Swap orientiert sich der Austausch des Zahlungsstromes an der Entwicklung von Waren.
Unhängig vom Swap-Typ bestehen stets nachfolgende Möglichkeiten:

> **fest / fest**
> **fest / variabel**
> **variabel / variabel**

Swap-Beispiel:
Ein Swap ist abhängig von einem Grundgeschäft und somit zur Sicherung eines weiteren Zahlungsstromes, wie beispielsweise einer Kreditverbindlichkeit, notwendig. Er versetzt den Klienten in die Lage, eine Zinskonstante aufzubauen beziehungsweise sein Zinsänderungsrisiko weiterzugeben.

Im obigen Beispiel tauscht der Klient das Festzinsrisiko gegen ein variables Risiko in Form des dreimonatigen CHF Libor. Er generiert einen Gewinn, wenn der zu erhaltende Festzinssatz höher ist als der zu zahlende, variable Zinssatz. Andernfalls erleidet unser Investor einen Verlust. Der Investor setzt somit darauf, dass sich der variable Zinssatz nicht nach oben bewegt und die Zinsgrenze von 5 Prozent nicht erreicht. Er kann eine solche Position beispielsweise zum Aufbauen von Kreditsicherungspositionen (Zinssicherheit) nutzen und diese an das Grundgeschäft (Kreditvereinbarung) anhängen.

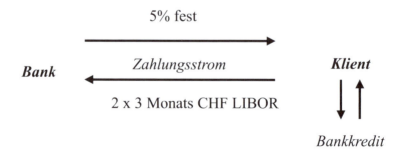

Abbildung 14.3: Swap-Beispiel mit Kredit als Grundgeschäft

14.2.5 Swap-Handel

Die abgeschlossenen Swaps, die gehandelt werden können, ermöglichen es, Risiken, die beispielsweise eine Bank auf sich genommen hat, weiterzugeben. Wenn der Klient einen Swap schließen möchte (Gegengeschäft), muss er den Marktpreis dafür aufbringen, da Swaps immer zur aktuellen Situation bewertet werden.

Theoretisch und in einem vollkommenen Markt ist ein Receiver-Swap immer soviel wert wie die Fixkupon-Anleihe abzüglich des Wertes des Floaters. Oder anders ausgedrückt, der Swap verkörpert die Differenz zwischen dem Barwert des festen Zinssatzes und dem Barwert des variablen Zinssatzes zum Zeitpunkt $t = 0$. Der Wert des Payer-Swap ist gleich dem negativen Wert des Receiver-Swap.

14.2.6 Variable Zinssätze

Die in den Swaps implizierten variablen Zinssätze basieren auf den Referenzzinssätzen von Euribor und Libor. Es besteht die Möglichkeit festzuhalten in wieweit die Zahlung erfolgen soll. So werden in der Praxis nicht nur einmal im Jahr Zahlungen fällig, sondern es besteht auch die Möglichkeit, dass diese auf Halbjahresbasis oder Vierteljahresbasis bezahlt werden.

14.2.7 Anwendung von Swaps

Klassische Swaps sind gebunden an das Grundgeschäft und dienen entweder dessen Absicherung oder als Spekulation auf eine weitere Gewinnmarge.
Im Regelfall gibt es folgende Motivationen:
- Absicherung von Zinssätzen
- Kreditmanagement
- Bilanztechnische Veränderungen
- Währungs- und Zinsabsicherungen
- Differenzgeschäfte
- Finanzierungsmöglichkeiten
- Ausnutzung von globalen Währungs- und Zinskonstellationen
- Gewinnfestschreibung
- Ausnutzung von Lieferantenkredite ohne Währungsrisiko
- Diversifikation von Anleihenportfolios und Absicherung gegen Währungsschwankungen

Wir sehen, dass der Aufbau eines Swap eine klare Einschätzung der Marktgegebenheiten erfordert und somit als Voraussetzung dafür zu sehen ist, dass ein Swap-Geschäft erfolgreich abgeschlossen wird.

14.3 Was sind Swaptions & IRGs?

14.3.1 Swaptions

Eine Swaption ist ein Optionsgeschäft auf einen Swap. Der Käufer erwirbt gegen Zahlung einer Prämie das Recht, jedoch nicht die Pflicht, mit dem Verkäufer ein im Voraus bestimmtes Swap-Geschäft abzuschließen. Die Konditionen werden bereits bei Abschluss der Swap-Option abgestimmt.

Folgendes wird vereinbart:
- Laufzeit der Option und des Swap
- Währung
- Basispreis
- Nominale
- Payer und Receiver
- Zinsusance
- Zahlungsfrequenz
- Art des Settlement

Somit kann man sich per Optionsrecht einen eventuell benötigten Swap bereits im Vorfeld sichern. Diese Art von Geschäften wird abgeschlossen, ein konkretes Grundgeschäft noch nicht vorhanden ist, sich aber andeutet, und die Befürchtung besteht, dass sich die Konditionen verschlechtern können. Dafür ist der Long bereit, eine Prämie an den Short zu bezahlen. Übt dieser die Option nicht aus, macht er einen Verlust in Höhe der bezahlten Optionsprämie (vgl. hierzu börsengehandelte Optionen). Der Stillhalter (Short) erhält die Prämie und geht somit die Verpflichtung ein, die Gegenseite des Swap zu bilden.

14.3.2 IRGs

Eine weitere Möglichkeit bietet der Abschluss einer Interest Rate Guarantee (IRG). Diese Option auf ein Forward Rate Agreement (FRA = nicht standardisierter Zins-Future) stattet den Käufer (Long) mit dem Recht aus, einen im Vorfeld festgelegten Zinssatz zu kaufen beziehungsweise zu veräußern. IRGs werden stets im europäischen Stil abgeschlossen und können somit erst zum Ende der Laufzeit ausgeübt werden.

14.4 Was sind Exotische Optionen?

Bei exotischen Optionen handelt es sich nicht um börsengehandelte Optionen (bedingte Termingeschäfte), sondern um individuelle, bilaterale Finanzverträge. Sie werden individuell zwischen den beiden vertragsschließenden Parteien ausgehandelt und unterliegen somit keiner Standardisierung. Damit bieten sie den Parteien die Möglichkeit zu zusätzlichen Vertragsbedingung. Im Gegensatz zu klassischen Optionen, bei denen das Auszahlungsmuster hauptsächlich vom Preis des Underlying abhängt, kann dies bei exotischen Optionen deutlich differieren – beispielsweise können mehrere Basispreise enthalten sein (**Rainbow Option**).

Auch bei exotischen Optionen unterscheidet man zwischen einer Call-Option (Recht zum Kauf) und einer Put-Option (Recht zum Verkauf). Gleichzeitig handelt es sich bei diesen Optionen um OTC-Optionen, welche nicht an den Terminbörsen gehandelt werden, sondern individuell zwischen den Handelsabteilungen bzw. den Kontraktparteien abgeschlossen werden.

Die exotischen Optionen sind gerade für Emittenten von verbrieften Derivaten von großer Wichtigkeit: Über sie werden zum Beispiel die Zertifikate (strukturierte Produkte) für Retail-Anleger (Privatanleger) dargestellt (Financial Engineering). Somit ermöglicht ein immer weiter wachsender Markt an verbrieften Derivaten einen immer weiter wachsenden Markt für exotische Termingeschäfte. Mit diesen Konstrukten können Emittenten sehr spezifische Risiko-Rendite Profile anbieten, in denen die Absicherungskosten geringer sind und die Partizipation (für das strukturierte Produkt) deutlich höher ausfällt. Im Regelfall werden strukturierte Produkte durch die Kombination eines Derivats (oder eines Derivatkonstruktes) mit einem **Zero-Bond** (Nullkupon-Anleihe) oder nur durch das Derivat konstruiert. Dieser Zero-Bond kommt vor allem bei den Garantieprodukten zum Einsatz.

14.4.1 Was für exotische Optionen gibt es?

Wie bereits angesprochen, sind exotische Optionen solche, die individuell ausgestaltet sind, wobei ihnen weitere Optionsrechte hinzugeführt oder entzogen werden. Diese Optionen werden meist von professionellen Investoren gehandelt. Nachfolgend wollen wir einige Beispiele aufzeigen und erläutern:

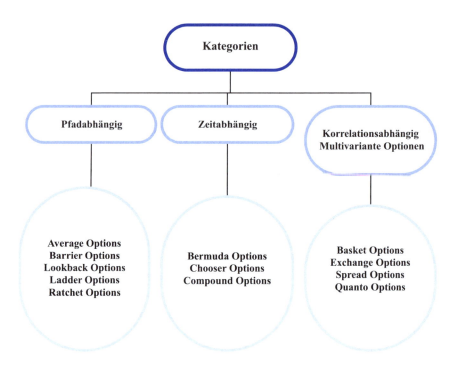

Abbildung 14.4: Exotische Optionen – Übersicht

Man unterscheidet beispielsweise zwischen **Barrier-Optionen**, **Digital-Optionen** und **Range-Optionen**.

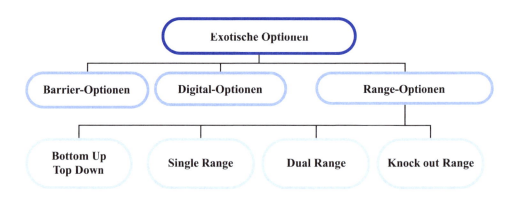

Abbildung 14.5: Möglichkeiten von Exotischen Optionen (unterschieden nach deren Art)

Dabei unterscheidet man zwischen pfadabhängigen, zeitabhängigen und korrelationsabhängigen oder auch multivariante Optionen. Gleichzeitig wird unterschieden, ob es Einmalauszahlungen gibt oder ob die Optionen an spezielle Auszahlungsmuster geknüpft sind. Ein Beispiel hierfür sind **Leveraged Options**, welche bei einer Rückzahlung ein Mehrfaches oder einen exponentiellen Wert des inneren Wertes bei Verfall einbringen.

Barrier-Optionen

Als Barrier-Optionen bezeichnet man Optionen, welche entstehen oder erlöschen, wenn der Barrierpreis erreicht, berührt, überschritten oder unterschritten wird. Da diese Barriere oberhalb (up) oder unterhalb (down) des aktuellen Kurses des Underlying liegen kann, gibt es acht mögliche Formen von Barrier-Optionen. Diese Optionen können sowohl in europäischer als auch amerikanischer Form begeben werden.

Tabelle 14-2: Knock In/Out Optionen

Ereignis	Aktivierung (knock in)	Verfall (knock out)
Basiswert up	Up-and-in Call/Put	Up-and-out Call/Put
Basiswert down	Down-and-in Call/Put	Down-and-out Call/Put

Betrachtet man den inneren Wert einer Barrier-Option, so ist dieser identisch mit dem einer Standardoption, unter der Annahme, dass die Option noch existiert beziehungsweise Aktiviert wurde. Grundsätzlich sind Knock-out- und Knock-in-Optionen preiswerter als Standardoptionen und bieten dementsprechend höhere Gewinnchancen. Diese Optionen sind deshalb entstanden, weil der Bedarf an günstigen Absicherungsmöglichkeiten groß war und immer noch ist. Ein weiterer Vorteil ist, dass Barrier-Optionen mit einer Geld-zurück-Garantie (Money-Back-Element) ausgestattet werden können. Es besteht auch die Möglichkeit, die Barrier dynamisch zu halten („Dynamische Barrier-Option"). Hierbei kann der Knock-out- oder Knock-in-Level beispielsweise von 100 Euro im ersten Jahr auf 110 Euro im zweiten Jahr ansteigen. Wird nun der Knock-Level zusätzlich mit einer zeitlichen Komponente versehen wird, spricht man von „Parisian-Optionen". Das könnte beispielsweise so aussehen, dass der Knock-Out für vier Wochen am Stück unterschritten werden muss. Diese Ausgestaltung kann auch als Exot unter den Exoten beschrieben werden.

Knock-out-Barrier: Wird während der Laufzeit der Option die Barriere berührt, so verfällt die Option unmittelbar wertlos.

Knock–in-Barrier: Nach Bezahlung der Prämie ist die Option noch nicht aktiv. Die Aktivierung erfolgt, wenn die Barriere während der Laufzeit berührt, wird und hat zur Folge, dass die Option genauso reagiert wie eine Standardoption.

Reverse Knock-Option: Man spricht immer dann von einer Reverse-Knock-Option, wenn durch eine Bewegung des Underlying die Wahrscheinlichkeit steigt, dass die Barriere berührt wird und gleichzeitig die Option an Wert gewinnt. Bei diesen Optionen ist die Barriere dabei immer in the money.

Vorteile von Barrier Optionen: Die Prämie, welche zu bezahlen ist, fällt deutlich geringer aus als bei einer Standardoption. Gleichzeitig sind die Möglichkeit eines akkuraten Hedgings und die genaue Abbildung einer Erwartungslage möglich.

Nachteile von Barrier Optionen: Man benötigt ein Alternativszenario, falls die Option ausgeknockt und nicht eingeknockt wurde. Somit ist das ständige Beobachten der Option erforderlich.

Digitale-Optionen

Digitale-Optionen (manchmal auch als binäre Optionen bezeichnet) sind gekennzeichnet durch die Auszahlung eines im Voraus festgelegten Betrages, wenn der Kurs des Underlying den vereinbarten Basispreis über- oder unterschreitet. Auch diese Optionen können in beiden Options-Typen (sowohl europäisch wie auch amerikanisch) existieren.

Man nennt sie deshalb digital, weil sie im Digitalsystem – entweder **(0)** oder **(1)** – ausgeführt werden. Diese Form von Optionen wird meist in Kombination mit anderen Optionen verwendet und erzeugt dabei ein spezifisches Auszahlungsmuster.

One-Touch- und **Double-Touch-** sowie **No-Touch-** and **Double-No-Touch**-Optionen werden normalerweise bis zum Verfallszeitpunkt gehalten und am Lieferdatum zurückbezahlt.

Instant-One-Touch- und **Instant-Double-Touch-**Optionen beinhalten die unverzügliche Rückzahlung bei einem Hit Event.

European Digital Calls und **Puts** haben die Besonderheit, dass der Trigger nur am Verfallszeitpunkt relevant ist.

Range-Optionen

Bei Range-Optionen („Bandbreiten-Optionen") hängt der Kurs von der Entwicklung eines oder mehrerer Underlyings zwischen verschiedenen vorgegebenen Grenzen ab.

Man unterscheidet diese Optionen nach:
- Bottom Up / Top Down
- Single Range
- Dual Range
- Knock out Range

Bermuda-Optionen

Bei einer Bermuda-Option handelt es sich um eine Option mit mehreren Ausübungszeitpunkten. Wird diese Option am Ausübungszeitpunkt nicht in Anspruch genommen, geht das Ausübungsrecht an die anderen Ausübungszeitpunkte über. Eine Bermuda-Option besitzt eine Art Optionsdoppelrecht, da erst mit der Ausübung die anderen Ausübungszeitpunkte der Option verfallen.

Chooser-Optionen

Hierbei hat der Optionsinhaber die Möglichkeit, zu einem festgelegten Zeitpunkt zu wählen, ob er diese Option in einen Call oder in einen Put umwandeln möchte. Der Preis einer Chooser-Option steigt mit zunehmender Volatilität, wobei die eigentliche Bewegung des Underlying keine große Rolle spielt. Somit eignen sich Chooser-Optionen sehr gut, um Volatilitätsstrategien aufzubauen. **Man profitiert von einer steigenden Volatilität, ohne dabei zu sehr vom Preis des Underlying abhängig zu sein**.

Grundsätzlich sind Chooser-Optionen teurer als die vergleichbaren Call- beziehungsweise Put-Optionen; doch sind sie immer noch preiswerter, als wenn man eine Kombination wie etwa einen Straddle handeln würde. Je früher man den Entscheidungszeitpunkt wählt, umso günstiger sind die Chooser-Optionen.

Asiatische Optionen

Asiatische Optionen sind besondere exotische Optionen: Hierbei bekommt der Käufer während der Laufzeit der Option einen Durchschnittswert des Underlying ausbezahlt. Man unterscheidet zwischen arithmetischen und geometrischen asiatische Optionen. Wie die Namen schon sagen, werden unterschiedliche Verfahren zur Bildung des Durchschnittswertes herangezogen.

Grundsätzliches

Wir haben in diesem Kapitel nur einen kleinen Überblick über die gängigsten exotischen Optionen gegeben. Da diese nicht an der Eurex oder den anderen Terminbörsen gehandelt werden, wollen wir uns damit bescheiden.

14.5 Was ist ein Forward?

Ein Forward ist ein individuell abgeschlossenes und gleichzeitig unbedingtes Termingeschäft, ähnlich wie ein Future. Es ist deshalb „nur" ähnlich, da durch die Individualität kein Börsenhandel vorgenommen werden kann. Die entsprechenden Kontraktbestandteile vereinbaren die Vertragsparteien (Finanzintermediär und Klient) frei. In der Praxis werden solche Geschäfte zwischen Banken und deren Klienten abgeschlossen und dienen meist zur Sicherung eines Grundgeschäftes. Anders als bei einem Future (an der Börse handelbar) gibt es bei einem Forward ein Gegenparteirisiko. Dies darf nicht außer Acht gelassen werden, vor allem, wenn es sich um zwei ungleiche Vertragspartner handelt (zum Beispiel ein kleines mittelständisches Unternehmen und eine Großbank). Eine Weitergabe des Risikos auf dem Sekundärmarkt ist nicht möglich. Dennoch besteht die Möglichkeit ein erweiterndes Absicherungsgeschäft abzuschließen, welches jedoch als Zusatzgeschäft (mit neuen Risiken und neuem gebundenen Kapital) zu werten ist.

Zusammenfassung:
Im Gegensatz zu börsengehandelten Derivaten handelt es sich bei außerbörslich gehandelten Derivaten um bilaterale Finanzverträge, welche meist zur Absicherung eines Grundgeschäftes dienen.
Bei einem Swap werden zwei Zahlungsströme ausgetauscht, wobei jeder der beiden Vertragspartner eine andere Einstellung zum Marktumfeld aufweist.
Eine Swaption ist ein Optionsrecht auf einen Swap, welches der Investor in einem für ihn günstigen Fall ausüben kann. Nach der Ausübung tritt der Swap in Kraft.
Exotische Optionen werden OTC gehandelt und meist von Emittenten für die Konstruktion von verbrieften Derivaten (strukturierten Produkten) für den Retail-Markt benötigt. Ein markantes Kennzeichen dieser Optionen ist, dass diese über weitere Rechte verfügen, beziehungsweise „alte Rechte" nicht vorhanden sind.
Forwards sind bilaterale bindende Finanzverträge, welche aufgrund der Individualität nicht an Terminbörsen gehandelt werden.
Diese Arten von Termingeschäften werden nur von professionellen Investoren aufgebaut und angewandt.

15 Kreditderivate

In diesem Kapitel sollen folgende Fragen beantwortet werden:
1. Welche Grundlagen beinhalten Kreditderivate?
2. Was ist ein Kredit?
3. Welche Arten von Kreditderivaten gibt es?
4. Was ist der iTraxx® Future an der Eurex?
5. Was sind verbriefte Kreditderivate?

15.1 Welche Grundlagen beinhalten Kreditderivate?

Kreditderivate sind im Verhältnis zu den in diesem Buch angesprochenen anderen Derivaten relativ neu auf dem Markt. Sie dienen zur Übertragung von Kreditrisiken von einer Partei auf eine andere. Die übernehmende Partei erhält für das Aufnehmen des Risikos eine Prämie bezahlt. Dadurch besteht die Möglichkeit, dass sich ein Finanzintermediär teilweise oder ganz von seinen Kreditausfallrisiken (Kredite und Anleihen) trennen kann. Zusätzlich kann sich ein Investor mit Hilfe von Kreditderivaten gegen einen Preisverfall von Unternehmensanleihen absichern, welche bei Bonitätsverschlechterung des Schuldners oder sogar bei Ausfall eintreten würde.

15.2 Was ist ein Kredit?

Lassen Sie uns zuerst jedoch den Begriff des Kreditderivates klären. Das Wort Kredit ist abgeleitet aus dem Lateinischen „credo" und „creditum", das für „Glauben" und „auf Treu und Glauben anvertrauen" steht. Man geht mit einem Kredit somit ein Glaubensversprechen ein, dass die ausgeliehene Liquidität zum Verleiher zurückkommt. Es besteht zwischen Kreditgeber und Kreditnehmer ein Vertrauensverhältnis, welches sich in der Ausleihung widerspiegelt. Da leider nicht jeder Kreditnehmer über die Bonität verfügt, dass man ihm „auf Treu und Glauben" Geld anvertrauen kann, versucht ein Kreditgeber, sich gegen einen solchen Kreditausfall (Nichtzahlung der Zinsen, Stundung, Rückzahlungsverletzung) abzusichern. Für ein solches Absicherungsgeschäft wurden die Kreditderivate ins Leben gerufen: Sie dienen als Absicherungsinstrumente und helfen dem Kreditgeber, sich gegen das Ausfallrisiko seines Kreditportfolios abzusichern.

15.3 Welche Arten von Kreditderivaten gibt es?

15.3.1 Klassische Kreditderivate

Bei klassischen Kreditderivaten handelt es sich um bilaterale Verträge zwischen einem Sicherungsnehmer und Sicherungsgeber. Der Sicherungsgeber transferiert die Sicherung des Kredites an den Sicherungsnehmer und dieser analog die Risiken zurück. Die zu bezahlenden Prämien werden aufgrund des Ratings und evtl. möglichen externen Ausfallrisiken errechnet und müssen bezahlt werden.

Die durch Ratings entstehenden Prämien für Kreditderivate werden meist als Spreads angegeben. Der Markt für diese Derivate ist international einheitlich, da nicht das Zinsgeschäft, sondern das Kreditrisiko bepreist wird und die Ratings international gleich gehandhabt werden. Durch diese Homogenität ist ein schneller Vergleich der Kreditrisiken weltweit möglich, was das aktive Marktgeschehen begünstigt. Der Markt wurde durch die mögliche Übergabe der Risiken breiter aufgestellt. Er entwickelt sich auch auf mehreren Ebenen zu einem effektiven und konsequenten Markt, begünstigt durch eine Übernahme von den klassischen Banken beziehungsweise eine Weitergabe von Risiken.

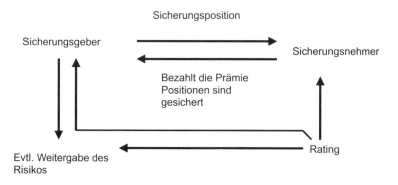

Abbildung 15.1: Kreditderivat

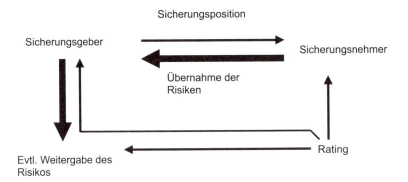

Abbildung 15.2: Kreditderivat bei einem Kreditereignis (Zahlung)

Wichtig ist, wie ein Ausfall definiert werden sollte. Man spricht hier von einem Kreditereignis oder -vorfall (**Credit Event**). Es ist notwendig, dass beide Vertragsparteien dieses Ereignis klar definieren, einfach nachprüfen können, ob dieses eingetreten ist, und es nachvollziehen können. Ein Auslösen des Kreditereignisses führt dazu, dass der Zahlungsstrom vom Sicherungsgeber an den Sicherungsnehmer aussetzt und die Zahlung nur dann anweisen wird, wenn ohne Zweifel ein Kreditereignis eingetreten und dieses dokumentierbar ist.

Kreditereignisse sind unter anderem folgende:
- Zahlungsverzug des Schuldners
- Verschlechterung der Bonität
- Preisrückgang des Underlying
- Restrukturierung der Verbindlichkeiten

Es muss ferner noch die genaue Schuld geklärt werden, welche übernommen wird, sowie deren Nominale.

15.3.2 Moderne Kreditderivate

Im Vergleich zu früheren Zeiten, in denen Kreditderivate nur mittels **Credit Default Swap (CDS)** handelbar waren, sind diese seit 2007 auch über die Eurex zu handeln.

Ein CDS (wichtigstes Kreditderivat) funktioniert im Prinzip wie eine Put-Option: Wenn es zum Kreditereignis kommt, wird die Option ausgelöst und das Kreditrisiko verkauft. Der Begriff Swap (engl.: tauschen) kommt in diesem Zusammenhang aus der Historie, bei dem eine Unternehmensanleihe gegen eine Staatsanleihe ausgetauscht wurde. Anders als bei einem klassischen Swap kommt der Austausch hier nur bei einem Kreditereignis zustande. Die Belieferung kann sowohl physisch als auch durch ein Cash Settlement (Deutsch: Differenzausgleichszahlung) vorgenommen werden; die Prämie wird bereits bei Abschluss des CDS bezahlt. Die Zeiten, in denen CDS nur von Banken abgeschlossen wurden, sind vorbei: In den vergangenen Jahren treten auch aggressiv Hedge Fonds in diesem Bereich auf.

Die Prämien eines CDS hängen von der risikobehafteten Kreditposition und deren Bonität ab. Je größer die Ausfallwahrscheinlichkeit, desto höher die zu bezahlende Prämie. Seit einigen Jahren gibt es für CDS standardisierte Vertragsbestandteile, welche einen schnellen und unkomplizierten Vertragsabschluss gewährleisten. Die ISDA (International Swap and Derivatives Association) mit Sitz in New York hat dazu 1999 eine umfangreiche Handelsempfehlung ausgesprochen. Mit dem ISDA Master Agreement verfasste sie einen standardisierten Vertrag, mit dessen Hilfe die beiden vertragsschließenden Parteien neutral arbeiten können.

In einem CDS müssen nachfolgende Grundgegebenheiten enthalten sein:
- Referenzschuldner
- Durch den CDS besichertes Kreditereignis (Insolvenz, Umschuldung, etc.)
- Anhand welcher Aktiva kann das Kreditereignis festgestellt werden?
- Startzeitpunkt
- Laufzeit
- Nominalwert
- Prämienhöhe (Meist in Basispunkten vom Nominalwert angegeben)
- Art der Leistung des Sicherungsgebers beim Eintritt des Kreditereignisses
- Physische Lieferung oder Cash Settlement

15.4 Was ist der iTraxx® Future an der Eurex?

Seit März 2007 besteht die Möglichkeit an der Eurex Kredit-Futures auf die drei „iTraxx Europe®"-Indices zu handeln, welche auf den Abschluss eines Forward Agreement (Klassischer Forward) basieren. Es handelt sich hierbei um standardisierte Kredit-Indices, wobei die Barwertveränderung eines Portfolios von Referenzschuldnern gemessen und der Index entsprechend angepasst wird. Bei einer positiven Entwicklung steigt der Index, und er fällt, wenn die Entwicklung negativ ist. Die Prämien werden auf den Index hin berechnet, wobei die Kontrakte einem Nominalwert von 100.000 Euro entsprechen und mittels Cash Settlement ausgeglichen werden. Der letzte Handelstag ist der fünfte Börsentag vor dem 20.

Kalendertag des jeweiligen Kontraktmonats. Durch den flexiblen und schnellen Handel auf dem Eurex-System ist eine effektive Abwicklung der Kontrakte jederzeit möglich. Gerade Spekulanten, welche sich Veränderungen am Kreditderivate-Markt zunutze machen wollen, sind mit diesem Instrument gut aufgestellt, doch auch risikoaverse Investoren können sich mit den iTraxx®-Futures gut positionieren.

15.5 Was sind verbriefte Kreditderivate?

Die verbrieften Kreditrisiken nennt man **Credit Linked Notes (CLN)**. Sie sind aus einer Schuldverschreibung und einem Default Put kombiniert. Die CLN werden als Wertpapier emittiert und auch an Retail-Kunden verkauft. Jedoch muss darauf hingewiesen werden, dass meistens verschiedene Schuldner in einem Zertifikat zusammengefasst sind. Zu beachten ist, dass bei einem Kreditereignis die Rückzahlung des CLN fraglich ist: Je nach Verbriefung und Ausgestaltung kann sie vermindert oder überhaupt nicht zurückbezahlt werden. Wegen des höheren Risikos sind die Zinszahlungen für CLN höher als bei klassischen Schuldverschreibungen. Ebenfalls darf man das Emittentenrisiko nicht unterschätzen: Als Schuldverschreibungen unterliegen CLN auch dem Rating des Emittenten. Ist dieser hinsichtlich des Ausfalles gefährdet, ergibt sich ein zusätzliches Risiko.

Eine Alternative zu den CLN sind die sogenannten CDO (Collateralized Debt Obligations). Hierbei handelt es sich um emittierte Wertpapiere eines Institutes, welche die Bonds im Portfolio hat, um damit die CDOs decken zu können. Nur im Falle eines synthetischen CDO liegen keine Bonds im Portfolio, sondern Kreditderivate (z. B. CDS).

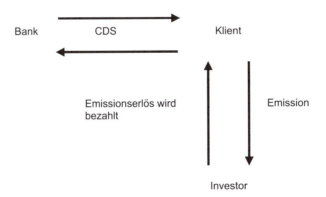

Abbildung 15.3: verbrieftes Kreditderivat (CLN)

Unser kurzer Überblick zeigt somit, dass Kreditderivate grundsätzlich vorhanden sind, um Risiken zu transferieren; aus diesem Ursprung sind sie entstanden. Heute ist der Markt für Kreditrisiken ein sehr vielfältiger und großer Markt geworden. Kreditderivate werden von professionellen Investoren beziehungsweise Firmen gehandelt, und auch private Investoren sind meist mit CLN an Kreditderivaten beteiligt. Doch hierbei ist darauf zu achten, dass der private Investor sich über die Risiken eines solchen Geschäfts im Klaren ist und diese auch aus seiner Liquiditätsplanung tragen kann. Im Worst-Case-Scenario – im Falle eines Kreditereignisses – muss ein Komplettverlust hingenommen werden.

Zusammenfassung:
Bei Kreditderivaten handelt es sich um Instrumente zur professionellen Absicherung von Kreditausfallrisiken oder Risiken, welche mit einer Verschlechterung der Bonität des Schuldners zu tun haben. Kreditderivate können als bilaterale Finanzverträge und auch als Futures abgeschlossen werden, die an der Terminbörse Eurex handelbar sind. Hintergrund der Investition ist stets eine mögliche Veränderung der Bonität eines Schuldners. Folgerichtig wird ein Sicherungsgeber die Risikoposition eines Sicherungsnehmers abdecken. Dieser bezahlt für die evtl. Risikoübernahme an den Sicherungsgeber eine Sicherungsprämie. Kommt es zum Default (Kreditausfall) oder zum Kreditereignis, erhält der Sicherungsgeber die Risikoposition des Sicherungsnehmers angedient, und der Sicherungsgeber kann sich somit dieser entledigen.

16 Derivate zur Strukturierung komplexer Portfolios

In diesem Kapitel sollen folgende Fragen beantwortet werden:
1. Was sind die Grundlagen und Erweiterungen des Positionsmanagements?
2. Was ist Averaging und Pyramiding?
3. Was ist ein Roll-Over?
4. Wie baue ich ein Portfolio auf?
5. Was ist Börsenpräsenz?
6. Was ist Risikocontrolling?

16.1 Was sind die Grundlagen und Erweiterungen des Positionsmanagements?

Ein Investor sollte immer seine Ziele planen. Erst wenn dieser Plan gereift ist, sollte er in die Tat umgesetzt werden. Von zu hastigen Aktionen ist abzuraten, da diese im Regelfall zu Verlusten führen.

Vor Abschluss der Geschäfte muss sich ein Investor folgende Fragen stellen:
- Ist es sinnvoll, dieses Geschäft abzuschließen?
- Wie sind die Chancen im Verhältnis zum Risiko?
- Mit wie viel Geld werde ich dieses Investment beginnen?
- Wie viel Geld werde ich noch einbringen?
- Wie lange möchte ich das Investment halten?
- Welches Risiko bin ich bereit zusätzlich aufzubauen?
- Wann werde ich die Position im Gewinnfall schließen?
- Wann werde ich die Position im Verlustfall schließen?

Nach diesen Fragen sollte er einen Spekulationsplan aufstellen, in welchem die Antworten festgehalten werden. Grundsätzlich ist ratsam, nicht mehr als 20 bis 30 Prozent des liquiden Vermögens in Spekulationen zu investieren. Die Nachschussverpflichtungen (Sicherheitenverstärkung) sollten 30 bis 50 Prozent des Ursprungskapitals nicht überschreiten, da in diesem Rahmen eine Abfederung der eventuell eintretenden Verluste möglich ist. Der Spekulationsplan sollte ausführlich geschrieben werden und ist als Wegweiser durch die ersten Engagements zu verstehen. Hat sich ein Investor bereits intensiv mit der Materie beschäftigt, ist der schriftliche Spekulationsplan nicht mehr notwendig, da aus eigener Erfahrung heraus entschieden und reagiert werden kann.

Investoren, die neu im Bereich Derivate investieren wollen, sollten zuerst im Trockenhandel (auf dem Papier) Strategien aufbauen und diese verfolgen. Dieser Trockenhandel ist schriftlich festzulegen und ehrlich zu führen (nicht nur das Positive zählt). Die Verluste auf dem Papier sind keine echten Verluste, aber auch aus ihnen kann man lernen. In diesem Zusammenhang sind uns folgende Punkte wichtig:
- Die Strategien müssen in unterschiedlichen Marktsituationen getestet werden.
- Die Ein- und Ausstiegsignale müssen realistisch und nachvollziehbar sein.
- Die Grundregeln der Statistik sind unbedingt anzuwenden.

Wer in diesen Punkten unehrlich ist, wird es bei den realen Trades bitter bereuen.

Erst wenn ein Investor auf diese Art und Weise Erfahrungen gesammelt hat, sollte er die Investitionen selbst vornehmen. Er kann nun mit auftretenden Problemen einfacher umgehen, da er die verschiedenen Situationen bereits auf dem Papier „durchlebt" hat. Man sollte sich jedoch nicht der Illusion hingeben, keine neuen Entscheidungen mehr treffen zu müssen: Auch der beste Spekulationsplan und die beste Vorbereitung im Trockenhandel können nicht vor hektischen und oft zu emotional getroffenen Entscheidungen bewahren. Daher gilt es vor allem, Ruhe zu bewahren und zu versuchen, Entscheidungen sachlich zu treffen.

16.2 Was ist Averaging und Pyramiding?

Das Aufbauen von Terminmarktpositionen sollte ebenfalls im Vorfeld durchdacht werden. Man spricht von zwei großen Vorgehensweisen:

Von **Averaging** spricht man, wenn ein Investor immer die gleiche Anzahl von Kontrakten auf eine bestehende Position aufbaut. Geht diese Strategie auf, ist dies eine gute Einnahmequelle. Missling sie jedoch, erhöht der Investor sein Risiko mit jeder neuen Position um ein Vielfaches. Daher ist von dieser Art des Positionsaufbaus abzuraten. Sie sollte nur von erfahrenen Derivatespezialisten und nach reiflicher Überlegung vorgenommen werden.

Abbildung 16.1: Schematische Darstellung Averaging

Das Gegenstück dazu ist das **Pyramiding**: Hier werden auf die Altpositionen neue geringere Positionen in Form einer Pyramide aufgebaut. Dieser Aufbau ist im klassischen Sinne einer risikogewichteten Strategie zu empfehlen.

Abbildung 16.2: Schematische Darstellung Pyramiding

Beim Pyramiding ist jedoch wichtig, dass die Pyramide auch richtig aufgebaut wird (siehe Grafik): Wenn auf wenige Positionen viele gestellt werden, steigert sich das Risiko exponentiell, und damit tritt genau das Gegenteil des Erwünschten ein. Auch die ägyptischen Pyramiden könnten nicht auf dem Kopf stehen!

16.2.1 Warum sollte man solche Erweiterungen überhaupt vornehmen?

Dafür gibt es grundsätzlich zwei mögliche Grundintentionen: Gewinnerweiterung oder Positionsmanagement bei gegenläufigen Positionen.

Gewinnerweiterung
Die Position läuft entsprechend der Erwartung, und der Investor möchte den Gewinn weiter ausbauen. Er beschließt also, die Position für sich zu erweitern, und schließt zusätzliche Kontrakte ab. Er geht davon aus, dass er mit den erweiterten Kontrakten ebenfalls Gewinn macht. Allerdings ist zu beachten, dass mit jedem Kontrakt auch die Möglichkeit eines Verlustes steigt.

Bei einer Gewinnerweiterungsstrategie erweitert der Investor seine Position nicht deshalb, weil der Markt gegen ihn gelaufen ist, sondern weil seine Strategie aufgeht und er auf diese Weise seinen Gewinn erweitern kann. Außerdem kann der dabei sein Risiko durch den bereits erzielten Gewinn abpuffern. Dennoch ist diese Strategie mit Vorsicht zu genießen, da sich im Worst-Case scenario das Risiko des Investors mit den gesteigerten Volumina erhöht.

Positionsmanagement bei gegen den Investor laufenden Investitionen

Die Investition entwickelt sich nicht so, wie sich der Investor es wünscht. Er „verbilligt" sie nun durch erneute Positionen und erweitert dadurch sein Verlustpotential, aber auch die Möglichkeit, dass die Position im Gewinn endet. Jedoch muss er im Vorfeld sehr sorgfältig abschätzen, ob es sich die Positionserweiterung lohnt. Solche Verbilligungsstrategien sind als Ultima Ratio anzusehen, da eine Risikoausweitung der Ursprungsposition nur selten anzuraten ist. Das Hauptproblem liegt oft darin, dass sich eine Erwartungshaltung nicht bewahrheitet hat. Da dies jedoch bei Erweiterung der Position nicht zwangsläufig noch eintreten muss, ist es oft sinnvoller, die Position zu schließen, als sie zu erweitern. Entschließt sich der Investor aufgrund seiner Analyse dennoch zu einer Erweiterung der Position, so sollte er mit gebührender Vorsicht vorgehen.

An dieser Stelle sei kurz darauf hingewiesen, dass sich jeder Investor bereits bei Abschluss einer neuen Position bereits Gedanken über eine eventuelle Erweiterung machen sollte. Er sollte sich dabei die Einstiegs- und Ausstiegspunkte nach zeitlichen wie auch nach monetären Kriterien definieren.

Beispiele für Positionserweiterungen:

Ein Investor hat Positionen in Long-Future-Kontrakten abgeschlossen. Leider hat sich der Basiswert negativ entwickelt, so dass unser Investor einen Verlust erleidet. Dennoch möchte er die Position weiter halten, da er aufgrund der fundamentalen Daten sowie der charttechnischen Situation von einem Steigen des Basiswertes überzeugt ist. Daraufhin beschließt er, zur Einstandsverbilligung die Position weiter auszubauen. Was muss ihm bewusst sein?

- Es besteht das Risiko einer Fehleinschätzung der Marktlage
- Beim Aufbau von neuen Positionen erhöht er sein Risiko, Verluste zu machen, um ein Vielfaches
- Das mengenmäßige Verlustpotential ist in der erweiterten Position größer als das Ursprungsverlustpotential, welches er riskieren wollte
- Oft ist der erste Verlust in einer Position der günstigste

Der Investor verbilligt durch den erneuten Aufbau derselben Position im besten Fall seinen Einstandspreis. Im negativen Fall „hebelt" er durch die neuen Positionen seinen Verlust.

Daher raten wir, dass solche Strategien nur von liquiditätsstarken Investoren vorgenommen werden sollten.

Beispiel für Aufbau einer Erweiterungsstrategie:

Der Investor hat bereits 5 Long-Kontrakte im Index-Future in seinem Bestand. Er beschließt, im Pyramidensystem seine Position auszubauen, und kauft weitere 3 Kontrakte. Trifft die von ihm erwartete Bewegung ein, profitiert er von 8 Kontrakten. Ist seine Markteinschätzung jedoch falsch, so erleidet er einen gehebelten Verlust von 8 Kontrakten, welcher größer ist als mit seiner Ursprungsposition von 5 Kontrakten.

XXX

XXXXX

Abbildung 16.3: Schematische Darstellung der Beispiel-Erweiterungsstrategie (Pyramiding)

Läuft der Index für den Investor, kann er ebenfalls erneut Kontrakte aufbauen. Er baut diese jedoch im Gegensatz zum vorherigen Beispiel mit dem Markt auf und profitiert somit von der Marktentwicklung. Er kann auf 5 bereits im Plus befindliche Kontrakte wiederum 3 neue Kontrakte aufbauen. Das Verlustrisiko auf die Ursprungsposition wird dabei durch den bereits entstandenen Gewinn minimiert. Erst wenn dieser aufgebraucht ist, hat der Investor dasselbe Risikoprofil wie im ersten Beispiel.

Wir sehen also, dass der Aufbau von Positionen *mit* dem Markt eindeutig zu empfehlen ist. Gegen den Markt gestellte Terminmarktpositionen können sehr schnell einen immensen finanziellen Verlust nach sich ziehen.

16.3 Was ist ein Roll-Over?

Bei einem Roll-Over verlängert der Investor seine Position über den Verfallstag hinaus, indem er die Ursprungsposition schließt und eine neue eröffnet. Die Grundintentionen können folgende sein:

- Verlust in der Ursprungsposition (da die Markterwartung nicht eingetreten ist)
- Vorbeugen eines vorzeitigen Assignment
- Verlängern der Position, weil sie für den Investor läuft

Lassen Sie uns die Möglichkeiten im Einzelnen anschauen:

16.3.1 Roll-Over wegen gegenläufiger Marktentwicklung

Ein Investor hat Calls auf den X-Index verkauft (Short Call), zu einem Basispreis von 5.000 Punkten, und erhält dabei eine Prämie von 50 Punkten. Der Index steht einen Tag vor dem letzten Handelstag bei 5.100 Punkten. Die Grundannahme des Investors war, dass der Index nicht über die 5.050 Punkte (Prämie + Basis) steigt. Er ist jedoch nach wie vor der Auffassung, dass der Index zu teuer ist. Daher schließt er die Altposition (durch Rückkauf) und verkauft erneut Calls auf den Index X bei 5.100 Punkten, wofür er erneut ein Prämie erhält. Deckt die erhaltene Prämie die für den Rückkauf bezahlte Prämie, so spricht man von einem prämienneutralen Roll-Over, da keine zusätzlichen Prämienaufwendungen erforderlich sind. Ist der Investor aber der Ansicht, dass der Index noch etwas steigen kann, „rollt" er auf eine höhere Basis (zum Beispiel 5.200 Punkte). Aller Wahrscheinlichkeit nach kann er in diesem Fall keinen prämienneutralen Roll-Over erzeugen und hat entweder Aufwendungen oder erhöht die Kontraktanzahl. Die Folge eines solchen Vorgangs ist die Steigerung des Risikos, da er eine Erhöhung der Ursprungsposition vorgenommen hat, welche bei Abschluss des ersten Geschäftes nicht geplant war.

> **Closing-Call 5 Kontrakte**
> **Opening-Call 10 Kontrakte**
> **= Steigerung des Risikos um 100%**

Diese Art von Roll-Over ist die gängigste. Da sie aufgrund einer nicht eingetretenen Marktmeinung zustande kommt, könnte man auch sagen, dass es sich um ein „Zwangsrollen" handelt. Die Praxis zeigt jedoch, dass man mit einem solchen Roll-Over die Positionen häufig in die Gewinnzone zurückführen kann.

Bei jedem Roll-Over ist eine Analyse der gegenwärtigen und erwarteten Marktlage erforderlich. Nur wenn beides in sich stimmig ist, sollte man einen Roll-Over vornehmen. Wenn man selbst nicht mehr mit dem Eintreten der ursprünglichen Markteinstellung rechnet, ist ein Closing und ein erneutes Positionieren anzuraten.

16.3.2 Vorbeugen gegen vorzeitige Erfüllung

Wenn ein Investor Short-Positionen besitzt und ein vorzeitiges Assignment ausschließen möchte, wird er diese Positionen auf der Zeitachse weiter rollen und gewinnt daher, wenn auch geringfügig, an Zeitwert. Doch dies steht bei ihm nicht im Vordergrund. Vielmehr möchte er einem vorzeitigen Assignment aus dem Weg gehen und rollt die Position deshalb auf einen späteren Termin. Der Grund hierfür ist: Optionen mit langen Restlaufzeiten haftet nicht ein geringeres Risiko an, vorzeitig ausgeübt zu werden (was auch aufgrund der Zeitwertkomponente nicht anzuraten ist).

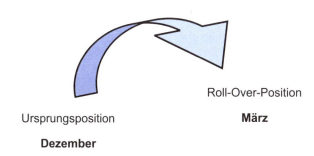

Roll-Over-Position

März

Ursprungsposition

Dezember

Abbildung 16.4: Vermeiden vorzeitiger Erfüllung durch Roll-Over

16.3.3 Verlängern von Positionen, die für den Investor laufen

Ausgangssituation: Ein Investor hat die Long-Position in einem Future bezogen, welcher nun für ihn läuft. Am letzten Handelstag verkauft er den Future und kauft den Folge-Future. Damit profitiert er aus der bestehenden Strategie und prolongiert sein Engagement.

Long Future – Verkauf zum Closing
Long Future – Kauf zum Opening

Wir sehen, dass bei einem Roll-Over das Terminmarktengagement zeitlich verlängert wird. Wenn sich damit die Quantität erhöht, sind die erhöhten Risiken zu berücksichtigen, wobei rein theoretisch jedes Terminmarkt-Engagement unendlich zu prolongieren ist. Die Voraussetzungen dafür sind Gegenparteien, Liquidität des Investors und Sinnhaftigkeit der Strategie. Gerade bei Futures ist darauf zu achten, dass eventuell die Cost of Carry bezahlt werden muss!

Wir fassen also zusammen: Wer weitere Risiken aufbaut, ohne die Möglichkeit eines positiven Abschluss zu sehen, handelt töricht. Vielmehr ist es dringend anzuraten, sich stets schon bei Abschluss eines Termingeschäftes Gedanken über dessen Erfüllung zu machen. Sollte ein Investment nicht den erwarteten Gewinn abwerfen, so ist es zu schließen und eine andere Investition aufzumachen oder die Strategie zu überdenken. Von einem Rollen durch Eröffnen zusätzlicher Positionen (eventuell noch von einem anderen Investment) in der Absicht, Prämienneutralität herzustellen, ist dringend abzuraten. Aus einer Ursprungsposition in der Aktie X sollten keine neuen Positionen in der Aktie X und Y sowie dem Index Z werden, da man ja diese Investments ohne die Ursprungsproblemposition auch nicht eingegangen wäre. Um die durch eine solche Risikoausweitung eintretenden Verluste zu vermeiden, ist immer eine Exit-Strategie für den Notfall erforderlich, die bereits beim Eingehen des Geschäftes überdacht werden sollte.

16.3.4 Cross-Roll-Over

Wenn ein Investor im Besitz eines Call auf die Aktie X ist, welcher sich nicht so entwickelt wie erwartet, kann er dieses Geschäft auch zurückkaufen und ein anderes eröffnen. Auch wenn dieser Cross-Roll-Over eigentlich nicht als Roll-Over im klassischen Sinn zu sehen ist, da das Underlying ausgetauscht wird, kann es bei manchen Investments ratsam sein.

> **Short Call X Aktie → Closing**
> **Short Call Y Aktie → Opening**

Der Investor finanziert das Closing der Ursprungsposition X durch das Opening einer Position Y und löst sich somit vom alten, nicht so gut gelaufenen Investment. Es handelt sich zwar um zwei unterschiedliche Grundgeschäfte, doch werden diese über Kreuz zur Finanzierung herangezogen.

16.4 Wie baut man Positionen auf?

Unerfahrene Investoren (vor allem private Investoren) sollten sich zuerst den gedeckten und Long-Termingeschäften (außer Futures) widmen, da diese die geringsten Risiken bergen. Der beste Einstieg ist das Veroptionieren von Beständen in Form eines CCW (Covered Call Writing): Hier kann der Investor ein Gefühl für den Markt und dessen Komplexität entwickeln. Das CCW dient zur Renditesteigerung durch die Prämie und kann als limitierter Verkaufsauftrag angesehen werden, abhängig davon, wie aggressiv die Basispreise gewählt werden.

Die Long-Positionen sind eine erwägenswerte Alternativen zur klassischen Short-Spekulation: Hier kann der Investor maximal die von ihm eingesetzte Summe verlieren und hat auch keine Nachschussverpflichtungen. Auch mit diesen Positionen kann man sehr gut ein Gefühl für die Terminmarktlage sowie die Struktur und Preisstellung von Optionen erlangen. Sie sind hilfreich für die ersten Schritte als Terminmarktinvestor.

Mit erfahrenen Investoren ist dann das weitere Termingeschäft abzudecken. An dieser Stelle ist anzumerken, dass in der Praxis Portfolios, die aus Optionen und Futures bestehen, stabilere Erträge aufweisen als solche, die lediglich mit Wertpapieren und Optionen aufgebaut sind. Mit Hilfe von Future-Instrumenten lassen sich Strategien klarer und gewinnbringender aufbauen und strukturieren. Schnelle Marktsituationen, welche aufgrund der Optionsgegebenheiten nicht ausgenutzt werden können, sind gewinnbringend aufzugreifen und zu handeln. Gleichzeitig besteht die Möglichkeit durch die Kombination von Optionen und Futures eine verlustbringende Position in den Gewinn zu führen bzw. diese zu kompensieren.

Beispiel:

> Wir haben tief im Geld liegende Short Calls auf den Index X. Dieser steigt entgegen unserer Markteinstellung weiter. Zwar gibt es diverse Roll-Over-Strategien, doch kann man Strategie auch einfach durch eine Future-Strategie erweitern. Man kauft X-Futures in Relation zu den geschriebenen Calls. Steigt der Index weiter, kompensieren die Futures die Verluste in den Calls. Sollte der Index jedoch sinken, machen wir mit den Futures zwar einen Verlust, gewinnen jedoch bei den Calls. Hierbei ist es absolut wichtig, dass die Positionen eng begleitet und an den Break-Even-Points beziehungsweise den Verlustpunkten gehandelt werden.

16.4.1 Kombinationen

Kombinationen wie die Gegenfinanzierung von Termingeschäften sollten nur mit erfahrenen Investoren durchgeführt werden. Das Gleiche gilt auch für Terminmarktpositionen, welche in Kombination mit Warentermin- und Devisentermingeschäften stehen. Dabei gilt es zu beachten, dass die hierfür notwendige Liquidität immer gewährleistet sein muss.

Termingeschäfte können in jeder Börsenphase getätigt werden, vorausgesetzt, sie werden richtig eingesetzt. Mitunter ist das Closing einer Verlustposition notwendig, um weiteren Risiken und potentiell höheren Verlusten zu entgehen. Ein alter Börsenspruch dazu lautet: **„Der erste Verlust ist oft der geringste!"** Außerdem ist unbedingt anzuraten, die äußeren Einflussfaktoren, wie die Volatilität, im Blick zu behalten.

Der Schlüssel zu jedem Termingeschäft ist die Liquidität. Daher ist es wichtig, genügend Liquidität vorzuhalten, um Geschäfte auch bei gegenläufigen Marktlagen offen halten zu können. Das größte Problem tritt dann ein, wenn ein Investor die geforderten Sicherheiten nicht mehr stellen kann. Dann droht ihm die Zwangsliquidation nach dem Margin-Call und somit die zwangsweise Auflösung von Positionen. Er hat dann keine Möglichkeit mehr, mit diesen Positionen Geld zu verdienen. Der Investor muss dem Margin-Call Folge leisten, Daher ist es äußerst wichtig, nur so viele Positionen im Portfolio zu führen, wie man abdecken kann. Entsprechendes gilt für die fachliche Abdeckung: Hat man einmal den Überblick verloren hat, hat der Teufel im Tempel des Herrn Einzug gehalten! Dann ist das Verlustrisiko aufgrund der eigenen „Machtlosigkeit" exponentiell angestiegen. Daher ist es unbedingt ratsam, nur so viele Positionen offen zu haben, wie man überblicken und auch managen kann. Denn eines ist klar: Als Investor muss man das Underlying analysieren und beurteilen und die Erkenntnis, zeitlich und qualitativ umsetzen können!

Für Extremsituationen sollte man stets Notfallpläne parat haben; beispielsweise, dass man bei einem Börsencrash 50 Index-Futures verkaufen wird. Auf diese Weise ist man jederzeit auf eventuelle Notsituationen vorbereitet. Gerade bei großen Kassabeständen ist dies wichtig: Tritt am Markt aufgrund einer extremen Entwicklung ein schneller Kurswechsel ein, so kann man nur über Future-Instrumente schnell und effizient das Kassaportfolio absichern. Wichtig: Die Entscheidungen für einen solchen Fall sollten immer im Vorfeld getroffen werden! Am Ereignistag sollte man nur noch Adjustierungen vornehmen müssen, da sonst wertvolle Zeit verloren geht.

Gleichzeitig muss man auch die technischen Abwicklungsmöglichkeiten sicherstellen. Nur wenn diese auch in extremen Situationen zur Verfügung stehen, kann ein reibungsloser Handel gewährleistet werden. Hierbei ist darauf zu achten, dass die Kommunikationswege zu den jeweiligen Handelsabteilungen vorhanden sind. Dies gilt gerade für große private Investoren, welche nicht über eigene Handelsplattformen verfügen.

Es ist zu empfehlen, den Notfallplan schriftlich festzuhalten. Dabei sollte man nach einem einfachen Algorithmus vorgehen, an den man sich dann im Notfall auch halten muss! Dieser Algorithmus sollte die Handlungsempfehlungen, Größenordnungen, Ansprechpartner, Kommunikationswege sowie eine Handlungsempfehlung für ein Intraday-Reversal (komplette Kursveränderung innerhalb eines Tages z. B. von negativ in positiv) beinhalten.

16.4.2 Portfolioaufbau

Prinzipiell sollte ein Portfolio unter den Gesichtspunkten der Diversifikation aufgebaut sein. Dabei ist gleichzeitig zu beachten, welche derzeit am Markt bestehenden Trends aufgenommen werden können. Die im Kassaportfolio befindlichen Investments können dann durch Terminmarktpositionen erweitert werden. So sollte man auf Bestände, von denen man nicht mehr überzeugt ist oder bei denen man mit einem Seitwärtslauf rechnet, Calls schreiben. Zukäufe können über aggressive Short-Put-Strategien realisiert werden. Die Absicherungsstrategien wie Long Put auf Bestände beziehungsweise Short Future zur Portfolioabsicherung sollten bei einer angenommenen Baisse aufgebaut werden.

Wir sehen an diesen kleinen Beispielen, dass die Terminmarktpositionen als Erweiterung beziehungsweise Ergänzung des Position Stabilität und Zusatzerträge mit sich bringen. Ein Investor, der sein Portfolio aktiv mit Derivaten strukturiert, versetzt sich in die Lage, Kassageschäfte aufgrund der Derivate zu steuern. Er baut durch die Termingeschäfte aktiv Kassa-Engagements auf und ab; zusätzlich schafft er sich die Möglichkeit, Zusatzeinnahmen zu generieren und Risikopotentiale auszugliedern. Das Portfolio wird nicht nur planbar, da sich die zu erwartenden Auswirkungen bestimmen lassen, sondern gleichzeitig auch stabiler. Der Investor transferiert Entscheidungen (bei Short-Geschäften) teilweise weiter. Nur wenn er aktiv eingreift (Closing), trifft er letztlich eine endgültige Entscheidung. Ansonsten gilt die Entscheidung, welche er beim Abschluss des Termingeschäftes getroffen hat.

Nachfolgend ein Beispiel für Terminkonstrukte zur Erweiterung eines angenommenen Portfolios:

Tabelle 16-1: Beispiel-Portfolio und Erweiterung durch Termingeschäfte

Bestehendes Portfolio (Ausschnitt)				Erweiterung
Underlying	Bestand	Kaufkurs	Kurs heute	Termingeschäft
X Aktie	10.000	34,50	39,00	Short-Call Basis 41
Y Aktie	15.000	43,10	41,90	Short-Put Basis 41
M Aktie	7.000	89,45	91,23	Short-Call Basis 92
Indexzertifikat L Index	15.000	54,40	67,10	Index-Future als Zusatzkomponente

Der Investor erweitert die Strategien durch Covered Calls, nimmt dafür Prämien ein und schreibt somit eine Renditestrategie. Die Short Puts sind zum erneuten Aufbau der Aktie Y gedacht. Er senkt somit seinen Einstandskurs und steht zu seinem Investment weiterhin positiv. Das Indexzertifikat erweitert er durch denselben Index-Future. Somit schafft er das gleiche Chancen-Risiko-Profil, kann mit diesem aber handeln und das Zertifikat als langfristiges Investment liegen lassen.

Dieses einfache Beispiel veranschaulicht, wie Terminmarktpositionen als Ergänzungen und Steuerungselemente anzuwenden sind. Ebenfalls ist deutlich zu erkennen, dass eine Kombination zwischen verbrieftem Derivat und einem Terminkontrakt vorteilhaft sein kann. In der Praxis werden solche Konstruktionen oft angewandt. So schreibt man beispielsweise Calls auf Discount- und Bonuszertifikate, oder man erweitert seine Liquidität durch Short-Optionen und investiert die resultierenden Prämien in Futures oder verbriefte Hebelprodukte.

Durch die Kombination verschiedener Risiko- und Chancenprofile ergeben sich neue Möglichkeiten zur Investition. Dasselbe gilt auch bei Kombinationen in Waren- und Devisentermingeschäften.

Jedoch ist immer eines zu beachten: Kombinationen gehen solange gut, solange man sie überblicken kann. Daher sei hier nochmals betont: Sobald die Positionen unübersichtlich und nicht mehr nachvollziehbar sind, müssen sie aufgelöst werden! Im schlimmsten Fall drohen sonst enorme Verluste, wenn man auf veränderte Marktsituationen nicht korrekt reagieren kann.

16.5 Was ist Börsenpräsenz?

Gestatten Sie uns an dieser Stelle ein paar Worte zum Thema Börsenpräsenz. Investoren, welche nicht ständig an der Börse präsent sind, haben es oft schwer, ein Positionsbuch aktiv zu managen. Daher ist eine absolute Börsenpräsenz anzuraten. Ist sie nicht realisierbar, sollten vornehmlich gedeckte Optionen gehandelt beziehungsweise konservative Strategien gefahren werden.

Ein weiterer sehr wichtiger Punkt ist es, die Börse zu kennen, an der man handelt. Die Regularien müssen bekannt und klar definiert sein. Es bringt nichts, an einer exotischen Terminbörse zu handeln, aber deren Börsenregeln, Kontraktspezifikationen et cetera nicht zu kennen – dies schafft ein zusätzliches Risiko, welches nicht zu überblicken und meist auch nicht überbrückbar ist. Anders ist dies bei den großen amerikanischen Terminbörsen oder der Eurex, da hier die Informationen schnell und sicher zu erhalten sind. Die Mistrade-Regeln schützen die Marktteilnehmer und sorgen zusammen mit den Aufsichtsorganen für einen sicheren und korrekten Handel.

16.6 Was ist Risikocontrolling?

Banken und Broker haben „zentrale Stäbe", um das Risiko, welches von den abgeschlossenen Terminmarktpositionen ausgeht, zu kontrollieren. Dennoch ist es die
Aufgabe eines jedes Investors, das Risiko selbst im Blick zu behalten. Wichtig
ist hierbei vor allem das aktive Beobachten der Positionsbuchgröße. Oft beginnt
diese, vor allem bei Roll-Over-Positionen, unkontrolliert zu wachsen. Dies sollte
unbedingt unterbunden werden, da sonst eine konsequente und strategiegerechte
Steuerung nicht mehr möglich ist. Es darf auf keinen Fall aus einer 10 Kontrakte starken Ursprungsposition eine 100 Kontrakte starke Roll-Over-Position
entstehen.

Als Investor sollte man sich stets die Volumina der gehandelten Underlyings
vor Augen halten. Nur so kann man ein Gefühl für den Markt und dessen Größe
entwickeln. Es ist unbedingt anzuraten, mit Handels-Limits (werden meist von
den Brokern vorgegeben) zu arbeiten. Nur wer sich selbst einen Rahmen steckt,
wird das Risikocontrolling im Griff haben. Dies gilt auch für die Sicherheiten-
stellung mittels Margin.

Abschließend noch ein Wort zum Thema unvorhersagbare Marktereignisse,
wie sie ja jederzeit eintreten können: Natürlich ist es nicht anzuraten, darauf zu
warten. Jedoch sollte jeder Investor genügend freie Möglichkeiten haben, um in
diesen agieren zu können, da es sonst schnell zu einem Margin-Call oder einer
Zwangsliquidation kommen kann – zumal sich in solchen (kritischen) Marktlagen durch aktive Spekulation auch Gewinne realisieren lassen können.

Zusammenfassung:
Positionserweiterungsstrategien bergen immer ein zusätzliches Risiko in
sich. Daher ist es notwendig, sich vor der Erweiterung Gedanken über
die neue Position zu machen. Beim Averaging baut man die gleiche Anzahl von Kontrakten nochmals auf, wohingegen man beim Pyramiding
die Position im Pyramidensystem ausbaut. Erweiterungen werden entweder im Gewinnfall oder bei Verlustpositionen vorgenommen; dabei
ist darauf hinzuweisen, dass diese Erweiterungen im Verlustfall als Ultima Ratio dienen. Oft werden diese Strategien in Verbindung mit einem
Roll-Over durchgeführt: Dabei handelt es sich um ein Verlängern einer
Position über den ursprünglichen Verfallstag hinaus.

17 Margin

In diesem Kapitel sollen folgende Fragen beantwortet werden:
1. Was ist Margining?
2. Wie erfolgt die Margindeckung bei Optionen & Futures?
3. Was versteht man unter der Risk Based Methode?
4. Welche Möglichkeiten der Marginstellung gibt es?
5. Was gibt es für Clearingaktivitäten?
6. Was ist ein Margincall und was sind seine Folgen?

17.1 Was ist Margining?

Unter einer Margin versteht man die für die Termingeschäfte zu hinterlegende Sicherheitsleistung (auch **Einschuss** genannt). Diese soll die finanzielle Erfüllbarkeit absichern und gewährleisten, dass die eröffnete Position auch geschlossen werden kann. Grundsätzlich gilt: Eine Margin fällt bei allen börsengehandelten Termingeschäften an. Lediglich bei Long-Optionen wird keine Margin berechnet, da es sich um den Erweb eines Rechts und nicht um eine eventuelle Verpflichtung handelt. Margin-Anforderungen sind grundsätzlich bis zum nächsten Börsentag für alle offenen Positionen zu stellen. Unter schwierigen Börsenumständen kann es auch einmal vorkommen, dass innerhalb eines Börsentages ein Nachschuss auf die Margin bzw. der Sicherheit geleistet werden muss.

Banken und Broker stellen die Sicherheit gegenüber der Terminbörse unter anderem in Wertpapieren oder Geld (in verschiedenen Währungen – EUR, CHF, USD, GBP) und sperren dann, aufgeschlüsselt auf die Kunden, Wertpapiere oder Guthaben in den Kundenkonten und -depots. Im Regelfall stellen Kunden gegenüber Broker oder Bank das 1,2- bis 2-Fache der von der Terminbörse geforderten Margin. Diese „künstliche" Erhöhung ist eine weitere Maßnahme zur Absicherung, sowohl des Kunden (Grenzt seinen Handlungsspielraum ein) als auch der Bank / des Brokers.

Doch wie setzt sich die Margin-Anforderung zusammen? Grundsätzlich gibt es verschiedene Marginsysteme, wie Risk-Based Margining, SPAN, TIMS, etc. Nachfolgend wollen wir am Beispiel der Eurex das Risk Based Margining erläutern.

Vorab zur Erläuterung: Alle an den Eurex Börsen abgeschlossenen Geschäfte werden über die Eurex Clearing AG abgewickelt. Sie garantiert den Geschäftspartnern bzw. Clearing-Teilnehmern die Erfüllung der Geschäfte. Dabei übernimmt sie auch die Berechnung der Margin.

17.2 Was ist das Risk-Based Margining?

Für den Investor ist es vorteilhaft, wenn er anstatt des Gesamtgegenwertes einer Position nur den Betrag deponieren muss, der dem Verlustrisiko seines Positionsbuches entspricht. Durch die Berücksichtigung von Kombinationen wird dabei das Risiko reduziert und eine Überdeckung vermieden. Produkte mit (annähernd) gleichen zugrunde liegenden Instrumenten werden in dieselbe Risikoklasse eingeteilt: So sind beispielsweise alle Optionen auf DAX®-Werte sowie die ODAX®- und FDAX®-Positionen in der Margin-Klasse DAX® enthalten. Analog zu diesem Beispiele werden alle Klassen gebildet. Mögliche Margin-Guthaben bzw. Margin-Verpflichtungen derselben Klasse werden gegenseitig verrechnet. Dieses Verfahren nennt man Cross-Margining. Es trägt zur Schonung der Liquidität bei, da die Einzelbewertung jeder Position in Summe zu einer höheren Margin führen würde. Werden zwei oder mehrere Margin-Klassen mit ähnlicher Korrelation zusammengefasst, spricht man von einer Margin-Gruppe. Auch innerhalb einer solchen Gruppe wird wiederum ein Cross-Margining vorgenommen. So werden beispielsweise die Klassen Euro-Bund-Future, Euro-Bobl-Future und Euro-Schatz-Future gegenseitig verrechnet.

Die Margin wird jeden Tag für jedes Börsenmitglied neu berechnet. Auch untertägig wird die Margin weiter berechnet; dabei werden nicht nur die aktuellen, sondern auch die zukünftig wahrscheinlichen Kursrisiken berechnet. Sollte ein Börsenmitglied untertags in Unterdeckung geraten, ergeht an dieses Mitglied ein so genannter Intraday Margin Call, und die Liquidität wird sofort eingefordert.

17.3 Warum muss man eine Margin stellen und wie wird diese berechnet?

Durch das Stellen einer Margin soll das Risiko der höchstmöglichen Glattstellung einer Position, unter Annahme des Worst-Case-Szenarios, besichert werden.

In einem ersten Schritt werden alle Long- und Short-Positionen, welche auf gleiche Kontrakte mit gleicher Fälligkeit lauten, gegenseitig verrechnet („genetted") – so entsteht eine Netto-Long- oder Netto-Short-Position. Alle Netto-Risikopositionen werden zusammengefasst und als aggregierte Netto-Risikopositionen betrachtet.

Um die maximalen Glattstellungskosten zu bestimmen, versucht man nun – ausgehend vom bisherigen Kursverlauf der Kontrakte (beziehungsweise deren Underlying), Rückschlüsse auf die weitere Preisentwicklung zu ziehen. Eine zentrale Rolle spielt dabei die Volatilität, also die Schwankungsbreite: Zu ihrer Berechnung betrachtet die Eurex Clearing AG die Kursausschläge in den zurückliegenden 30 oder 250 Börsentagen (was einem Monat beziehungsweise Jahr entspricht). Auf Basis dieser Kursausschläge werden Margin-Parameter bestimmt, welche die maximale Kursschwankung von einem auf den anderen Börsentag beschreiben. Bei Bedarf werden diese Parameter angepasst.

Mit Hilfe der Margin-Parameter werden mögliche Niedrigst- und Höchstpreise für die einzelnen Basiswerte ermittelt und anschließend theoretische Optionspreise errechnet. Die hier eingesetzte Volatilität ist die implizite Volatilität, welche aus den Abrechnungspreisen der Option zu extrahieren ist.

17.4 Was gibt es für Marginarten?

17.4.1 Premium Margin

Diese Margin fällt bei allen Optionen an, bei denen die Prämie bereits beim Abschluss des Optionsgeschäftes bezahlt werden muss. Sie ist vom Stillhalter durch entsprechende Sicherheiten (anerkannte Wertpapiere oder Geld) zu decken. Die Premium Margin deckt den Verlust ab, welcher entstehen würde, wenn der Stillhalter seine Positionen am heutigen Börsentag zurückgekauft hätte.

Bei Optionen auf Futures fällt keine Premium Margin an. Hier wird die Optionsprämie nicht bei Abschluss bezahlt, sondern im Mark-to-Market-Verfahren – dem täglichen Gewinn und Verlustausgleich – verrechnet.

Für Long-Positionen fällt ebenfalls keine zu zahlende Premium Margin an, da mit der Zahlung der Optionsprämie ein Recht, aber keine Verpflichtung erworben wird. Im Gegensatz zu den Short Positionen werden bei Long Positionen Marginguthaben in die Marginkomplettbetrachtung eines Positionsbuches mit aufgenommen.

17.4.2 Additional Margin

Die Additional Margin dient dazu, die bis zum nächsten Börsentag (im Worst-Case-Szenario) möglichen zusätzlichen Glattstellungskosten decken zu können.

Die Additional Margin wird auf alle Options- und Future-Positionen erhoben. Bei Future-Positionen spricht man hierbei (außerhalb des Eurex-Sprachgebrauchs) auch von Initial Margin: Hier wird zum Abschluss des Termingeschäftes ein Grundbetrag gestellt, der das Worst-Case-Szenario in der Position abdecken soll.

17.4.3 Variation Margin

Die Variation Margin ist der tägliche Gewinn- oder Verlustausgleich bei Futures sowie Optionen auf Futures. Hier findet das oben erwähnte **Mark-to-Market-Verfahren** seine Anwendung: In diesem Verfahren werden die täglich entstehenden Gewinne oder Verluste von der Eurex Clearing AG den betreffenden Clearing Mitgliedern entweder gutgeschrieben oder belastet. Der gravierende Unterschied zu den anderen Margin-Arten besteht darin, dass die Variation Margin keine Sicherheitsleistung mittels Wertpapieren und dergleichen ist, sondern ein tatsächlicher Gewinn- oder Verlustausgleich, bei dem Geldmittel fließen.

Hat ein Investor einen Future bei 100 Punkten gekauft, und dieser steht am Folgetag bei 110 Punkten, so bekommt er die 10 Punkte – umgerechnet in die jeweilige Währungseinheit – gutgeschrieben. Der Inhaber einer Short Future Position wird im Gegenzug belastet.

Somit werden alle Positionen jeden Tag neu bewertet. Auch am letzten Handelstag wird nur noch die Differenz von allen vom Vortag offenen Positionen zum Final Settlement Price ermittelt.

17.4.4 Future Spread Margin

Sind in einem Positionsbuch mehrere Future-Positionen enthalten, die sich auf den gleichen Basiswert beziehen, so können Long- und Short-Positionen gegenseitig verrechnet werden. Dabei ist es wichtig, dass die Kontraktlaufzeiten gleich sind. Man nennt diesen Vorgang „Netting".

Verbleiben Long- oder Short-Positionen, deren Fälligkeitsmonate nicht übereinstimmen, so können diese ebenfalls gegenübergestellt werden. Man nennt diese Positionen nicht-kompensierbare Non-Spreads. Diese werden mit der Future Spread Margin belegt.

Optionen auf Aktien, ETF und Indices

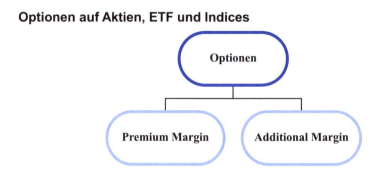

Futures

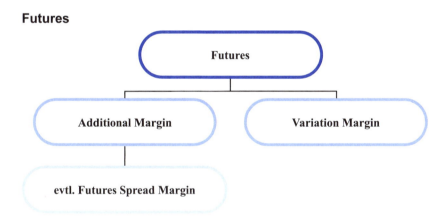

Optionen auf Futures

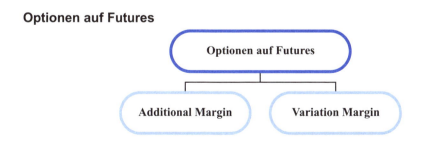

Abbildung 17.1: Die Marginarten im Überblick

17.5 Margin bei Optionen

17.5.1 Long-Positionen

Das finanzielle Risiko bei Long-Positionen ist durch die Zahlung der Prämie abgegolten, da hier ein Recht erworben und keine Verpflichtung eingegangen wird.

17.5.2 Short-Positionen

Grundsätzlich unterscheidet man zwischen gedeckten und ungedeckten Short-Positionen.

Bei *gedeckten* Short-Positionen sind die jeweiligen Underlyings im Bestand des Investors vorhanden. Hat dieser beispielsweise Short Calls auf die Aktie X, so hat er bei einer gedeckten Short-Call-Position die entsprechenden Aktien 1:1 zur Terminmarktposition im Bestand. Dies funktioniert jedoch nur bei Optionen mit physischer Belieferung, die nicht auf Futures lauten. Optionen mit einem Cash Settlement können nur ungedeckt abgeschlossen werden.

Übt ein Long-Investor seine Position aus, wird im Auslosungsverfahren eine passende Short-Position zugeteilt. Anschließend erfolgt die Belieferung, wobei sich die Lieferzeiten je nach Kontrakt und Lieferart unterscheiden.

Bei *ungedeckten* Optionen wird, wie bereits beschrieben, eine Sicherheitsleistung in Form einer Margin erhoben. Die dafür benötigten theoretischen Optionspreise werden mittels verschiedener Optionspreismodelle (Black-Scholes und Cox, Ross & Rubinstein) ermittelt. Da bei stark aus dem Geld liegenden Optionen das Risiko besteht, dass die Preise zu niedrig errechnet werden (da diese bei abrupt zunehmenden Schwankungen des Basiswertes übermäßig reagieren können), gibt es das Short Option Adjustment. Dieses kann zum Teil deutlich über den ermittelten Optionspreisen liegen.

Ein Bestandteil der Rechnung ist das Out-of-the-Money-Minimum: Es wird von der Terminbörse vorgegeben.

Short Option Adjustment =
Marginparameter × Out-of-the-Money-Minimum + täglicher Abrechnungspreis

17.5.3 Margin während der Zeitdifferenz der Belieferung

Wird eine Option ausgeübt, fällt bis zur Belieferung weiterhin eine Margin an. Diese bezieht sich jedoch nun auf den zu liefernden Basiswert und nicht mehr auf die Option. Die Differenz zwischen Ausübungspreis und Schlusskurs des Basiswertes ist als Premium Margin zu stellen. Die Kursschwankungen des Basiswertes gehen als Additional Margin in die Gesamtberechnung der Margin mit ein.

17.6 Margin bei Futures

Wie bereits erläutert, werden die täglichen Gewinne- und Verluste mittels einer Geldbuchung ausgeglichen. Diese nennt man Variation Margin. Aufgrund dieses Mechanismus ist ein Akkumulieren von Gewinnen oder Verlusten ausgeschlossen.

Neben dem täglichen Gewinn- und Verlustausgleich muss jedoch noch eine Sicherheit für den Fall gestellt werden, dass eine mögliche Glattstellung am folgenden Börsentag zu Verlusten führt. Diese Additional Margin (oft auch als Initial Margin bezeichnet) kann im Gegensatz zur Variation Margin – welche in Geld ausgeglichen wird – entweder in Wertpapieren oder in Geld (in Form von Kontoguthaben) geleistet werden. Ihre Höhe entspricht dem Betrag, der im Worst-Case-Szenario für eine Glattstellung der offenen Kontrakte benötigt würde.

Im ersten Schritt werden alle Long- und Short-Positionen desselben Fälligkeitsmonats saldiert („Netting"). Eventuell daraus entstehende Nettopositionen (long oder short) werden darauf untersucht, ob sich Spreads bilden lassen. Für diese wird die bereits erwähnte Spread Margin verrechnet, welche geringer ist, als die Additional Margin für die restlichen Nettopositionen. Lassen sich weder ein Netting noch Spreads aufzeigen, wird nur die Additional Margin berechnet.

- Bei der Berechnung der **Spread Margin** unterscheidet man zwischen der Spot-Month-Spread-Margin und der Back-Month-Spread-Margin: Den nächst fälligen Terminkontrakt nennt man Front-Kontrakt, den betreffenden Monat Spot Month; alle anderen Monate werden als Back-Month bezeichnet, und die Kontrakte nennt man Deferred-Kontrakte. Die Spot-Margin bezieht sich auf den Front-Kontrakt (vorausgesetzt, die Kontrakte befinden sich im selben Monat) Der Grund dafür ist simpel: Der Kontrakt, der als nächster fällig ist, geht mit dem höchsten Umsatz, aber auch der größten Volatilität einher – somit steigt also das Risiko mit der Kontraktlaufzeit dieser Termingeschäfte. Als Folge kann es sein, dass Long- und Short-Positionen bezüglich des Risikos nicht mehr negativ korrelieren, so dass die Kompensation nicht mehr ausreicht. Die Erhöhung der Margin tritt mit Anfang des letzten Handelsmonats in Kraft.

- Lassen sich keine Spreads bilden, fällt, wie angesprochen, die **Additional Margin** an, da die betroffenen Positionen bis zum nächsten Börsentag dem vollständigen Glattstellungsrisiko unterliegen. Bei Drucklegung dieses Buches wurde für eine FDAX®-Position pro Kontrakt eine Additional Margin von 550 FDAX®-Punkten berechnet (entsprechend 550 × 25 Euro = 13.750 Euro).

17.7 Margin bei Future-Style-Optionen

Wie bereits erläutert, fällt bei klassischen Optionen die übliche Premium Margin an. Bei den Future-Style-Optionen ist dies nicht der Fall: Hier wird die Prämienzahlung im Mark-to-Market-Verfahren (siehe Variation Margin) verbucht. Die Additional Margin, welche die Glattstellungsverluste bis zum nächsten Börsentag absichert, wird analog zu den klassischen Optionen berechnet.

Future-Style-Optionen unterliegen dem Future Style Premium Posting. Das heißt, dass bei Ausübung oder Verfall zusätzlich zum täglichen Gewinn- oder Verlustausgleich die noch unbezahlten Prämien-Teilbeträge abgerechnet werden. Somit wird die Optionsprämie erst bei der Ausübung der Option bzw. nach Ende ihrer Laufzeit bezahlt. Dies schafft einen Liquiditätsvorteil für den Käufer. Die Gutschrift bzw. Belastung wird auf Basis der täglichen Optionspreise berechnet. Da der Stillhalter bei diesem Verfahren auf die Zinseinahmen aus der Wiederanlage der Optionsprämien verzichtet, werden diese Optionen mit höheren Prämien gehandelt als Optionen des klassischen Typs. Dieses Verfahren spricht für eine geringere Kapitalbindung. Es kommt bei der Eurex bei Optionen auf Futures (z. B. OGBL) zum Einsatz.

17.8 Wie erfolgt die Margin-Berechnung für Optionspositionen?

Enthält ein Positionsbuch mehrere Kontrakte desselben Underlying, so ist eine Kompensation der Risikogewichtung (Risikogehalt) möglich. Man verwendet dazu das zu Anfang des Kapitels erläuterte Cross-Margin-Verfahren.

Grundlage der Margin-Berechnung ist die maximal anzunehmende Preisbewegung des Underlying bis zum nächsten Börsentag („Margin-Parameter"). Er wird auf Basis statistischer Untersuchungen zur Volatilität des Underlying ermittelt. Durch Addition bzw. Subtraktion vom aktuellen Preis lassen sich die Maximal- bzw. Minimalkurse für das Underlying ermitteln. Dabei zeigt sich, ob ein **Upside-** oder ein **Downside-Risiko** besteht. Anschließend werden alle Basispreise eines Magin-Intervalls berechnet.

17.8.1 Berechnung der Glattstellungskosten

Das Cross-Margining wirkt sich umso stärker aus, je mehr Optionskombinationen gehandelt wurden und sich im Positionsbuch befinden.

Können mehrere Margin-Klassen in einer Margin-Gruppe zusammengefasst werden, so wird diese erneut nach gleichartigen Risiken bewertet. Zunächst wird für jede Margin-Klasse die obere und die untere Hälfte der Additional Margin berechnet.

Ergeben sich negative Margin-Sätze, werden diese in der Regel mit dem so genannten Offset-Percent multipliziert: Dieser liegt meist bei Null; das heißt, sie können gestrichen werden. Danach werden alle Additional Margins für die obere Hälfte addiert. Das Ergebnis nennt man die „**Upside Additional Margin**" einer Margin-Gruppe. Ebenso verfährt man mit der unteren Hälfte; so erhält man die Downside Additional Margin der Gruppe. Die beiden Sätze werden einander gegenübergestellt; der höhere Satz wird als Additional Margin für die Margin-Gruppe erhoben.

17.9 Sicherung der Margin-Verpflichtung

Eine Margin kann in Geld oder in Wertpapieren hinterlegt werden. Grundsätzlich sind dabei verschiedene Währungen zugelassen; allerdings muss dabei beachtet werden, dass das Währungsrisiko zur Verminderung der Sicherheitsleistung führen kann. Gleichzeitig können auch Sicherheitsabschläge für hinterlegte Wertpapiere vorgenommen werden.

17.10 Settlement-Preis

Der Settlement-Preis ist der letzte Preis eines Börsentages. Sollte in einem Produkt, einer Serie, oder einem Kontrakt kein Preis festgestellt worden sein, so wird von der Eurex Clearing AG ein Settlement-Preis errechnet. Die Settlement-Preise des letzten Handelstages nennt man Final-Settlement-Preise; häufig werden sie auch als Schlussabrechnungspreise bezeichnet.

17.11 Was ist ein Margin-Call – aus Investorensicht?

In diesem Abschnitt wird exemplarisch dargestellt, wie ein **Margin-Call** aus Investorensicht auftreten bzw. ablaufen kann. Kann ein Investor seinen Verbindlichkeiten (Stellung von Sicherheiten) nicht mehr nachkommen, so ergeht an ihn, von seiner Bank / Broker, ein formeller Margin-Call. In diesem Schreiben wird er aufgefordert, seine Sicherheiten entsprechend den Anforderungen zu verstärken. Dies geschieht unter der Androhung eines Zwangsclosing, der so genannten Liquidation, der Positionen. Kommt der Investor der Aufforderung nicht nach, wird diese nach Ablauf der vereinbarten zeitlichen Frist durchgeführt. In der Praxis ist es eher selten, dass Investoren diesen Aufforderungen nicht nachkommen wollen. Um es erst gar nicht so weit kommen zu lassen, haben die Banken und Broker Sicherheitssysteme eingeführt, welche frühzeitig eine Reaktion des Investors erforderlich machen. Dabei werden Broker / Bank und Inestor im Gespräch versuchen eine Lösung zu finden. Ist es möglich, aufgrund dieses Gespräches den Margin Call aus dem Weg zu räumen, so erfolgen keine weiteren Maßnahmen. Erst bei Nichterfüllung ergeht der formelle Margin Call. Kommt es zur Zwangsliquidation, so werden so viele Positionen geclosed bis die gestellte Margin wieder zur erforderlichen Margin passt.

17.12 Wie läuft die Zwangsliquidation aus Bank- oder Brokersicht?

Kommt es im Worst Case zu einer Zwangsliquidation, so ist diese genau zu dokumentieren und nach Möglichkeit das Geschäft mit dem Kunden einzustellen. Denn die Gefahr, dass es wieder zu einer Unterdeckung oder Zahlungsunfähigkeit des Investors kommt, ist groß. Hier muss die Bank bzw. der Broker seiner Sorgfaltspflicht nachkommen und den Kunden von Investitionen an den Terminbörsen fernhalten. Festzuhalten ist ebenfalls, dass immer nur so viele Positionen geschlossen werden, wie zur Margin-Deckung notwendig sind. Auch sollte homogen über das gesamte Positionsbuch verteilt geschlossen werden – also nicht eine einzige, große Position, sondern verschiedene Teilpositionen. Andernfalls könnte es passieren, dass der Investor in der geschlossenen Position einen Gewinn, aber in den noch offenen einen Verlust erleiden würde – das wäre nicht zu rechtfertigen. Wenn möglich sollte eine Liquidation mit dem Investor abgestimmt werden. Ist dieser nicht bereit, aktiv daran mitzuwirken, so ist eine Zwangsliquidation einzuleiten und der Investor zeitnah mit den Folgen und den getroffenen Entscheidungen zu konfrontieren. Er muss diese Informationen umgehend erhalten, um reagieren zu können.

Zusammenfassung:

Als Margin bezeichnet man die Sicherheitsleistung, die benötigt wird, um die Marginanforderung der Terminbörse decken zu können. Sie wird entweder in Geld oder lombardfähigen Wertpapieren gestellt. Die Margin-Berechnung hat zum Ziel, das Glattstellungsrisiko bis zum nächsten Börsentag auszuschließen bzw. abzudecken. Future-Positionen werden nach jedem Börsenschluss bewertet und ein Gewinn- und Verlustausgleich vorgenommen. Diese Margin nennt man Variation Margin. Sie wird in Geld ausgeglichen. Die Buchung hierfür findet börsentäglich nach Feststellung des Settlement-Preises statt.

Anhang

A.1 Fragen und Aufgaben

Dieses Kapitel soll Prüfungsfragen der vorangegangenen Materie aufzeigen. Somit soll die Möglichkeit einer Lernzielkontrolle gegeben werden. Die Fragen und Aufgaben beziehen sich allesamt auf die Themen
der vorangegangenen Kapitel.

A.1.1 Fragen

Frage 1
Bewerten Sie die Aussage, dass Termingeschäfte eine Erfindung der Neuzeit sind
und erst seit Mitte der 1980er Jahre gehandelt werden können.

Frage 2
Beurteilen Sie das Wort Derivat dem Wortursprung her, und erklären Sie es in der
heutigen Deutung für die Finanzmärkte.

Frage 3
Welche beiden Grundsausrichtungen kann ein Investor in Derivaten haben?

Frage 4
„Zinsen und Dividenden haben direkten und indirekten Einfluss auf die Preisbildung von Derivaten." Ist diese Aussage korrekt?

Frage 5
Ist es korrekt, dass in den USA meist die Zinsstrukturkurve besprochen wird und
in Europa die Renditekurve?

Frage 6
Wie nennt man die Differenz zwischen Zinsen am langen und am kurzen Ende?

Frage 7

Was unterscheidet einen Forward von einem Future?

Frage 8

Was genau ist ein Future?

Frage 9

Ist es korrekt, dass eine Option ein Wahlrecht beinhaltet, welches der Verkäufer ausuben kann?

Frage 10

Beurteilen Sie diese Aussage: Wird eine Option nicht ausgeübt, so erhält der Käufer am letzten Handelstag seine Optionsprämie zurück.

Frage 11

Mit welchen Bestandteilen sind Optionen standardisiert?

Frage 12

Welche Marktteilnehmer sind an der Terminbörse vorhanden?

Frage 13

Welcher der Marktteilnehmer hat einseitig offene Positionen?

Frage 14

Aus welchen Terminbörsen entstand die Eurex?

Frage 15

Beurteilen Sie diese Aussage: Ein Market Maker muss jede Anfrage beantworten.

Frage 16

Beurteilen Sie dieses Aussage: Es wird nicht zwischen den einzelnen Clearing-Zulassungen unterschieden.

Frage 17

Aus welchen beiden Komponenten besteht der Optionspreis in der Regel?

Frage 18

Kann eine der Komponenten negativ sein?

Frage 19

Wann ist eine Call-Option im Geld?

Frage 20

Beurteilen Sie folgende Aussage: Der Preis einer Option steigt zum Laufzeitende exponentiell an.

Frage 21

Vervollständigen Sie nachfolgende Lehraussage: Optionen mit einer kurzen Restlaufzeit…

Frage 22

Beurteilen Sie nachfolgende Aussage: Das vorzeitige Ausüben einer Option ist unvorteilhaft, da viel Zeitwert verloren geht.

Frage 23

„Die Volatilität gibt die Schwankungsrichtung eines Instrumentes an." Ist diese Aussage korrekt?

Frage 24

Ergänzen Sie nachfolgende Tabelle:

Einflussparameter	Optionspreis Call	Optionspreis Put
Underlying		
Volatilität		
Restlaufzeit		
Marktzins		
Dividendenzahlung		
amerikanisch		
europäisch		

Frage 25
Vervollständigen Sie diese Aussage: Rho ist bei einem Long Call und bei einem Short Put immer …

Frage 26
Das Black-Scholes-Modell geht davon aus dass die Wertveränderung normalverteilt ist. Ist dies korrekt?

Frage 27
Beim Binominalmodell wird zwischen rekombinierbaren und nicht rekombinierbaren Bäumen unterschieden. Welche kommen bei der Bestimmung von Optionen des amerikanischen Typs zum Einsatz?

Frage 28
Nennen Sie die 4 Grundpositionen des Optionshandels

Frage 29
Welcher maximale Gewinn kann ein Short-Option-Investor machen?

Frage 30
Vervollständigen Sie nachfolgende Tabelle:

	Grundeinstellung	Geschäft
Long Put		
Short Put		

Frage 31
Wie berechnet man die Hedge Ratio für einen Delta Hedge?

Frage 32
Was versteht man unter einem Short Straddle?

Frage 33
Beurteilen Sie diese Aussage: Bei einem Credit Bear Spread geht der Investor von einem stark steigenden Markt aus.

Frage 34
Was versteht der Investor unter „ultrakurzen" Investments?

Frage 35
Beurteilen Sie nachfolgende Aussage: Beim Future-Handel wird ein bereits getätigtes Geschäft mit einem Gegengeschäft geschlossen.

Frage 36
Welche Arten von Lieferverfahren gibt es beim Future-Handel? Nennen Sie je ein Beispiel.

Frage 37
Ein Long-Euro-Bund-Future®-Investor rechnet mit einem …

Frage 38
Wie berechnet man den Future-Preis?

Frage 39
Beurteilen Sie nachfolgende Aussage: Ein Future-Preis kann eine positive oder negative Basis ausweisen.

Frage 40
Was versteht man unter einem Intrakontrakt-Spread?

Frage 41
Was versteht man unter Cash-and-Carry-Arbitrage?

Frage 42
Vervollständigen Sie nachfolgende Grafik.

Eine Option auf den Future wird wie folgt beliefert:

Optionskontrakt	Future
Long Call	
Short Call	
Long Put	
Short Put	

Frage 43

Synthetische Formen von Derivate entstehen durch Kombination. Ergänzen Sie die unten stehende Tabelle:

Synthetische Form eines:	Kombinationsform aus:		
	Call-Option	Put-Option	Future
Long Call			
Short Call			
Long Put			
Short Put			

Synthetische Form eines:	Kombinationsform aus:		
	Call-Option	Put-Option	Future
Long Future			
Short Future			

Frage 44

Was ist ein Deport?

Frage 45

Was gleicht der Swap-Satz aus?

Frage 46

Was verstehen wir unter Contango und Backwardation?

Frage 47

Kann der Verfallstag an der Eurex vor dem 15. eines Verfallsmonats liegen?

Frage 48

Was versteht man unter Pyramiding?

Frage 49

Was versteht man unter einem Roll-Over?

Frage 50
Was ist die Margin?

Frage 51
Was ist ein Margin Call?

Frage 52
Was deckt man mit der Additional Margin ab?

Frage 53
„Bei Long-Optionen muss man keine Margin hinterlegen." Stimmt diese Aussage?

Frage 54
Wer handelt hauptsächlich Kreditderivate?

Frage 55
Was ist ein Swap?

Frage 56
Ein Investor möchte auf seine bestehenden Positionen dieselbe Anzahl neue Positionen aufbauen, da sich die Marktsituation gegen ihn entwickelt hat. Was raten Sie ihm?

Frage 57
Bei einem Ihrer Investoren droht am Folgetag ein Margin Call. Was unternehmen Sie?

Frage 58
Beurteilen Sie die nachfolgende Aussage: Ein Portfolio, welches mit Optionen und Futures aufgebaut wird, ist stabiler als ein Portfolio, welches nur mit Optionen aufgebaut wurde.

Frage 59
Erhält ein Investor in Optionen Dividende für das Underlying?

Frage 60
Was ist die Variation Margin?

Frage 61
Ein Bear Spread erreicht sein Gewinnmaximum, wenn der Kurs des Underlying am Verfallstag wo notiert?

Frage 62

Der Terminkurs von EUR zum USD weißt einen Deport aus. Was bedeutet dies?

Frage 63

Bei einem Währungspaar besteht jeweils dasselbe Zinsniveau. Welche Auswirkung auf den Swap-Satz sehen Sie?

Frage 64

Ergänzen Sie: Der Verkäufer eines Future hat die Verpflichtung, ……..

Frage 65

Ein Investor möchte sein DAX®-Depot absichern. Welche Möglichkeiten hat er?

Frage 66

Welche Verfallstermine stehen beim Indexfuture-Handel an der Eurex immer zur Verfügung?

Frage 67

Wann spricht man von Basiskonvergenz, und wie tritt sie ein?

Frage 68

Die von der Clearingstelle für das Eingehen und Halten einer Terminmarktposition eingeforderte Margin sichert welche Komponenten?

Frage 69

Was versteht man unter Exchange Minimum Margin?

Frage 70

Was ist ein CCW?

A.1.2 Antworten

Hier erhalten Sie die Antworten auf die vorangestellten Fragen und Aufgaben. Bei den Lösungen wurde auf eine präzise und dennoch knappe Antwort wertgelegt.

Antwort 1

Die Aussage ist so nicht korrekt. Es ist zwar richtig, dass ein liquider Handel in Finanztermingeschäften erst seit Mitte der 1980er Jahre existiert, doch sind uns bereits aus dem Jahr 2000 vor Christus erste Formen von Termingeschäften bekannt. Im Römischen Reich wurden ebenfalls Termingeschäfte abgeschlossen. Die Muttergeschäfte sind Warentermingeschäfte, aus denen sich die heutigen Termingeschäfte etabliert haben.

Antwort 2

Das Wort Derivat kommt aus dem lateinischen „derivare" (ableiten) und heißt folglich so viel wie „das Abgeleitete" oder „der Abkömmling". In Bezug auf unsere Thematik ist damit gemeint, dass bei einem Termingeschäft (Derivat) nicht das Underlying selbst gehandelt wird, sondern lediglich ein „davon abgeleitetes Produkt". Über dieses ist das Termingeschäft mit dem Underlying verbunden, welche z.B. die Preisgestaltung bestimmt.

Antwort 3

Ein Investor bedient sich eines Termingeschäftes entweder, um eine bereits getätigte oder in Zukunft anstehende Investition zu sichern – dann ist er ein Hedger. Oder er möchte auf eine Marktbewegung spekulieren (bzw. rechnet mit einer solchen) und investiert deshalb in das Derivat: In diesem Fall nennt man ihn Spekulant.

Antwort 4

Ja, die Annahme ist korrekt. Durch die Zahlung von Dividenden bzw. die Zinsen wird der Preis des Derivates direkt und indirekt beeinflusst.

Antwort 5

Nein, diese Aussage ist nicht korrekt. In den USA wird die Renditekurve (Yield-Kurve) besprochen und in Europa die Zinsstrukturkurve.

Antwort 6

Diese Differenz nennt man Term Spread.

Antwort 7

Ein Forward ist ein nicht standarisierter Future. Die Vertragselemente können bilateral vereinbart werden. Forwards werden aufgrund ihrer Individualität nicht an der Börse gehandelt.

Antwort 8

Bei einem Future handelt es sich um ein unbedingt zu erfüllendes Termingeschäft, welches beide Seiten bindet. Der Käufer eines Future setzt auf das Steigen des Underlying, der Verkäufer auf ein Fallen. Der Future muss am Laufzeitende unbedingt erfüllt werden. Nur durch ein Gegengeschäft kann man sich aus der Verpflichtung lösen.

Antwort 9

Nein, die Aussage ist nicht korrekt. Eine Option besitzt zwar im Gegensatz zum Future ein Wahlrecht, aber die Ausübung liegt beim Käufer und nicht beim Verkäufer.

Antwort 10

Diese Aussage ist nicht korrekt. Wird eine Option nicht ausgeübt, verfällt diese am letzten Handelstag. Die bezahlte Optionsprämie verbleibt selbstverständlich beim Verkäufer. Er hat einen absoluten Gewinn erzielt.

Antwort 11

Underlying, Quantität, Qualität, Basispreis, Laufzeit, Handelszeit und Handelsort

Antwort 12

Spekulant, Arbitrageuer, Spreader, Hedger

Antwort 13

Das ist der Spekulant. Denn dieser engagiert sich nur aus einem Grund: Er will einen maximalen Gewinn erzielen. Daher geht er offen ins Obligo; das Risiko ist ihm bewusst.

Antwort 14

Die Eurex ist aus der DTB (Deutscher Terminbörse GmbH) und der SOFFEX (Terminbörse Schweiz) hervorgegangen.

Antwort 15
Nein, ein Market Maker muss nur für die übernommene Verpflichtung einstehen. Dabei werden in der Regel 50 bis 85 Prozent aller Anfragen beantwortet. Überschreiten die Anfragen 150 pro Tag, kann der Market Maker weitere Anfragen ablehnen.

Antwort 16
Falsch. Man unterscheidet zwischen General-Clearing-Lizenz, Direct-Clearing-Lizenz und Non Clearing Membership. Die jeweiligen Lizenzen sind an das haftende Eigenkapital gebunden.

Antwort 17
Der Optionspreis besteht meist aus dem Zeitwert und dem Inneren Wert

Antwort 18
Nein: Der Innere Wert kann Null sein, aber nicht negativ.

Antwort 19
Eine Option ist im Geld, wenn sie einen Inneren Wert aufweist. Dazu muss der Kurs des Underlying über dem Basispreis der Option sein.

Antwort 20
Die Aussage ist falsch. Der Preis einer Option fällt zum Laufzeitende exponentiell ab. Am letzten Handelstag besteht die Option nur noch aus dem Inneren Wert. Weist die Option keinen Inneren Wert aus, so verfällt sie wertlos.

Antwort 21
… sollten verkauft werden.

Antwort 22
Die Aussage ist korrekt.

Antwort 23
Nein, die Volatilität gibt nur die Schwankungsintensität, jedoch nicht deren Richtung an. Die Volatilität ist das statistische Maß für die Schwankung des Underlying innerhalb eines gewissen Zeitraums um deren Mittelwert.

Antwort 24

Einflussparameter		Optionspreis Call	Optionspreis Put
Underlying	steigt	steigt	fällt
	fällt	fällt	steigt
Volatilität	steigt	steigt	steigt
	fällt	fällt	fällt
Restlaufzeit	fällt	fällt	fällt
Marktzins	steigt	steigt	fällt
	fällt	fällt	steigt
Dividendenzahlung			
amerikanisch		fällt	steigt
europäisch		gleich bleibend	gleich bleibend

Antwort 25
… positiv.

Antwort 26
Nein, die Wertveränderung ist exponentiell verteilt und voneinander abhängig. Benoît Mandelbrot hat dies mit seinen Studien aufgezeigt und bewiesen.

Antwort 27
Die nicht rekombinierbaren Bäume kommen bei pfadunabhöngigen Optionen zum Einsatz.

Antwort 28
Long Call
Short Call
Long Put
Short Put

Antwort 29
Der maximale Gewinn ist die bereits bei Abschluss der Option vereinnahmte Prämie.

Antwort 30

	Grundeinstellung	Geschäft
Long Put	sinkendes Underlying	muss Prämie bezahlen; kann ggf. verkaufen
Short Put	gleich bleibendes, leicht steigendes Underlying	erhält als Stillhalter die Prämie und muss evtl. abnehmen

Antwort 31

$$\text{\# Kontrakte} = \frac{\text{Aktienanzahl}}{\text{Kontraktgröße}} \times \frac{1}{\text{Delta der Option}}$$

Antwort 32

Ein Short Straddle ist eine Optionskombination, bei der sowohl Calls als auch Puts mit demselben Basispreis und demselben Verfall verkauft werden. Der Investor geht von einem nicht sehr stark schwankenden Marktumfeld für das Underlying aus.

Antwort 33

Die Aussage ist falsch. Der Investor geht von einem seitwärts, leicht steigenden Markt aus.

Antwort 34

Es handelt sich um sehr kurze Trades, die oft als Intraday Trades aufgebaut sind. Der Investor geht von einem besonderen Movement im Underlying aus.

Antwort 35

Die Aussage ist korrekt.

Antwort 36

1. Physische Belieferung
   Beispiel: Renten-Future
2. Barausgleich
   Beispiel: Indexfuture

Antwort 37

… fallendes Zinsniveau.

Antwort 38

Spotpreis + Cost of Carry = Future-Preis

Cost of Carry = Nettofinanzierungskosten
(Finanzierungskosten – entgangene Erträge)

$$Future Preis = C_t + \left(C_t \times r_c \times \left(\frac{T-t}{360} \right) \right) - d_{t,T}$$

C_t = Basiswert, z.B. Indexstand
r_c = Geldmarktzinssatz (In Prozent; actual/360)
t = Valuta der Kassamarkttransaktionen
T = Erfüllungstag eines Future
$T-t$ = Restlaufzeit eines Future
$d_{t,T}$ = Erwartete Dividendenzahlungen im Zeitraum t bis T

Antwort 39

Die Aussage ist korrekt.

Antwort 40

Ein Intrakontrakt-Spread ist eine Spread-Operation in denselben Futures mit unterschiedlichen Verfallsangaben.

Antwort 41

Bei Cash-and-Carry-Arbitrage versucht man, Marktungleichgewichte auszunutzen: Man verkauft den Future (weil er zu teuer ist) und kauft die Kasse (weil diese gegenüber dem Future zu preiswert erscheint). Der Profit ergibt sich aus der Differenz zwischen den beiden.

Antwort 42

Optionskontrakt	Future
Long Call	Long Future
Short Call	Short Future
Long Put	Short Future
Short Put	Long Future

Antwort 43

synthetische Form eines:	Kombinationsform aus:		
	Call Option	**Put Option**	**Future**
Long Call		Long	Long
Short Call		Short	Short
Long Put	Long		Short
Short Put	Short		Long

synthetische Form eines:	Kombinationform aus:		
	Call Option	**Put Option**	**Future**
Long Future	Long	Short	
Short Future	Short	Long	

Antwort 44
Bei einem Deport handelt es sich um einen Abschlag im Handel mit Devisen. Das Gegenstück zum Deport ist der Report (Aufschlag)

Antwort 45
Die Zinsdifferenzen zwischen den beiden Währungen.

Antwort 46
Es handelt sich dabei um Notierungsformen von Warentermingeschäften. Contango bedeutet, dass der Future über dem Spot-Preis notiert; Backwardation bedeutet, dass er unter dem Spot-Preis liegt.

Antwort 47
Nein, da es sich immer um den 3. Freitag im Monat handelt und dieser frühestens der 15. eines Monats sein kann.

Antwort 48

Unter Pyramiding versteht man den Aufbau von Kontrakten im Pyramidensystem als Erweiterungsstrategie bzw. als Erweiterungen im Verlustfall. Auf eine größere Anzahlt wird dabei immer eine kleinere aufgebaut.

$$XXX$$
$$XXXX$$
$$XXXXX$$

Antwort 49

Ein Roll-Over ist eine Verlängerung des Termingeschäftes über den ursprünglichen Verfallszeitpunkt hinaus. Dabei wird das „alte" Geschäft geschlossen und zeitgleich ein neues aufgemacht. Ist dieses ohne finanziellen Aufwand möglich, so spricht man von einem prämienneutralen Roll-Over.

Antwort 50

Unter einer Margin versteht man eine Sicherheitsleistung für Termingeschäfte. Die Margin ist entweder in Cash oder in Wertpapieren (mit Sicherheitsabschlag) zu stellen. Kann ein Investor die geforderte Margin nicht mehr stellen, so ergeht an ihn ein Margin Call.

Antwort 51

Ein Margin Call ist eine formelle Aufforderung zur Verstärkung der Sicherheiten. Sollte diesem nicht nachgekommen werden, droht die Zwangsliquidation.

Antwort 52

Die Additional Margin dient dazu, die bis zum nächsten Börsentag evtl. auftretenden zusätzlichen Glattstellungskosten abzudecken. Hierbei handelt es sich um eine Worst-Case-Szenariorechnung.

Antwort 53

Ja, die Aussage ist korrekt. Ist die Prämie bezahlt, so sind keine weiteren Risiken im Worst Case Fall abzudecken.

Antwort 54

Kreditderivate werden hauptsächlich von großem Adressen bzw. institutionellem Investoren gehandelt. Sie dienen der Absicherung von Ausfallrisiken im Kreditbereich.

Antwort 55

Ein Swap ist ein außerbörsliches Termingeschäft, welches den Austausch von zwei Zahlungsströmen beinhaltet. Swaps werden meist grundgeschäftbezogen eingesetzt.

Antwort 56

Von einer solchen Erweiterung der Strategie ist eindeutig abzuraten. Der Investor würde durch das Verdoppeln der Position sein Risiko um ein Vielfaches erhöhen. Als Ultima Ratio ist eine Erweiterung im Pyramidenverfahren anzuraten.

Antwort 57

Das Wichtigste ist das frühzeitige Informieren des Investors, wobei er auf die Risiken hinzuweisen ist. Kann er die Margin verstärken, können die Altpositionen offen bleiben. Dennoch ist über die Sinnhaftigkeit nachzudenken. Ist ein Verstärken der Margin nicht möglich, ist ein aktives Positionsmanagement dringend anzuraten. Lässt sich der Investor darauf nicht ein, ist dies unbedingt und umfangreich zu dokumentieren.

Antwort 58

Die Aussage ist korrekt. Durch die „Delta-1-Instrumentalisierung" des Futures ist (eine konsequente Strategie vorausgesetzt) das Portfolio stabiler.

Antwort 59

Nein, der Options-Investor erhält keine separate Dividende.

Antwort 60

Bei der Variation Margin handelt es sich um den täglichen Gewinn- und Verlustausgleich bei Future-Positionen. Diese Margin wird in Cash hinterlegt. Es findet dazu jeden Tag, nach Börsenschluss, eine Buchung auf dem Kundenkonto statt.

Antwort 61

Der Kurs des Underlying muss am Basispreis des verkauften Put notieren.

Antwort 62

Die Währung (EUR) kann per Termin niedriger als per Kasse gekauft werden.

Antwort 63

Der SWAPSATZ ist 0, da es keine Zinsdifferenz auszugleichen gibt.

Antwort 64

… am Liefertag das Underlying in der festgelegten Quantität und Qualität an den Käufer des Futures zu liefern.

Antwort 65

Er kann sowohl Strategien mit Long Puts wie auch mit Short Futures aufbauen. Eine weitere, aber nicht ratsame Alternative ist das Verkaufen der Positionen. Man entledigt sich dadurch zwar des Risikos, aber auch jeglicher Gewinnchance; zudem fallen Transaktionskosten an.

Antwort 66

Verfallstermine sind i.d.R. die nächsten drei Quartalsendmonate.

Antwort 67

Basiskonvergenz tritt am letzten Handelstag des Futures sein. Der Future-Preis entspricht nun dem Spot-Preis. Es besteht keine Cost of Carry mehr. Der Future ist gleich dem Kassapreis.

Antwort 68

Diese Margin sichert die Erfüllungsbereitschaft und -fähigkeit der vertragsschließenden Marktteilnehmer (und deckt folglich das Erfüllungsrisiko ab). Dabei wird das Worst-Case-Szenario zu Grunde gelegt.

Antwort 69

Die Exchange Minimum Margin ist die geringste Margin-Anforderung der Terminbörse selbst, ohne etwaige Aufschläge. Diese Margin wird z.B. für tief aus dem Geld liegende Optionen berechnet. Sie entspricht in der Regel (Eurex Risk Based Margining) einem Viertel des Margin-Parameters plus den Wert der Option (Settlement-Preis).

Antwort 70

Ein CCW ist ein gedeckter, also durch Aktienbestände gesicherter Short Call. Diese Strategie wird auch Renditezusatzstrategie genannt. Dem Investor kommt es auf die vereinnahmte Prämie an. Muss er die Aktien liefern, so kann er dies durch den vorhandenen Bestand ausführen.

A.2 Glossar

Additional Margin
Die Additional Margin dient dazu, zusätzliche Glattstellungskosten abzudecken, wie sie bei ungünstiger Marktentwicklung anfallen könnten

Amerikanische Optionen
Optionen, die an jedem Börsentag ausgeübt werden können

Am Geld
Der Ausübungspreis der Option entspricht in etwa dem aktuellen Kurs.

Arbitrage
Bei der Arbitrage nutzt man Kursunterschiede zwischen zwei Ausführungsplätzen am selben Handelstag (zur selben Handelszeit). Durch Kauf und gleichzeitigen Verkauf wird Arbitrage betrieben.

Arbitrageur
So wird ein Investor genannt, welcher Arbitrage betreibt.

Ask (Brief)
Kurs, zu dem ein Marktteilnehmer bereit ist zu verkaufen.

Aufgeld (Agio)
Das Agio ist ein Aufgeld, somit ein Mehrpreis, welcher zu bezahlen ist. Im Aufgeld wird bei Optionen der Zeitwertaufschlag angegeben.

Aus dem Geld
Der Ausübungspreis ist vom aktuellen Kurs entfernt und bei einem Call niedriger und bei einem Put höher.

Ausübung/Assignement
Durch die Ausübung einer Long Option muss ein Short Investor seiner Erfüllung nachkommen.

Ausübungspreis	Preis, zu welchem die Option ausgeübt wird.
Averaging	Mittels Averaging wird versucht, für eine längerfristige Position einen guten Durchschnittskurs zu erreichen. Dies gilt vor allem für Positionserweiterungen. Da jedoch dieselbe Anzahl wie in der Ursprungsposition gehandelt wird, ist das Risiko nicht zu vernachlässigen. Verbilligungstrategien sind als Ultima Ratio anzusehen.
Backwardation	Der Terminmarktpreis des Future liegt niedriger als der Spotmarktpreis.
Barausgleich	Wird ein Termingeschäft nicht physisch beliefert, sondern in bar ausgeglichen (z.B. Indexfuture) so spricht man vom Barausgleich.
Basis	Differenz zwischen Basiswertkurs und dem Future-Preis. Die Basis kann negativ und positiv sein.
Basiswert	Der Basiswert (auch Underlying) ist der dem Derivat zugrunde liegende Basiswert (Aktie; Index; etc.).
Basispreis	Preis, den man bei Ausübung der Option bezahlt bzw. erhält.
Basiskonvergenz	Future- und Spot-Preis entsprechen sich. Dies ist am letzten Handelstag der Fall.
Beta	Gibt die Sensibilität eines Einzelwertes oder Portfolio zum Gesamtmarkt an
Bid (Geld)	Preis, zu dem ein Marktteilnehmer kaufen würde.
Binominalmodell	Modell, welches von Cox, Ross & Rubinstein zur Bestimmung der Optionspreise entwickelt wurde.

Black-Scholes-Modell	Berechnungsmodell für die theoretischen Optionspreiskurse
Call	Recht, etwas zu einem im Vorhinein festgelegten Preis zu kaufen (auch: Kaufoption)
Cash-and-Carry-Arbitrage	Verkauf Future und Kauf Kasse
CCW	„Covered Call Writing": Gedeckter und verkaufter Call. Die Aktien, welche evtl. geliefert werden müssen, befinden sich beim Investor im Depot.
CTD	„Cheapest to deliver": Die günstigste zu liefernde Anleihe.
Contango	Der Future-Preis ist höher als der Spot-Preis.
Convenience Yield	Ertrag für das Halten eines physischen Gutes, welcher in die Berechnung des Commodity-Future-Preises eingehen kann.
Cost of Carry (CoC)	Finanzierungskostenaufschlag beim Future-Preis. Die CoC entspricht der Basis.
Cross Rate	Wird eine Drittwährung über zwei andere gehandelt, so spricht man von einem Cross Rate.
Delta	Betrag, um welche sich der Optionspreis ändert, wenn sich der Basiswert um eine Einheit verändert.
Deport	Abschlag bei einem Devisengeschäft
Derivat	„Ableitung": Derivate sind von Kassageschäften abgeleitete Geschäfte. Das Kassageschäft selbst wird dabei nicht gehandelt.
Europäische Option	Option, die nur zum Ende der Laufzeit ausgeübt werden kann (z.B. Index-Optionen)

Exchange-Minimum-Margin	Die von der Terminbörse als Minimum vorgegebene Margin ohne Aufschläge bzw., bei tief aus dem Geld liegenden Kontrakten, die geringste zu leistende Margin.
Exotische Optionen	Optionen, bei denen Rechte hinzugekommen oder nicht mehr vorhanden sind. Sie dienen als Grundlage für strukturierte Produkte und werden OTC gehandelt.
Fälligkeitsdatum/Verfall	Gibt die Fälligkeit (den Verfall) des Termingeschäftes an. In der Regel ist dies der 3. Freitag im Monat.
Future	Unbedingtes Termingeschäft
Future Style Options	Optionen, welche auf Futures lauten und einen täglichen Gewinn- und Verlustausgleich beinhalten.
Future-Spread-Margin	Auf Future-Spread-Positionen zu hinterlegende Margin
Gamma	„Delta vom Delta" – gibt an, wie sich das Delta verändert, wenn sich das Underlying verändert.
Glattstellung	Auch Closing genannt. Man löst sich aus einem Termingeschäft durch ein Gegengeschäft
Hard Commodities	Warentermingeschäfte auf harte Waren wie Gold oder Silber. Das Pendant dazu sind Soft Commodities.
Hede Ratio	Anzahl der benötigten Kontrakte zum Aufbau einer Hedge-Strategie
Hedging	Absicherung von bestehenden Positionen oder Positionen, welche in der Zukunft eingegangen werden sollen.
Hedger	Investor, der sich gegen Marktentwicklungen absichern will.

Hexensabbat	Der 3. Freitag im Quartalsendmonat (auch: „dreifach großer Verfallstag"). An diesem Tag verfallen gleichzeitig Optionen auf Einzelwerte, Optionen auf Indices und Futures.
Implizierte Volatilität	Volatilität, welche im Optionspreis widergespiegelt wird. Es handelt sich um die gehandelte Volatilität.
Im Geld	Die Option ist im Geld, wenn bei einem Call der Kurswert über dem Basispreis und bei einem Put unter dem Basispreis notiert.
Initial Margin	Margin, welche für einen Future-Kontrakt hinterlegt werden muss. Oft wird sie auch als Additional Margin angegeben.
Innerer Wert	Differenz zwischen Kassapreis und Ausübungspreis der Option. Dieser kann nie negativ, jedoch Null sein.
Inter-Market Spread	Der Investor verkauft denselben Kontrakt an zwei unterschiedlichen Börsen und nutzt so die Preisunterschiede zwischen beiden Börsenplätzen aus.
Interkontrakt-Spread	Zwei Futures mit unterschiedlichen Kontraktspezifikationen werden gegenseitig gehandelt.
Intrakontrakt-Spread	Es werden Futures auf dasselbe Underlying mit unterschiedlichen Verfallstagen gehandelt.
Kontrakt	Mindestabschluss bzw. Quantität eines Termingeschäftes.
Kombinationen	Bei Kombinationen, werden mindestens zwei verschiedene aber zueinander gehörende Termingeschäfte gehandelt. Diese sollten nicht einseitig aufgelöst und stets als Gesamtposition betrachtet werden.

Korrelationskoeffizient	Gibt an, ob sich ein Wert mit oder gegen den Markt bewegt.
Kreditderivat	Derivat welches Kreditrisiken beinhaltet. Diese werden OTC, verbrieft und an Terminbörsen gehandelt.
Leverage	„Hebelwirkung", die entsteht, wenn mit kleinen Kapitaleinsätzen große Volumina bewegt werden können.
Long Position	Gekaufte Termingeschäfte
Margin	Sicherheitsleistung, welche für Termingeschäfte hinterlegt werden muss. Dabei unterscheidet man zwischen verschiedenen Margin-Arten und -Berechnungen.
Margin Call	Formale Aufforderung zur Verstärkung der Margin. Diese ist verbunden mit der Androhung zum Zwangs-Closing bei Nichterfüllung.
Mark to Market	Tägliche Neubewertung der Futures bzw. der Optionen auf Futures im täglichen Gewinn- und Verlustausgleich
Option	Bedingtes Termingeschäft, das ein Wahlrecht des Käufers enthält
Optionspreis	Auch Prämie genannt: Der Preis, welche für eine Option bezahlt werden muss.
OTC	„Over the counter": bezeichnet ein individuelles, außerbörsliches Geschäft.
Plain Vanilla	Bezeichnung für ein einfaches Konstrukt, bei dem alles standardisiert ist.
Put	Verkaufsoption
Pyramiding	Aufbau von Positionen im Pyramidensystem. Eine zu empfehlende Erweiterungsstrategie.

Prämie	s. Optionspreis
Premium Margin	Ist vom Stillhalter einer Optionsposition zu hinterlegen und soll die Glattstellungskosten decken.
Premium Based Methode	Margin-Modell der US Terminbörsen: Dieses kompensiert keine Positionen.
Reverse Cash and Carry Arbitrage	Kauf Future und Verkauf Kasse
Report	Aufschlag bei einem Devisentermingeschäft
Rho	Gibt den Einfluss von Zinsen auf den Optionspreis an.
Risikocontrolling	Aktives Controlling der bestehenden Risiken im Positionsbuch eines Investors.
Risk Based Margining	An der Eurex eingesetztes Margin-System: Hierbei kommt es zu einer Kompensation von gegeneinander stehenden Positionen.
Roll-Over	Verlängerung eines Termingeschäftes über den ursprünglichen Zeitpunkt hinaus. Dabei wird das „Altgeschäft" geschlossen und ein neues, direkt damit im Zusammenhang stehenden eröffnet.
Settlement	Belieferung eines Termingeschäftes. Diese kann physisch und durch Barausgleich erfolgen.
Settlement-Preis	Täglich zum Handelsschluss festgestellter Preis für ein Termingeschäft. Am letzten Handelstag nennt man den Settlement-Preis den Final-Settlement-Preis oder auch Schlussabrechnungspreis.
Short Option Adjustment	Berechnungsform der Exchange Minimum Margin

Short Position	Verkaufte Optionspositionen nennt man Short-Positionen
Soft Commodities	Sammelbegriff für Warentermingeschäfte, welche auf weiche Waren wie Kaffee, Orangensaft, Weizen, Mais, … lauten. Im Gegenzug davon gibt es Hard Commodities auf Gold, Silber etc.
Spekulation	Durch Spekulation soll ein Gewinn in einem Geschäft erwirtschaftet werden. Dafür ist der Spekulant bereit, Risiko zu übernehmen.
Spreader	Investor genannt, der Spreads handelt.
Spread-Position	Optionskombination mit gleichzeitigem Verkauf und Kauf von Optionskontrakten.
Straddle	Optionskombination: Gleichzeitiger Kauf oder Verkauf der gleichen Anzahl von Calls und Puts mit dem gleichen Underlying, demselben Verfallsdatum und demselben Basispreis
Strangle	Optionskombination: Gleichzeitiger Kauf oder Verkauf der gleichen Anzahl von Calls und Puts mit dem gleichen Basiswert und demselben Verfallsdatum, aber unterschiedlichen Basispreisen
Stillhalter	Short-Investor. Er hat eine Option verkauft und die Prämie erhalten.
SWAP	Bilateraler Finanzvertrag zum Austausch von Zahlungsströmen.
Swap-Satz	Gleicht die unterschiedlichen Zinsdifferenzen aus.
Synthetische Positionen	Sind Kombinationen, welche das Chancen- und Risikoprofil einer Grundposition darstellen.
Täglicher Abrechnungspreis	Bewertungspreis für alle Optionen und Futures (auch: Daily Settlement Price)

Theta	Gibt den Einfluss des Zeitwertes (bzw. des Zeitwertverfall) auf den Optionspreis an.
Underlying	Basiswert eines Derivats
Variation Margin	Tägliche Gewinn- und Verlustbuchung bei Futures und Optionen auf Futures. Diese Bewertung findet im Mark-to-Market-Verfahren statt.
Vega	Gibt den Einfluss der Volatilität auf den Optionspreis wieder
Verfallsdatum	Datum, an dem ein Termingeschäft verfällt (auch Verfallstag oder Fälligkeitstag genannt); in der Regel der 3. Freitag im Monat.
Volatilität	Ausmaß der tatsächlichen bzw. erwarteten Schwankung eines Finanzinstruments (gibt nur die Schwankungsintensität, nicht deren Richtung an). Sie kann als historische wie auch als implizite Volatilität berechnet werden
Warentermingeschäfte	Termingeschäfte, denen als Basiswerte Waren/Rohstoffe zu Grunde liegen und die folglich anderen Schwankungsgegebenheiten bzw. anderen Außeneinflüssen unterliegen als Finanztermingeschäfte.
Zeitwert	Der Teil des Optionspreises, welcher sich auf die Restlaufzeit der Option sowie deren Möglichkeit bezieht, im Geld zu enden. Der Zeitwert nimmt mit abnehmender Restlaufzeit zunehmend schneller ab.
Zwangsliquidation	Auflösung von Terminmarktpositionen, da die Margin-Höhe nicht ausreicht und der Investor keine weitere Margin stellen kann oder will.

A.3 Aktienderivate

Aktien-Futures

Basiswerte
Aktien der wichtigsten europäischen und nationalen Indizes, wie zum Beispiel Dow Jones EURO STOXX 50® Index, Dow Jones STOXX® 600 Index, DAX® oder SMI®.

Kontraktgrößen
1, 10, 50, 100, 500 oder 1.000 Aktien.

Erfüllung
Erfüllung durch Barausgleich; fällig am ersten Börsentag nach dem letzten Handelstag.

Minimale Preisveränderung
EUR 0,0005, EUR 0,01 oder CHF 0,01.

Laufzeiten
Bis zu 36 Monaten: Die zwölf nächsten aufeinander folgenden Kalendermonate sowie die zwei darauf folgenden Jahresmonate aus dem Zyklus Dezember.

Letzter Handelstag
Der dritte Freitag, für italienische Aktien-Futures der Tag vor dem dritten Freitag eines jeweiligen Fälligkeitsmonats, sofern dieser ein Börsentag ist, andernfalls der davor liegende Börsentag. Handelsschluss für die fälligen Futures am letzten Handelstag ist 17:45 Uhr MEZ.

Täglicher Abrechnungspreis
Festlegung durch Eurex. Der tägliche Abrechnungspreis für Futures-Kontrakte auf Aktien ergibt sich aus dem in der täglichen Schlussauktion festgestellten Schlusspreis des Basiswertes zuzüglich der jeweiligen Haltekosten („Cost of Carry"). Ergänzende Details entnehmen Sie den Clearing- Bedingungen auf **www.eurexchange.com**.

Schlussabrechnungspreis
Festlegung durch Eurex. Maßgeblich ist der Schlusspreis, der im elektronischen Handelssystem des Heimatkassamarktes für den jeweiligen Basiswert am letzten Handelstag ermittelt wird.

Handelszeit
09:00–17:45 Uhr MEZ.

Futures auf	Produkt-ID	Länder-kennung	Kontrakt-größe	Minimale Preisveränderung
ABB	ABBF	CH	100	0,01
Abertis Infraestructuras	ABEF	ES	100	0,01
ABN Amro Holding	AARF	NL	100	0,01
Acciona	ANAF	ES	10	0,01
Accor	ACRF	FR	100	0,01
Acerinox	ACEF	ES	100	0,01
ACS Actividades de Construcción y Servicios	OCIF	ES	50	0,01
Actelion	ATLF	CH	10	0,01
Adecco	ADEF	CH	100	0,01
Adidas	ADSG	DE	100	0,01
AEGON	AENF	NL	100	0,01
AEM	EAMF	IT	1,000	0,0005
AGF	AGEF	FR	100	0,01
Agfa-Gevaert	AGFF	BE	100	0,01
Ahold	AHOF	NL	100	0,01
Air France-KLM	AFRF	FR	100	0,01
Air Liquide	AIRG	FR	100	0,01
Akzo Nobel	AKUF	NL	100	0,01
Alcatel-Lucent	CGEF	FR	100	0,01
Alleanza Assicurazioni	AZAF	IT	500	0,0005
Allianz SE	ALVF	DE	10	0,01
Allied Irish Banks	ALBF	IE	100	0,01
Alpha Bank	ACBF	GR	100	0,01
ALSTOM RGPT	AOMF	FR	50	0,01
Altadis	TABF	ES	100	0,01
Altana	ALTF	DE	100	0,01
Anglo Irish Bank Corporation	CKLF	IE	100	0,01
Antena 3 de Televisión	YT2F	ES	100	0,01
Arkema	V1SF	FR	100	0,01
ASML Holding	ASMF	NL	100	0,01
Assicurazioni Generali	ASGF	IT	100	0,0005
Atos Origin	AXIF	FR	100	0,01
Autogrill	AULF	IT	500	0,0005
Autostrade	AOPF	IT	500	0,0005
AXA	AXAF	FR	100	0,01

Futures auf	Produkt-ID	Länder-kennung	Kontrakt-größe	Minimale Preisveränderung
Bâloise Holding	BALF	CH	100	0,01
BAM Groep	BGPF	NL	100	0,01
Banca Carige	BCAF	IT	500	0,0005
Banca Intesa	IESF	IT	1,000	0,0005
Banca Italease	B4IF	IT	100	0,0005
Banca Lombarda e Piemontese	BLFF	IT	100	0,0005
Banca Monte dei Paschi di Siena	MPIF	IT	1,000	0,0005
Banca Popolare di Milano	BPMF	IT	100	0,0005
Banca Popolare di Verona	BPVF	IT	500	0,0005
Banca Popolare Italiana	BPRF	IT	500	0,0005
Banche Popolari Unite	BPDF	IT	500	0,0005
Banco Bilbao Vizcaya Argentaria	BBVF	ES	100	0,01
Banco BPI	BPIF	PT	500	0,01
Banco Comercial Português	BCPF	PT	500	0,01
Banco de Valencia	BDVF	ES	50	0,01
Banco Espirito Santo	BATF	PT	100	0,01
Banco Pastor	BPQF	ES	50	0,01
Banco Popular Español	POPF	ES	100	0,01
Banco Sabadell	BDSF	ES	50	0,01
Banco Santander Central Hispano	SANF	ES	100	0,01
Bank of Greece	BGCF	GR	10	0,01
Bank of Ireland	BIRF	IE	100	0,01
Bank of Piraeus	BKPF	GR	100	0,01
Bankinter	BAKF	ES	100	0,01
BASF	BASF	DE	100	0,01
Bayer	BAYF	DE	100	0,01
BB Biotech	BIOF	CH	50	0,01
Beiersdorf	BEIF	DE	50	0,01
Belgacom	BX7F	BE	100	0,01
Bilfinger Berger	GBFF	DE	50	0,01
BMW	BMWF	DE	100	0,01
BNP Paribas	BNPF	FR	100	0,01
Böhler-Uddeholm	UDHF	AT	10	0,01
Bourbon	GBBF	FR	50	0,01
Bouygues	BYGF	FR	100	001
BRISA Auto-Estradas de Portugal	BRQF	PT	100	0.01
Buhrmann	BUHF	NL	100	0,01
Bulgari	BUIF	IT	1,000	0,0005
Business Objects	BUVF	FR	100	0,01
bwin Interactive Entertainment	BW9F	AT	50	0,01

Futures auf	Produkt-ID	Länder-kennung	Kontrakt-größe	Minimale Preisveränderung
C&C Group	GCCF	IE	500	0,01
Capgemini	CGMF	FR	100	0,01
Capitalia	BCRF	IT	1,000	0,0005
Cargotec	C1CF	FI	50	0,01
Carrefour	CARF	FR	100	0,01
Casino Guichard	CAJF	FR	100	0,01
Cattolica di Assicurazioni	CASF	IT	50	0,0005
Celesio	CLSF	DE	100	0,01
CEPSA Compañia Española de Petroleos	CPSF	ES	50	0,01
CGG Compagnie Générale de Géophysique	GDGF	FR	10	0,01
Christian Dior	CDIF	FR	100	0,01
Ciba Spezialitätenchemie Holding	CIBF	CH	10	0,01
Cie Financière Richemont	CFRG	CH	100	0,01
CIMPOR Cimentos de France	CPVF	PT	500	0,01
Cintra	UFGF	ES	100	0,01
Clariant	CLNF	CH	100	0,01
CNP Assurances	XNPF	FR	100	0,01
Coca-Cola Hellenic Bottling	HCBF	GR	100	0,01
Colruyt	EFCF	BE	50	0,01
Commerzbank	CBKF	DE	100	0,01
Continental	CONG	DE	100	0,01
Converium Holding	CHRF	CH	100	0,01
Corio	CL6F	NL	50	0,01
Corporación Financiera Alba	CSVF	ES	50	0,01
Corporación MAPFRE	CMAG	ES	500	0,01
COSMOTE Mobile Telecommunications	CRMF	GR	100	0,01
Crédit Agricole	XCAG	FR	100	0,01
Credit Suisse Group	CSGF	CH	100	0,01
CRH	CRGF	IE	50	0,01
CSM	CSMF	NL	50	0,01
DaimlerChrysler	DCXF	DE	100	0,01
Dassault Systèmes	DSYF	FR	100	0,01
DCC	DCCF	IE	100	0,01
Delhaize Group	DHZF	BE	100	0,01
DEPFA Bank	DEPF	DE	100	0,01
Deutsche Bank	DBKF	DE	100	0,01
Deutsche Börse	DB1F	DE	100	0,01
Deutsche Post	DPWF	DE	100	0,01
Deutsche Postbank	DPBF	DE	100	0,01
Deutsche Telekom	DTEF	DE	100	0,01
Dexia	DXBF	FR	100	0,01

Futures auf	Produkt-ID	Länder-kennung	Kontrakt-größe	Minimale Preisveränderung
E.ON	EOAG	DE	100	0,01
EADS	EADF	FR	100	0,01
Ebro Puleva	AZUF	ES	100	0,01
EFG Eurobank Ergasias	EFGF	GR	50	0,01
Eiffage	EF3F	FR	10	0,01
Elan Corporation	DRXF	IE	100	0,01
Electricité de France	E2FF	FR	100	0,01
Elisa Communications	EIAF	FI	100	0,01
Enagás	EG4F	ES	100	0,01
Endesa	ELEG	ES	100	0,01
Enel	ENLF	IT	500	0,0005
Energias de France	EDPF	PT	100	0,01
Eni	ENTF	IT	500	0,0005
Ericsson	ERCF	SE	500	0,01
Erste Bank	EBOF	AT	100	0,01
Essilor International	EFXF	FR	100	0,01
Eurazeo	RFXF	FR	50	0,01
Euronext	ENXF	NL	100	0,01
Eutelsat	E3BF	FR	100	0,01
Fastweb	EB7F	IT	100	0,0005
FCC Fomento de Con-strucciones y Contratas	FCCF	ES	50	0,01
Fiat	FIAF	IT	500	0,0005
Finmeccanica	FMNF	IT	100	0,0005
Fondiaria-Sai	SOAF	IT	50	0,0005
Fortis	FO4F	NL	100	0,01
Fortum	FOTF	FI	100	0,01
France Télécom	FTEF	FR	100	0,01
Fraport	FRAF	DE	50	0,01
Fresenius pref.	FREG	DE	100	0,01
Fresenius Medical Care	FMEG	DE	100	0,01
Fugro	FUGF	NL	100	0,01
Gamesa	GTQF	ES	100	0,01
Gas Natural SDG	GANF	ES	100	0,01
Gaz de France	GZFF	FR	100	0,01
GEA Group	G1AF	DE	100	0,01
Geberit	GBRF	CH	10	0,01
Gecina	GFCF	FR	50	0,01
Gestevisión-Telecinco	RWWF	ES	100	0,01
Getronics	GTOG	NL	100	0,01
Givaudan	GIVF	CH	10	0,01
Grafton Group	GN5F	IE	100	0,01
Groupe Bruxelles Lambert	EAIF	BE	100	0,01
Groupe Danone	BSNF	FR	100	0,01
Grupo Ferrovial	FERF	ES	100	0,01
Hagemeyer	HMYF	NL	100	0,01
Hannover Rück	HNRF	DE	100	0,01

Futures auf	Produkt-ID	Länder-kennung	Kontrakt-größe	Minimale Preisveränderung
Havas	HAVF	FR	100	0,01
HeidelbergCement	HEFF	DE	50	0,01
Heidelberger Druckmaschinen	HDDF	DE	50	0,01
Heineken	HNKF	NL	100	0,01
Heineken Holding	HEHF	NL	100	0,01
Hellenic Telecommunic ADS	OTEF	GR	100	0,01
Henkel	HENF	DE	100	0,01
Hermes International	HMIF	FR	10	0,01
Hochtief	HOTF	DE	100	0,01
Holcim	HOLG	CH	100	0,01
Huhtamaki	HUKF	FI	100	0,01
Hypo Real Estate Holding	HRXF	DE	100	0,01
HypoVereinsbank	HVMF	DE	100	0,01
IAWS Group	IW4F	IE	100	0,01
Iberdrola	IBEF	ES	100	0,01
Iberia Lineas Aereas de España	IBLF	ES	500	0,01
IFIL Investments	IILF	IT	500	0,0005
Imerys	NKFF	FR	50	0,01
IMMOEAST	I4MF	AT	100	0,01
IMMOFINANZ Immobilien Anlagen	IMOF	AT	500	0,01
InBev	ITKF	BE	100	0,01
Independent News & Media	IPDF	IE	500	0,01
Inditex	IXDG	ES	100	0,01
Indra Sistemas	IDAF	ES	100	0,01
Infineon	IFXF	DE	100	0,01
ING	INNF	NL	100	0,01
Inmobiliaria Colonial	COFF	ES	50	0,01
Irish Life & Permanent	ILBF	IE	50	0,01
Italcementi	ITAF	IT	50	0,0005
IVG Immobilien	IVGF	DE	50	0,01
JCDecaux	DCSF	FR	50	0,01
Julius Bär	BAEF	CH	10	0,01
K+S	SDXF	DE	50	0,01
KBC Groep	KDBF	BE	50	0,01
Kerry Group	KYGF	IE	50	0,01
Kesko	KEKF	FI	50	0,01
Kingspan Group	KRXF	IE	100	0,01
Klépierre	LIFF	FR	10	0,01
KONE	KC4F	FI	50	0,01
Koninklijke DSM	DSMF	NL	100	0,01
Kudelski	KUDF	CH	100	0,01
Kühne + Nagel	KNIF	CH	50	0,01

Futures auf	Produkt-ID	Länder-kennung	Kontrakt-größe	Minimale Preisveränderung
Lafarge	CILF	FR	100	0,01
Lagardère	LAGF	FR	100	0,01
LANXESS	LXSF	DE	100	0,01
Legrand	LRCF	FR	100	0,01
Linde	LING	DE	100	0,01
Lindt & Sprüngli	LISF	CH	1	0,01
Logitech	LOGF	CH	100	0,01
Lonza Group	LONF	CH	100	0,01
L'Oréal	LORF	FR	100	0,01
Lottomatica	N4GF	IT	100	0,0005
Lufthansa	LHAF	DE	100	0,01
Luxottica Group	LUXF	IT	100	0,0005
LVMH	MOHF	FR	100	0,01
M6 Metropole Television	MMTF	FR	50	0,01
MAN	MANF	DE	100	0,01
Maurel & Prom	ETXF	FR	100	0,01
Mediaset	MDSF	IT	1,000	0,0005
Mediobanca	ME9F	IT	500	0,0005
Mediolanum	MUNF	IT	500	0,0005
Meinl European Land	ODDF	AT	100	0,01
Merck	MRKF	DE	100	0,01
Metro	MEOF	DE	100	0,01
Metrovacesa	MVCF	ES	50	0,01
Metso	VLMF	FI	50	0,01
Michelin	MLXF	FR	100	0,01
Mittal Steel	ISPF	FR	100	0,01
Mobistar	MOSF	BE	50	0,01
MTU Aero Engines Holding	MTXF	DE	100	0,01
Münchener Rück	MU2F	DE	10	0,01
Natexis Banques Populaires	KNFG	FR	100	0,01
National Bank of Greece	NAGF	GR	100	0,01
Neopost	NP6F	FR	50	0,01
Neste Oil	NEFF	FI	100	0,01
Nestlé	NESF	CH	10	0,01
Nobel Biocare	NOBF	CH	10	0,01
Nokia	NO3F	FI	100	0,01
Nordea Bank	NDBF	SE	100	0,01
Novartis	NOVF	CH	100	0,01
Océ	OCEF	NL	100	0,01
OKO Bank	OKBF	FI	100	0,01
OMV	OMVF	AT	100	0,01
OPAP	GF8F	GR	100	0,01
Outokumpu	OUTF	FI	100	0,01
Pargesa Holding	PARF	CH	10	0,01
Parmalat	P4IF	IT	500	0,0005
Pernot-Ricard	PERF	FR	100	0,01

Futures auf	Produkt-ID	Länder-kennung	Kontrakt-größe	Minimale Preisveränderung
Peugeot	PEUF	FR	100	0,01
Philips	PH1F	NL	100	0,01
Phonak	PHBF	CH	50	0,01
Pirelli & C	PILF	IT	1,000	0,0005
Porsche	PORG	DE	10	0,01
Portugal Telecom SGPS	PTCF	PT	100	0,01
PPR	PPXF	FR	100	0,01
PSP Swiss Property	PSPF	CH	50	0,01
Public Power	PU8F	GR	100	0,01
Publicis Groupe	PU4F	FR	100	0,01
Puma	PUMF	DE	10	0,01
Q-Cells	QCEF	DE	100	0,01
Qiagen	QIAF	DE	100	0,01
Raiffeisen International	RAWF	AT	50	0,01
Randstad Holding	RSHF	NL	50	0,01
Rautaruukki	RKKF	FI	50	0,01
Red Eléctrica de España	RE2F	ES	50	0,01
Reed Elsevier	ELVF	NL	100	0,01
Renault	RNLF	FR	100	0,01
Repsol YPF	REPF	ES	100	0,01
Rheinmetall	RHMF	DE	50	0,01
Rhodia	RHDF	FR	500	0,01
Roche Holding	ROGF	CH	100	0,01
Rodamco Europe	RCEF	NL	100	0,01
Royal Dutch Shell	R6CF	NL	100	0,01
Royal KPN	KPNF	NL	100	0,01
Royal Numico	NUTF	NL	100	0,01
RWE	RWEF	DE	100	0,01
Ryanair	RY4F	IE	500	0,01
Sacyr Vallehermoso	VHMF	ES	50	0,01
Safran	SEJF	FR	100	0,01
Saint-Gobain	GOBF	FR	100	0,01
Saipem	SPEF	IT	50	0,0005
Salzgitter	SZGF	DE	100	0,01
Sampo	SMPF	FI	100	0,01
Sanofi-Aventis	SNWF	FR	100	0,01
SanomaWSOY	SWSF	FI	100	0,01
Sanpaolo IMI	PA5F	IT	500	0,0005
SAP	SAPG	DE	50	0,01
SBM Offshore	IHCG	NL	100	0,01
Schindler Holding	SINF	CH	50	0,01
Schneider Electric	SNDF	FR	100	0,01
SCOR	SCOH	FR	50	0,01
Seat Pagine Gialle	SP7F	IT	1,000	0,0005
Serono	SEOF	CH	10	0,01
SES Global	SESF	LU	100	0,01

Futures auf	Produkt-ID	Länder-kennung	Kontrakt-größe	Minimale Preisveränderung
SGS Surveillance Holding	SGSF	CH	10	0,01
Siemens	SIEF	DE	100	0,01
Sika	SIKF	CH	10	0,01
Snam Rete Gas	SNFF	IT	1,000	0,0005
Société BIC	BIFF	FR	50	0,01
Société Des Autoroutes Paris-Rhin-Rhône	RK9F	FR	50	0,01
Société Générale	SGEG	FR	100	0,01
Sodexho Alliance	SJ7F	FR	100	0,01
Sogecable	XSOF	ES	50	0,01
Solarworld	SWVG	DE	50	0,01
Solvay	SOLF	BE	100	0,01
Stada Arzneimittel	SAZF	DE	50	0,01
STMicroelectronics	SGMF	FR	100	0,01
Stora Enso	ENUF	FI	100	0,01
Stork	VMSF	NL	50	0,01
Straumann Holding	STMF	CH	10	0,01
Südzucker	SZUF	DE	50	0,01
Suez	LYOF	FR	100	0,01
Sulzer	SUNF	CH	10	0,01
Swatch B	UHFF	CH	10	0,01
Swatch Group	UHRF	CH	100	0,01
Swiss Life Holding	SLHF	CH	10	0,01
Swiss Re	RUKF	CH	10	0,01
Swisscom	SCMG	CH	10	0,01
Syngenta	SYNG	CH	10	0,01
Synthes	SYSF	CH	10	0,01
Technip	THPF	FR	50	0,01
Telecom Italia	TQIF	IT	1,000	0,0005
Telefónica	TEFF	ES	100	0,01
Telekom Austria	TA1F	AT	100	0,01
TeliaSonera	TLSF	FI	500	0,01
Tenaris	TENF	LU	100	0,01
Terna	UEIF	IT	1,000	0,0005
TF1	FSEF	FR	100	0,01
Thalès	CSFF	FR	100	0,01
Thomson	TNMF	FR	100	0,01
ThyssenKrupp	TKAG	DE	100	0,01
TietoEnator	TTEF	FI	100	0,01
Titan Cement	TICF	GR	50	0,01
TNT	TNTF	NL	100	0,01
TOTAL	TOTG	FR	100	0,01
TUI	TUIF	DE	100	0,01
UBS	UBSG	CH	100	0,01
UCB	UNCF	BE	100	0,01
Umicore	NVJF	BE	50	0,01

Futures auf	Produkt-ID	Länder-kennung	Kontrakt-größe	Minimale Preisveränderung
Unibail	UBLF	FR	100	0,01
UniCredito Italiano	CR5F	IT	1,000	0,0005
Unilever	UNIH	NL	100	0,01
Union Fenosa	UEFF	ES	100	0,01
Unipol	UNFF	IT	500	0,0005
UPM-Kymmene	RPLF	FI	100	0,01
Valeo	VSAF	FR	100	0,01
Valiant Holding	VATF	CH	10	0,01
Vallourec	VACF	FR	10	0,01
Vedior	VEDF	NL	100	0,01
Veolia Environnement	VVDF	FR	100	0,01
Verbund – Österreichische Elektrizitätswirtschaft	OEWF	AT	10	0,01
Vinci	SQUF	FR	100	0,01
Vivendi Universal	VVUF	FR	100	0,01
Voestalpine	VASF	AT	50	0,01
VW	VOWF	DE	100	0,01
Wärtsilä	MTAF	FI	100	0,01
WENDEL Investissement	MFXF	FR	50	0,01
Wereldhave	WERF	NL	50	0,01
Wienerberger	WIBF	AT	50	0,01
Wincor Nixdorf	WING	DE	50	0,01
Wolters Kluwer	WOSF	NL	100	0,01
YIT	YITF	FI	100	0,01
Zardoya-Otis	ZDOF	ES	50	0,01
Zodiac	ZDCF	FR	50	0,01
Zurich Financial Services	ZURF	CH	10	0,01

A.4 Aktienoptionen

Basiswerte
Aktien der wichtigsten europäischen und nationalen Indizes, wie zum Beispiel Dow Jones EURO STOXX 50® Index, Dow Jones STOXX® 600 Index, DAX® oder SMI®, sowie andere internationale Aktien.

Kontraktgrößen
10, 50, 100, 500 oder 1.000 Aktien.

Erfüllung
Physische Lieferung von 10, 50, 100, 500 oder 1.000 Aktien des zugrunde liegenden Basiswertes, zwei, drei oder vier Börsentage nach Ausübung:

Kontrakt	Erfüllungstag
Standard	t+3
Deutsche Aktienoptionen	t+2
Finnische Aktienoptionen	t+4

Minimale Preisveränderung
EUR 0,0005, EUR 0,01 oder CHF 0,01.

Laufzeiten
Bis zu 12 Monaten: Die drei nächsten aufeinander folgenden Kalendermonate und die drei darauf folgenden Quartalsmonate aus dem Zyklus März, Juni, September und Dezember.

Bis zu 24 Monaten: Die drei nächsten aufeinander folgenden Kalendermonate, die drei darauf folgenden Quartalsmonate aus dem Zyklus März, Juni, September und Dezember und die zwei darauf folgenden Halbjahresmonate aus dem Zyklus Juni und Dezember.

Bis zu 60 Monaten: Die drei nächsten aufeinander folgenden Kalendermonate, die drei (bei spanischen Aktienoptionen neun) darauf folgenden Quartalsmonate aus dem Zyklus März, Juni, September und Dezember und die vier (bei spanischen Aktienoptionen der nächste) darauf folgenden Halbjahresmonate aus dem Zyklus Juni und Dezember sowie die zwei darauf folgenden Jahresmonate aus dem Zyklus Dezember.

Letzter Handelstag

Letzter Handelstag ist der dritte Freitag, für italienische Aktienoptionen der Tag vor dem dritten Freitag eines jeweiligen Verfallmonats, sofern dieser ein Börsentag ist, andernfalls der davor liegende Börsentag.

Handelsschluss für die auslaufenden Optionsserien am letzten Handelstag ist 17:30 Uhr MEZ, für schweizerische Aktienoptionen 17:20 Uhr MEZ und für spanische Aktienoptionen 17:35 Uhr MEZ.

Fällt bei deutschen Aktienoptionen der letzte Handelstag auf den Tag des Dividendenbeschlusses, ist der davor liegende Börsentag letzter Handelstag.

Täglicher Abrechnungspreis

Festlegung durch Eurex. Zur Ermittlung des täglichen Abrechnungspreises für Aktienoptionen wird das Binomialmodell nach Cox/Ross/Rubinstein eingesetzt. Sofern erforderlich, werden dabei Dividendenerwartungen, aktuelle Zinssätze und sonstige Ausschüttungen berücksichtigt.

Ergänzende Details entnehmen Sie den Clearing- Bedingungen auf **www.eurexchange.com**.

Ausübungszeit

Ausübungen sind an jedem Börsentag (amerikanische Art) während der Laufzeit bis zum Beginn der Post- Trading Restricted-Periode (20:00 Uhr MEZ) möglich.

Für deutsche Aktienoptionen ist am Tag des Dividendenbeschlusses eine Ausübung ausgeschlossen.

Ausübungspreise (Standard)	Restlaufzeit von		
Ausübungspreise in EUR bzw. CHF	< 3 Monaten	4–12 Monaten	> 12 Monaten
Bis 2	0,05	0,10	0,20
2 – 4	0,10	0,20	0,40
4 – 8	0,20	0,40	0,80
8 – 20	0,50	1,00	2,00
20 – 52	1,00	2,00	4,00
52 – 100	2,00	4,00	8,00
100 – 200	5,00	10,00	20,00
200 – 400	10,00	20,00	40,00
> 400	20,00	40,00	80,00

Ausübungspreise (Spanische Aktienoptionen)	
Ausübungspreise in EUR	Ausübungspreisintervalle in EUR
Bis 1	0,05
1 – 5	0,10
5 – 10	0,25
10 – 20	0,50
20 – 50	1,00
50 – 100	2,00
100 – 200	5,00
200 – 400	10,00
> 400	20,00

Anzahl der Ausübungspreise

Bei Einführung der Optionen stehen für jeden Call und Put für jede Fälligkeit mit Laufzeiten von bis zu 24 Monaten mindestens sieben Ausübungspreise für den Handel zur Verfügung. Davon sind drei Ausübungspreise im Geld (In-the-money), ein Ausübungspreis am Geld (At-the-money) und drei Ausübungspreise aus dem Geld (Out-of-the-money).

Bei Einführung der Optionen stehen für jeden Call und Put für jede Fälligkeit mit Laufzeiten von mehr als 24 Monaten mindestens fünf Ausübungspreise für den Handel zur Verfügung. Davon sind zwei Ausübungspreise im Geld (In-the-money), ein Ausübungspreis am Geld (At-the-money) und zwei Ausübungspreise aus dem Geld (Out-of-the-money).

Optionsprämie

Zahlung des entsprechenden EUR- oder CHF-Wertes in voller Höhe am Börsen-tag, der dem Kauftag folgt.

Handelszeiten	
Kontrakt	Handelszeit
Standard	09:00–17:30 Uhr MEZ
Schweizerische Aktienoptionen	09:00–17:20 Uhr MEZ
Spanische Aktienoptionen	09:00–17:35 Uhr MEZ

Optionen auf	Produkt-ID	Länder-kennung	Kontrakt-größe	Minimale Preisveränderung	Laufzeit (Mon.)
ABB	ABBN	CH	100	0,01	60
ABN Amro Holding	AAR	NL	100	0,01	60
Accor	ACR	FR	100	0,01	60
Actelion	ATLN	CH	10	0,01	24
Adecco	ADEN	CH	100	0,01	24
Adidas	ADS	DE	100	0,01	24
AEGON	AEN	NL	100	0,01	60
AGF	AGF	FR	100	0,01	60
Ahold	AHO	NL	100	0,01	60
Air Liquide	AIR	FR	100	0,01	60
Aixtron	AIX	DE	100	0,01	24
Akzo Nobel	AKU	NL	100	0,01	60
Alcatel-Lucent	CGE	FR	100	0,01	60
Allianz SE	ALV	DE	10	0,01	60
Altana	ALT	DE	100	0,01	24
ASML Holding	ASM	NL	100	0,01	60
Assicurazioni Generali	ASG5	IT	100	0,0005	60
Autostrade	AOP5	IT	500	0,0005	24
AXA	AXA	FR	100	0,01	60
Bâloise Holding	BALN	CH	100	0,01	24
Banca Intesa	IES5	IT	1,000	0,0005	24
Banco Bilbao Vizcaya Argentaria	BBVD	ES	100	0,01	60
ABB	ABBN	CH	100	0,01	60
ABN Amro Holding	AAR	NL	100	0,01	60
Accor	ACR	FR	100	0,01	60
Actelion	ATLN	CH	10	0,01	24
Adecco	ADEN	CH	100	0,01	24
Adidas	ADS	DE	100	0,01	24
AEGON	AEN	NL	100	0,01	60
AGF	AGF	FR	100	0,01	60
Ahold	AHO	NL	100	0,01	60
Air Liquide	AIR	FR	100	0,01	60
Aixtron	AIX	DE	100	0,01	24
Akzo Nobel	AKU	NL	100	0,01	60
Alcatel-Lucent	CGE	FR	100	0,01	60
Allianz SE	ALV	DE	10	0,01	60
Altana	ALT	DE	100	0,01	24
ASML Holding	ASM	NL	100	0,01	60
Assicurazioni Generali	ASG5	IT	100	0,0005	60
Autostrade	AOP5	IT	500	0,0005	24
AXA	AXA	FR	100	0,01	60
Bâloise Holding	BALN	CH	100	0,01	24
Banca Intesa	IES5	IT	1,000	0,0005	24
Banco Bilbao Vizcaya Argentaria	BBVD	ES	100	0,01	60

Optionen auf	Produkt-ID	Länder-kennung	Kontrakt-größe	Minimale Preisveränderung	Laufzeit (Mon.)
Banco Santander Central Hispano	BSD2	ES	100	0,01	60
BASF	BAS	DE	100	0,01	60
Bayer	BAY	DE	100	0,01	60
Bayer Basket	BAYE	DE	100	0,01	30
Beiersdorf	BEI	DE	50	0,01	24
BMW	BMW	DE	100	0,01	24
BNP Paribas	BNP	FR	100	0,01	60
Bouygues	BYG	FR	100	0,01	60
Buhrmann	KNP	NL	100	0,01	60
Capgemini	CGM	FR	100	0,01	60
Carrefour	CAR	FR	100	0,01	60
Casino Guichard	CAJ	FR	100	0,01	60
Celesio	CLS	DE	100	0,01	24
Ciba Spezialitäten-chemie Holding	CIBN	CH	10	0,01	24
Cie Financière Richemont	CFR	CH	100	0,01	24
Cisco Systems	CIS	US	100	0,01	12
Citigroup	TRV	US	100	0,01	12
Clariant	CLN	CH	100	0,01	24
Commerzbank	CBK	DE	100	0,01	24
Continental	CON	DE	100	0,01	24
Converium Holding	CHRN	CH	100	0,01	24
Crédit Agricole	XCA	FR	100	0,01	60
Credit Suisse Group	CSGN	CH	100	0,01	60
DaimlerChrysler	DCX	DE	100	0,01	60
DEPFA Bank	DEP	DE	100	0,01	24
Deutsche Bank	DBK	DE	100	0,01	60
Deutsche Börse	DB1	DE	100	0,01	24
Deutsche Post	DPW	DE	100	0,01	24
Deutsche Postbank	DPB	DE	100	0,01	24
Deutsche Telekom	DTE	DE	100	0,01	60
Dexia	DXB	FR	100	0,01	60
E.ON	EOA	DE	100	0,01	60
EADS	EAD	FR	100	0,01	60
Electricité de France	E2F	FR	100	0,01	60
Elisa Communications	EIA	FI	100	0,01	12
EMC	EMP	US	100	0,01	12
Endesa	ENA	ES	100	0,01	60
Enel	ENL5	IT	500	0,0005	60
Eni	ENT5	IT	500	0,0005	60
Epcos	EPC	DE	100	0,01	24
Ericsson	ERCB	SE	500	0,01	60
Fiat	FIA5	IT	500	0,0005	24
Fortis	FO4	NL	100	0,01	60

Optionen auf	Produkt-ID	Länder-kennung	Kontrakt-größe	Minimale Preisveränderung	Laufzeit (Mon.)
Fortum	FOT	FI	100	0,01	12
France Télécom	FTE	FR	100	0,01	60
Fresenius Medical Care	FME	DE	100	0,01	24
Fresenius pref.	FRE3	DE	100	0,01	24
Gaz de France	GZF	FR	100	0,01	60
Geberit	GEBN	CH	10	0,01	24
General Electric	GEC	US	100	0,01	12
Getronics	GTO	NL	100	0,01	60
Givaudan	GIVN	CH	10	0,01	24
Groupe Danone	BSN	FR	100	0,01	60
Hagemeyer	HMY	NL	100	0,01	60
Hannover Rück	HNR1	DE	100	0,01	24
Heineken	HNK	NL	100	0,01	60
Henkel	HEN3	DE	100	0,01	24
Hochtief	HOT	DE	100	0,01	24
Holcim	HOLN	CH	100	0,01	24
Hypo Real Estate Holding	HRX	DE	100	0,01	24
HypoVereinsbank	HVM	DE	100	0,01	24
Iberdrola	IBE	ES	100	0,01	60
IBM	IBM	US	100	0,01	12
Infineon	IFX	DE	100	0,01	60
ING	INN	NL	100	0,01	60
Intel	INL	US	100	0,01	12
Julius Bär	BAER	CH	10	0,01	24
KarstadtQuelle	KAR	DE	100	0,01	24
Koninklijke DSM	DSM	NL	100	0,01	60
Kudelski	KUD	CH	100	0,01	24
Kühne + Nagel	KNIN	CH	50	0,01	24
Lafarge	CIL	FR	100	0,01	60
LANXESS	LXS	DE	100	0,01	24
Linde	LIN	DE	100	0,01	24
Logitech	LOGN	CH	100	0,01	24
Lonza Group	LONN	CH	100	0,01	24
L'Oréal	LOR	FR	100	0,01	60
Lufthansa	LHA	DE	100	0,01	24
LVMH	MOH	FR	100	0,01	60
MAN	MAN	DE	100	0,01	24
Mediaset	MDS5	IT	1,000	0,0005	24
Merck	MRK	DE	100	0,01	24
Metro	MEO	DE	100	0,01	24
Microsoft	MSF	US	100	0,01	12
Mittal Steel	ISPA	FR	100	0,01	60
MLP	MLP	DE	100	0,01	24
Mobilcom	MOB	DE	100	0,01	24
Münchener Rück	MUV2	DE	10	0,01	60

Optionen auf	Produkt-ID	Länder-kennung	Kontrakt-größe	Minimale Preisveränderung	Laufzeit (Mon.)
Neste Oil	NEF	FI	100	0,01	12
Nestlé	NESN	CH	10	0,01	60
Nobel Biocare	NOBE	CH	10	0,01	24
Nokia	NOA3	FI	100	0,01	60
Nordea Bank	NDB	SE	100	0,01	24
Novartis	NOVN	CH	100	0,01	60
Numico	NUT	NL	100	0,01	60
OC Oerlikon Corporation	UNAX	CH	10	0,01	24
Oracle	ORC	US	100	0,01	12
Pernot-Ricard	PER	FR	100	0,01	60
Petroplus Holdings AG	PPHN	CH	100	0,01	24
Peugeot	PEU	FR	100	0,01	60
Philips	PHI1	NL	100	0,01	60
Phonak	PHBN	CH	50	0,01	24
Porsche	POR3	DE	10	0,01	24
PPR	PPX	FR	100	0,01	60
Publicis Groupe	PU4	FR	100	0,01	60
Puma	PUM	DE	10	0,01	24
Qiagen	QIA	DE	100	0,01	24
Reed Elsevier	ELV	NL	100	0,01	60
Renault	RNL	FR	100	0,01	60
Repsol YPF	REP	ES	100	0,01	60
Roche Holding	ROG	CH	100	0,01	60
Rodamco Europe	RCE	NL	100	0,01	60
Royal Dutch Shell	ROY	NL	100	0,01	60
Royal KPN	KPN	NL	100	0,01	60
RWE	RWE	DE	100	0,01	60
Saint-Gobain	GOB	FR	100	0,01	60
Salzgitter	SZG	DE	100	0,01	24
Sampo	SMPA	FI	100	0,01	12
Sanofi-Aventis	SNW	FR	100	0,01	60
Sanpaolo Imi	PAO5	IT	500	0,0005	60
SAP	SAP	DE	50	0,01	60
SBM Offshore	SBMO	NL	100	0,01	60
Schering	SCH	DE	100	0,01	24
Schneider Electric	SND	FR	100	0,01	60
Serono	SEO	CH	10	0,01	24
SGS Surveillance Holding	SGSN	CH	10	0,01	24
Siemens	SIE	DE	100	0,01	60
Société Générale	SGE	FR	100	0,01	60
Sodexho Alliance	SJ7	FR	100	0,01	60
Solarworld	SWV	DE	50	0,01	24
STMicroelectronics	SGM	FR	100	0,01	60
Stora Enso	ENUR	FI	100	0,01	12

Optionen auf	Produkt-ID	Länder-kennung	Kontrakt-größe	Minimale Preisveränderung	Laufzeit (Mon.)
Suez	LYO	FR	100	0,01	60
Sulzer	SUN	CH	10	0,01	24
Sun Microsystems	SSY	US	100	0,01	12
Swatch Group	UHRN	CH	100	0,01	24
Swiss Life Holding	SLHN	CH	10	0,01	24
Swiss Re	RUKN	CH	10	0,01	60
Swisscom	SCMN	CH	10	0,01	24
Syngenta	SYNN	CH	10	0,01	24
Synthes	SYST	CH	10	0,01	24
Telecom Italia	TQI5	IT	1,000	0,0005	60
Telecom Italia RNC	TQIR	IT	1,000	0,0005	24
Telefónica	TNE5	ES	100	0,01	60
TeliaSonera	TLSN	FI	500	0,01	12
TF1	FSE	FR	100	0,01	60
Thalès	CSF	FR	100	0,01	60
Thomson	TNM	FR	100	0,01	60
ThyssenKrupp	TKA	DE	100	0,01	24
TietoEnator	TTEB	FI	100	0,01	12
Time Warner	AOL	US	100	0,01	12
TNT	TNT	NL	100	0,01	60
TomTom	OEM	NL	100	0,01	60
TOTAL	TOTB	FR	100	0,01	60
TUI	TUI	DE	100	0,01	24
UBS	UBSN	CH	100	0,01	60
UniCredito Italiano	CRI5	IT	1,000	0,0005	60
Unilever	UNI	NL	100	0,01	60
UPM-Kymmene	RPL	FI	100	0,01	12
Van der Moolen	VMH	NL	100	0,01	60
Vedior	VED	NL	100	0,01	60
Veolia Environnement	VVD	FR	100	0,01	60
Vinci	SQU	FR	100	0,01	60
Vivendi Universal	VVU	FR	100	0,01	60
VW	VOW	DE	100	0,01	24
Wolters Kluwer	WOS	NL	100	0,01	60
Zurich Financial Services	ZURN	CH	10	0,01	60

Low Exercise Price Optionen (LEPOS)

Für jede an Eurex handelbare Aktienoption steht auch eine entsprechende Low Exercise Price-Option zur Verfügung. Nachstehend sind nur die Unterschiede zu den regulären Kontraktspezifikationen für Aktienoptionen aufgeführt.

Laufzeiten
Bis zu 6 Monaten: Der nächste Kalendermonat und die zwei darauf folgenden Quartalsmonate aus dem Zyklus März, Juni, September und Dezember.

Täglicher Abrechnungspreis
Festlegung durch Eurex. Zur Ermittlung des täglichen Abrechnungspreises für Low Exercise Price-Optionen wird das Binomialmodell nach Cox/Ross/Rubinstein eingesetzt. Sofern erforderlich, werden dabei Dividendenerwartungen, aktuelle Zinssätze und sonstige Ausschüttungen berücksichtigt.

Ergänzende Details entnehmen Sie den Clearing- Bedingungen auf www.eurexchange.com.

Ausübungspreise
Ausübungspreis einer LEPO ist der kleinste im Eurex®-System darstellbare Ausübungspreis einer Option. So werden beispielsweise bei Werten, deren Ausübungspreise mit zwei Dezimalstellen dargestellt werden, LEPOs mit einem Ausübungspreis von EUR 0,01 beziehungsweise CHF 0,01 eingeführt. Bei Optionen, deren Ausübungspreise mit einer Dezimalstelle dargestellt werden, haben LEPOs einen Ausübungspreis von EUR 0,1 beziehungsweise CHF 0,1.

A.5 Aktienindexderivate

Aktienindex-Futures

Basiswerte		
Kontrakt	**Produkt-ID**	**Basiswert**
DJ EURO STOXX 50® Index Futures	FESX	DJ EURO STOXX 50® Index
DJ STOXX 50® Index Futures	FSTX	DJ STOXX 50® Index
DJ STOXX® 600 Index Futures	F600	DJ STOXX® 600 Index
DJ STOXX® Mid 200 Index Futures	F2MI	DJ STOXX® Mid 200 Index
DJ Global Titans 50℠ Index Futures	FGTI	DJ Global Titans 50℠ Index
DJ Italy Titans 30℠ Index Futures	F1TA	DJ Italy Titans 30℠ Index
DAX® Futures	FDAX®	DAX®, der Blue Chip-Index der Deutsche Börse AG
MDAX® Futures	F2MX	MDAX®, der internationale Mid Cap-Index der Deutsche Börse AG
TecDAX® Futures	FTDX	TecDAX®, der internationale Technologie-Index der Deutsche Börse AG
SMI® Futures	FSMI	SMI®, der Blue Chip-Index der SWX Swiss Exchange
SMIM® Futures	FSMM	SMI® Mid, der Mid Cap-Index der SWX Swiss
OMXH25 Futures	FFOX	Exchange OMXH25, finnischer Aktienindex

DJ EURO STOXX® **Sector Index Futures**	**Produkt ID**	**DJ EURO STOXX®** **Sector-Basiswert**
Automobiles & Parts Futures	FESA	Automobiles & Parts Index
Banks Futures	FESB	Banks Index
Basic Resources Futures	FESS	Basic Resources Index
Chemicals Futures	FESC	Chemicals Index
Construction & Materials Futures	FESN	Construction & Materials Index
Financial Services Futures	FESF	Financial Services Index
Food & Beverage Futures	FESO	Food & Beverage Index
Health Care Futures	FESH	Health Care Index
Industrial Goods & Services Futures	FESG	Industrial Goods & Services Index
Insurance Futures	FESI	Insurance Index
Media Futures	FSTV	Media Index
Oil & Gas Futures	FSTU	Oil & Gas Index

Basiswerte		
Kontrakt	**Produkt-ID**	**Basiswert**
DJ EURO STOXX® Sector Index Futures	**Produkt ID**	**DJ EURO STOXX®** Sector-Basiswert
Personal & Household Goods Futures	FESM	Personal & Household Goods Index
Retail Futures	FESE	Retail Index
Technology Futures	FESZ	Technology Index
Telecommunications Futures	FESR	Telecommunications Index
Travel & Leisure Futures	FESY	Travel & Leisure Index
Utilities Futures	FEST	Utilities Index
	FESV	
DJ STOXX® 600 Sector Index Futures	FESU	**DJ STOXX® 600** Sector-Basiswert
	Produkt ID	
Automobiles & Parts Futures		Automobiles & Parts Index
Banks Futures		Banks Index
Basic Resources Futures	FSTA	Basic Resources Index
Chemicals Futures	FSTB	Chemicals Index
Construction & Materials Futures	FSTS	Construction & Materials Index
Financial Services Futures	FSTC	Financial Services Index
Food & Beverage Futures	FSTN	Food & Beverage Index
Health Care Futures	FSTF	Health Care Index
Industrial Goods & Services Futures	FSTO	Industrial Goods & Services Index
Insurance Futures	FSTH	Insurance Index
Media Futures	FSTG	Media Index
Oil & Gas Futures	FSTI	Oil & Gas Index
Personal & Household Goods Futures	FSTM	Personal & Household Goods Index
Retail Futures	FSTE	Retail Index
Technology Futures	FSTZ	Technology Index
Telecommunications Futures	FSTR	Telecommunications Index
Travel & Leisure Futures	FSTY	Travel & Leisure Index
Utilities Futures	FSTT	Utilities Index

Kontraktwerte
EUR 5, EUR 10, EUR 25, EUR 50, EUR 100, EUR 200 oder CHF 10 pro Indexpunkt des zugrunde liegenden Basiswertes.

Erfüllung
Erfüllung durch Barausgleich, fällig am ersten Börsentag nach dem Schlussabrechnungstag.

Preisermittlung und Minimale Preisveränderung
Die Preisermittlung erfolgt in Punkten auf eine Dezimalstelle. Die minimale Preisveränderung beträgt 0,1 Punkte, 0,5 Punkte oder 1 Punkt.

Kontrakt	Kontraktwert	Minimale Preisveränderung	
		Punkte	Wert
DJ EURO STOXX 50® Index Futures	EUR 10	1	EUR 10
DJ STOXX 50® Index Futures	EUR 10	1	EUR 10
DJ STOXX® 600 Index Futures	EUR 200	0,1	EUR 20
DJ STOXX® Mid 200 Index Futures	EUR 200	0,1	EUR 20
DJ EURO STOXX® Sector Index Futures	EUR 50	0,1	EUR 5
DJ STOXX® 600 Sector Index Futures	EUR 50	0,1	EUR 5
DJ Global Titans 50ᔆᴹ Index Futures	EUR 100	0,1	EUR 10
DJ Italy Titans 30ᔆᴹ Index Futures	EUR 10	1	EUR 10
DAX® Futures	EUR 25	0,5	EUR 12.50
MDAX® Futures	EUR 5	1	EUR 5
TecDAX® Futures	EUR 10	1	EUR 10
SMI® Futures	CHF 10	1	CHF 10
SMIM® Futures	CHF 10	1	CHF 10
OMXH25 Futures	EUR 10	0.1	EUR 1

Letzter Handelstag und Schlussabrechnungstag

Letzter Handelstag ist der Schlussabrechnungstag.

Letzter Handelstag der SMI®- und SMIM®-Futures ist der dem Schlussabrechnungstag vorausgehende Börsentag.

Schlussabrechnungstag ist der dritte Freitag eines jeweiligen Fälligkeitsmonats, sofern dieser ein Börsentag ist, andernfalls der davor liegende Börsentag. Handelsschluss für die fälligen Futures am letzten Handelstag ist:

Kontrakt	Handelsschluss
DJ EURO STOXX 50® Index Futures	12:00 MEZ
DJ STOXX 50® Index Futures	
DJ STOXX® 600 Index Futures	
DJ STOXX® Mid 200 Index Futures	
DJ EURO STOXX® Sector Index Futures	
DJ STOXX® 600 Sector Index Futures	
DJ Global Titans 50ᔆᴹ Index Futures	17:00 MEZ
DJ Italy Titans 30ᔆᴹ Index Futures	09:05 MEZ
DAX® Futures	Beginn der Aufrufphase der untertägigen Auktion
MDAX® Futures	im Handelssystem Xetra® um 13:00 Uhr MEZ (bei
TecDAX® Futures	MDAX®-Futures um 13:05 Uhr MEZ)
SMI® Futures	17:27 Uhr MEZ
SMIM® Futures	17:20 Uhr MEZ
OMXH25 Futures	17:30 Uhr MEZ

Täglicher Abrechnungspreis

Bei der Festlegung der täglichen Abrechnungspreise für SMI®- und SMIM®-Futures des aktuellen Fälligkeitsmonats wird der in der täglichen Schlussauktion des entsprechenden Futures-Kontrakts ermittelte Preis als täglicher Abrechnungspreis herangezogen.

Für alle anderen Aktienindex-Futures wird der volumengewichtete Durchschnitt der Preise aller Geschäfte in der Minute vor 17:30 Uhr MEZ (Referenzzeitpunkt) in dem jeweiligen Kontrakt als täglicher Abrechnungspreis des aktuellen Verfallmonats herangezogen, falls in diesem Zeitraum mehr als fünf Geschäfte abgeschlossen wurden.

Für alle weiteren Kontraktlaufzeiten wird der tägliche Abrechnungspreis entsprechend der mittleren Geld-/ Brief-Spanne des Kombinationsauftragsbuchs festgelegt.

Ergänzende Details entnehmen Sie den Clearing- Bedingungen auf **www.eurexchange.com**.

Schlussabrechnungspreis

Festlegung durch Eurex am Schlussabrechnungstag nach folgenden Regeln:

Kontrakt	Schlussabrechnungspreis
DJ EURO STOXX 50® Index Futures DJ STOXX 50® Index Futures DJ STOXX® 600 Index Futures DJ STOXX® Mid 200 Index Futures DJ EURO STOXX® Sector Index Futures DJ STOXX® 600 Sector Index Futures	Durchschnittswert der jeweiligen DJ STOXX® Index-Berechnungen in der Zeit von 11:50 Uhr MEZ bis 12:00 Uhr MEZ.
DJ Global Titans 50℠ Index Futures	Durchschnittswert der DJ Global Titans 50℠ Index-Berechnungen in der Zeit von 16:50 Uhr MEZ bis 17:00 Uhr MEZ.
DJ Italy Titans 30℠ Index Futures	Wert des Index auf Grundlage der an der Borsa Italiana für die im DJ Italy Titans 30℠ Index enthaltenen Werte ermittelten Eröffnungspreise.
DAX® Futures MDAX® Futures TecDAX® Futures	Wert des Index auf Grundlage der im Handelssystem Xetra® für die im jeweiligen Index enthaltenen Werte ermittelten Auktionspreise. Die untertägige Auktion beginnt um 13:00 Uhr MEZ (für MDAX®-Werte um 13:05 Uhr MEZ).
SMI® Futures SMIM® Futures	Wert des SMI® beziehungsweise SMIM® auf Grundlage der an virt-x beziehungsweise der an der SWX Swiss Exchange für die im jeweiligen Index enthaltenen Werte ermittelten Eröffnungspreise.

Kontrakt	Schlussabrechnungspreis
OMXH25 Futures	Wert des Index auf Grundlage der an der Helsinki Stock Exchange von 08:40 Uhr bis 17:30 Uhr MEZ für die im OMXH25 enthaltenen Werte ermittelten volumengewichteten Durchschnittspreise.

Handelszeiten	
Kontrakt	**Handelszeit**
Standard	08:00– 22:00 Uhr MEZ
SMI® Futures	09:00– 17:27 Uhr MEZ
SMIM® Futures	09:00–17:20 Uhr MEZ

Zulassung zum Handel in den USA

Dow Jones EURO STOXX 50® Index Futures

Dow Jones STOXX 50® Index Futures

Dow Jones EURO STOXX® Banks Index Futures

Dow Jones STOXX® 600 Banks Index Futures

Dow Jones Global Titans 50℠ Index Futures

Dow Jones Italy Titans 30℠ Index Futures

DAX®-Futures

A.6 Aktienindexoptionen

Basiswerte		
Kontrakt	**Produkt ID**	**Basiswert**
DJ EURO STOXX 50® Index Options	OESX	DJ EURO STOXX 50® Index
DJ STOXX 50® Index Options	OSTX	DJ STOXX 50® Index
DJ STOXX® 600 Index Options	O600	DJ STOXX® 600 Index
DJ STOXX® Mid 200 Index Options	O2MI	DJ STOXX® Mid 200 Index
DJ Global Titans 50ᔆᴹ Index Options	OGTI	DJ Global Titans 50ᔆᴹ Index
DJ Italy Titans 30ᔆᴹ Index Options	OESX	DJ Italy Titans 30ᔆᴹ Index
DAX® Options	ODAX®	DAX®, der Blue Chip-Index der Deutsche Börse AG
MDAX® Options	O2MX	MDAX®, der internationale Midcap-Index der Deutsche Börse AG
TecDAX® Options	OTDX	TecDAX®, der internationale Technologie-Index der Deutsche Börse AG
SMI® Options	OSMI	SMI®, der Blue Chip-Index der SWX Swiss Exchange
SMIM® Options	OSMM	SMIM® Mid, der Midcap-Index der SWX Swiss Exchange
OMXH25 Options	OFOX	OMXH25, finnischer Aktienindex
DJ EURO STOXX® **Sector Index Options**	**Produkt ID**	**DJ EURO STOXX®** **Sector-Basiswert**
Automobiles & Parts Options	OESA	Automobiles & Parts Index
Banks Options	OESB	Banks Index
Basic Resources Options	OESS	Basic Resources Index
Chemicals Options	OESC	Chemicals Index
Construction & Materials Options	OESN	Construction & Materials Index
Financial Services Options	OESF	Financial Services Index
Food & Beverage Options	OESO	Food & Beverage Index
Health Care Options	OESH	Health Care Index
Industrial Goods & Services Options	OESG	Industrial Goods & Services Index
Insurance Options	OESI	Insurance Index
Media Options	OESM	Media Index
Oil & Gas Options	OESE	Oil & Gas Index
Personal & Household Goods Options	OESZ	Personal & Household Goods Index
Retail Options	OESR	Retail Index
Technology Options	OESY	Technology Index

Basiswerte		
Kontrakt	**Produkt ID**	**Basiswert**
DJ EURO STOXX® Sector Index Options	**Produkt ID**	**DJ EURO STOXX®** Sector-Basiswert
Telecommunications Options	OEST	Telecommunications Index
Travel & Leisure Options	OESV	Travel & Leisure Index
Utilities Options	OESU	Utilities Index
DJ STOXX® 600 Sector Index Options	**Produkt ID**	**DJ STOXX® 600** Sector-Basiswert
Automobiles & Parts Options	OSTA	Automobiles & Parts Index
Banks Options	OSTB	Banks Index
Basic Resources Options	OSTS	Basic Resources Index
Chemicals Options	OSTC	Chemicals Index
Construction & Materials Options	OSTN	Construction & Materials Index
Financial Services Options	OSTF	Financial Services Index
Food & Beverage Options	OSTO	Food & Beverage Index
Health Care Options	OSTH	Health Care Index
Industrial Goods & Services Options	OSTG	Industrial Goods & Services Index
Insurance Options	OSTI	Insurance Index
Media Options	OSTM	Media Index
Oil & Gas Options	OSTE	Oil & Gas Index
Personal & Household Goods Options	OSTZ	Personal & Household Goods Index
Retail Options	OSTR	Retail Index
Technology Options	OSTY	Technology Index
Telecommunications Options	OSTT	Telecommunications Index
Travel & Leisure Options	OSTV	Travel & Leisure Index
Utilities Options	OSTU	Utilities Index

Kontraktwerte

EUR 5, EUR 10, EUR 50, EUR 100, EUR 200 oder CHF 10 pro Indexpunkt des zugrunde liegenden Basiswertes.

Erfüllung

Erfüllung durch Barausgleich, fällig am ersten Börsentag nach dem Schlussab-rechnungstag.

Preisermittlung und Minimale Preisveränderung

Die Preisermittlung erfolgt in Punkten auf eine Dezimalstelle.

Die minimale Preisveränderung beträgt 0,1 Punkte.

Laufzeiten

Bis zu 12 Monaten: Die drei nächsten aufeinander folgenden Kalendermonate und die drei darauf folgenden Quartalsmonate aus dem Zyklus März, Juni, September und Dezember.

Bis zu 24 Monaten: Die drei nächsten aufeinander folgenden Kalendermonate, die drei darauf folgenden Quartalsmonate aus dem Zyklus März, Juni, September und Dezember sowie die zwei darauf folgenden Halbjahresmonate aus dem Zyklus Juni und Dezember.

Bis zu 60 Monaten: Die drei nächsten aufeinander folgenden Kalendermonate, die drei darauf folgenden Quartalsmonate aus dem Zyklus März, Juni, September und Dezember und die vier darauf folgenden Halbjahresmonate aus dem Zyklus Juni und Dezember sowie die zwei darauf folgenden Jahresmonate aus dem Zyklus Dezember.

Bis zu 119 Monaten: Die drei nächsten aufeinander folgenden Kalendermonate, die drei darauf folgenden Quartalsmonate aus dem Zyklus März, Juni, September und Dezember und die vier darauf folgenden Halbjahresmonate aus dem Zyklus Juni und Dezember sowie die sieben darauf folgenden Jahresmonate aus dem Zyklus Dezember.

Kontrakt	Kontrakt-wert	Minimale Preis-veränderung	Minimale Preis-veränderung	Laufzeit
		Punkte	Wert	Monate
DJ EURO STOXX 50® Index Options	EUR 10	0,1	EUR 1	119
DJ STOXX 50® Index Options	EUR 10	0,1	EUR 1	24
DJ STOXX®600 Index Options	EUR 200	0,1	EUR 20	24
DJ STOXX® Mid 200 Index Options	EUR 200	0,1	EUR 20	24
DJ EURO STOXX® Sector Index Options	EUR 50	0,1	EUR 5	24
DJ STOXX® 600 Sector Index Options	EUR 50	0,1	EUR 5	24
DJ Global Titans 50ˢᴹ Index Options	EUR 100	0,1	EUR 10	24
DJ Italy Titans 30ˢᴹ Index Options	EUR 10	0,1	EUR 1	24
DAX® Optionen	EUR 5	0,1	EUR 0,50	60
MDAX® Optionen	EUR 5	0,1	EUR 0,50	24
TecDAX® Optionen	EUR 10	0,1	EUR 1	24
SMI® Optionen	CHF 10	0,1	CHF 1	60
SMIM® Optionen	CHF 10	0,1	CHF 1	24
OMXH25 Optionen	EUR 10	0,1	EUR 1	12

Letzter Handelstag und Schlussabrechnungstag

Letzter Handelstag ist der Schlussabrechnungstag.

Letzter Handelstag der SMI®- und SMIM®-Optionen ist der dem Schlussabrechnungstag vorausgehende Börsentag. Schlussabrechnungstag ist der dritte Freitag eines jeweiligen Verfallmonats, sofern dieser ein Börsentag ist, andernfalls der davor liegende Börsentag.

Handelsschluss für die auslaufenden Optionsserien am letzten Handelstag ist:

Kontrakt	Handelsschluss
DJ EURO STOXX 50® Index Options DJ STOXX 50® Index Options DJ STOXX® 600 Index Options DJ STOXX® Mid 200 Index Options DJ EURO STOXX® Sector Index Options DJ STOXX® 600 Sector Index Options	12:00 Uhr MEZ
DJ Global Titans 50ˢᴹ Index Options DJ Italy Titans 30ˢᴹ Index Options DAX® Optionen MDAX® Optionen TecDAX® Optionen	17:00 Uhr MEZ 09:05 Uhr MEZ Beginn der Aufrufphase der untertägigen Auktion im Handelssystem Xetra® um 13:00 Uhr MEZ (für MDAX®-Optionen um 13:05 Uhr MEZ).
SMI® Optionen SMIM®-Optionen	17:20 Uhr MEZ
OMXH25 Optionen	17:30 Uhr MEZ

Täglicher Abrechnungspreis

Festlegung durch Eurex. Zur Ermittlung des täglichen Abrechnungspreises für Aktienindexoptionen wird das Black/Scholes-76-Modell eingesetzt. Sofern erforderlich, werden dabei Dividendenerwartungen, aktuelle Zinssätze und sonstige Ausschüttungen berücksichtigt.

Ergänzende Details entnehmen Sie den Clearing-Bedingungen auf www.eurex-change.com.

Schlussabrechnungspreis

Festlegung durch Eurex am Schlussabrechnungstag nach folgenden Regeln:

Kontrakt	Schlussabrechnungspreis
DJ EURO STOXX 50® Index Options DJ STOXX 50® Index Options DJ STOXX® 600 Index Options DJ STOXX® Mid 200 Index Options DJ EURO STOXX® Sector Index Options DJ STOXX® 600 Sector Index Options	Durchschnittswert der jeweiligen DJ STOXX® Index-Berechnungen in der Zeit von 11:50 Uhr MEZ bis 12:00 Uhr MEZ.
DJ Global Titans 50^{SM} Index Options	Durchschnittswert der DJ Global Titans 50^{SM} Index-Berechnungen in der Zeit von 16:50 Uhr MEZ bis 17:00 Uhr MEZ.
DJ Italy Titans 30^{SM} Index Options	Wert des Index auf Grundlage der an der Borsa Italiana für die im DJ Italy Titans 30^{SM} Index enthaltenen Werte ermittelten Eröffnungspreise.
DAX® Optionen MDAX® Optionen TecDAX® Optionen	Wert des Index auf Grundlage der im Handelssystem Xetra® für die im jeweiligen Index enthaltenen Werte ermittelten Auktionspreise. Die untertägige Auktion beginnt um 13:00 Uhr MEZ (für MDAX®-Optionen Werte um 13:05 Uhr MEZ).
SMI® Optionen SMIM® Optionen	Wert des Index auf Grundlage der an virt-x beziehungsweise der an der SWX Swiss Exchange für die im jeweiligen Index enthaltenen Werte ermittelten Eröffnungspreise.
OMXH25 Optionen	Wert des Index auf Grundlage der an der Helsinki Stock Exchange von 08:40 Uhr bis 17:30 Uhr MEZ für die im OMXH25 enthaltenen Werte ermittelten volumengewichteten Durchschnittspreise.

Ausübungszeit

Ausübungen sind nur am Schlussabrechnungstag (europäische Art) einer Optionsserie bis 21:00 Uhr MEZ möglich.

Ausübungspreise	Ausübungspreisintervalle in Indexpunkten für Verfallmonate mit einer Restlaufzeit von				
Kontrakt	< 3 Monate	4–12 Monate	13–24 Monate	25–36 Monate	> 36 Monate
DJ EURO STOXX® 50 Index Options	50	50	50	50	100
DJ STOXX 50® Index Options	50	50	100	–	–
DJ STOXX® 600 Index Options	5	5	10	–	–
DJ STOXX® Mid 200 Index Options	5	5	10	–	–
DJ EURO STOXX® Sector Index Options	5	10	20	–	–
DJ STOXX® 600 Sector Index Options	5	10	20	–	–
DJ Global Titans 50ˢᴹ Index Options	5	10	20	–	–
DJ Italy Titans 30ˢᴹ Index Options	50	50	100	–	–
DAX® Optionen	50	50	100	200	200
MDAX® Optionen	50	50	100	–	–
TecDAX® Optionen	5	10	20	–	–
SMI® Optionen	50	50	100	200	200
SMIM® Optionen	5	10	10	–	–
OMXH25 Optionen	25	25	–	–	–

Anzahl der Ausübungspreise

Bei Einführung der Optionen stehen für jeden Call und Put für jede Fälligkeit mit Laufzeiten von bis zu 24 Monaten mindestens sieben Ausübungspreise für den Handel zur Verfügung. Davon sind drei Ausübungspreise im Geld (In-the-money), ein Ausübungspreis am Geld (At-the-money) und drei Ausübungspreise aus dem Geld (Out-of-the-money).

Bei Einführung der Optionen stehen für jeden Call und Put für jede Fälligkeit mit Laufzeiten von mehr als 24 Monaten mindestens fünf Ausübungspreise für den Handel zur Verfügung. Davon sind zwei Ausübungspreise im Geld (In-the-money), ein Ausübungspreis am Geld (At-the-money) und zwei Ausübungspreise aus dem Geld (Out-of-the-money).

Optionsprämie

Prämie in Punkten. Zahlung des entsprechenden EUR oder CHF-Wertes in voller Höhe am Börsentag, der dem Kauftag folgt.

Handelszeiten	
Kontrakt	Handelszeit
Standard	09:00–17:30 Uhr MEZ
SMI® /SMIM® Optionen	09:00–17:20 Uhr MEZ

A.7 Weekly Options

Basiswerte		
Kontrakt	**Produkt ID**	**Basiswert**
DJ EURO STOXX 50®, 1st Friday Weekly Options	OES1	DJ EURO STOXX 50® Index
DJ EURO STOXX 50®, 2nd Friday Weekly Options	OES2	
DJ EURO STOXX 50®, 4th Friday Weekly Options	OES4	
DJ EURO STOXX 50®, 5th Friday Weekly Options	OES5	
DAX®, 1st Friday Weekly Options	ODX1	DAX®, der Blue Chip-Index
DAX®, 2nd Friday Weekly Options	ODX2	der Deutsche Börse AG
DAX®, 4th Friday Weekly Options	ODX4	
DAX®, 5th Friday Weekly Options	ODX5	
SMI®, 1st Friday Weekly Options	OSM1	SMI®, der Blue Chip-Index
SMI®, 2nd Friday Weekly Options	OSM2	der SWX Swiss Exchange
SMI®, 4th Friday Weekly Options	OSM4	
SMI®, 5th Friday Weekly Options	OSM5	

Kontraktwerte
EUR 5, EUR 10 oder CHF 10 pro Indexpunkt des zugrunde liegenden Basiswertes.

Erfüllung
Erfüllung durch Barausgleich, fällig am Börsentag nach dem letzten Handelstag.
  Preisermittlung und Minimale Preisveränderung
  Die Preisermittlung erfolgt in Punkten auf eine Dezimalstelle.
  Die minimale Preisveränderung beträgt 0,1 Punkte.

Laufzeiten
1st, 2nd und 4th Friday Weekly Options: Ein Monat für alle Kontrakte mit Verfall am 1., 2. und 4. Freitag eines Kalendermonats. Jeden Freitag werden zu
  Handelsbeginn die Weekly Options für die gleiche Woche des Folgemonats eingeführt.
  5th Friday Weekly Options: Mehr als ein Monat für alle Kontrakte mit Verfall am 5. Freitag eines Kalendermonats.

Falls der aktuelle Monat keinen 5. Freitag hat, verfällt die Option am nächst-liegenden 5. Freitag.

Kontrakt	Kontraktwert	Minimale Preisveränderung	
		Punkte	Wert
DJ EURO STOXX 50®, 1st Friday Weekly Options DJ EURO STOXX 50®, 2nd Friday Weekly Options DJ EURO STOXX 50®, 4th Friday Weekly Options DJ EURO STOXX 50®, 5th Friday Weekly Options	EUR 10	0,1	EUR 1
DAX®, 1st Friday Weekly Options DAX®, 2nd Friday Weekly Options DAX®, 4th Friday Weekly Options DAX®, 5th Friday Weekly Options	EUR 5	0,1	EUR 0,50
SMI®, 1st Friday Weekly Options SMI®, 2nd Friday Weekly Options SMI®, 4th Friday Weekly Options SMI®, 5th Friday Weekly Options	CHF 10	0,1	CHF 1

Letzter Handelstag und Schlussabrechnungstag

Letzter Handelstag ist der Schlussabrechnungstag.

Letzter Handelstag der SMI® Weekly Options ist der dem Schlussabrechnungs-tag vorausgehende Börsentag.

Schlussabrechnungstag der Weekly Options ist der durch die jeweilige Laufzeit bestimmte Freitag, sofern dieser ein Börsentag ist, andernfalls der davor liegende Börsentag.

Handelsschluss für die auslaufenden Optionsserien am letzten Handelstag ist:

Kontrakt	Handelsschluss
DJ EURO STOXX 50®, 1st Friday Weekly Options DJ EURO STOXX 50®, 2nd Friday Weekly Options DJ EURO STOXX 50®, 4th Friday Weekly Options DJ EURO STOXX 50®, 5th Friday Weekly Options	12:00 Uhr MEZ
DAX®, 1st Friday Weekly Options DAX®, 2nd Friday Weekly Options DAX®, 4th Friday Weekly Options DAX®, 5th Friday Weekly Options	Beginn der Aufrufphase der untertägigen Auktion im elektronischen Handelssystem Xetra® um 13:00 Uhr MEZ.
SMI®, 1st Friday Weekly Options SMI®, 2nd Friday Weekly Options SMI®, 4th Friday Weekly Options SMI®, 5th Friday Weekly Options	17:20 Uhr MEZ

Täglicher Abrechnungspreis

Festlegung durch Eurex. Zur Ermittlung des täglichen

Abrechnungspreises für Weekly Options wird das Black/Scholes-76-Modell eingesetzt. Sofern erforderlich, werden dabei Dividendenerwartungen, aktuelle Zinssätze und sonstige Ausschüttungen berücksichtigt.

Ergänzende Details entnehmen Sie den Clearing-Bedingungen auf www.eurex-change.com.

Schlussabrechnungspreis

Festlegung durch Eurex am Schlussabrechnungstag nach folgenden Regeln:

Kontrakt	Schlussabrechnungspreis
DJ EURO STOXX 50®, 1st Friday Weekly Options DJ EURO STOXX 50®, 2nd Friday Weekly Options DJ EURO STOXX 50®, 4th Friday Weekly Options DJ EURO STOXX 50®, 5th Friday Weekly Options	Durchschnittswert der DJ EURO STOXX 50® Index-Berechnungen in der Zeit von 11:50 Uhr MEZ bis 12:00 Uhr MEZ.
DAX®, 1st Friday Weekly Options DAX®, 2nd Friday Weekly Options DAX®, 4th Friday Weekly Options DAX®, 5th Friday Weekly Options	Wert des DAX® auf Grundlage der im Handelssystem Xetra® für die im Index enthaltenen Werte ermittelten Auktionspreise. Die untertägige Auktion beginnt um 13:00 Uhr MEZ.
SMI®, 1st Friday Weekly Options SMI®, 2nd Friday Weekly Options SMI®, 4th Friday Weekly Options SMI®, 5th Friday Weekly Options	Wert des SMI® auf Grundlage der an virt-x für die im Index enthaltenen Werte ermittelten Eröffnungspreise.

Ausübungszeit

Ausübungen sind nur am Schlussabrechnungstag (europäische Art) einer Optionsserie bis zum Ende der Post-Trading Full-Periode (21:00 Uhr MEZ) möglich.

Ausübungspreise

Für Weekly Options gelten folgende Ausübungspreisintervalle:

Verfallmonate mit einer Restlaufzeit von	Mindestanzahl der Ausübungspreise	Ausübungspreisintervalle in Indexpunkten
1–12	7	50

Optionsprämie

Prämie in Punkten. Zahlung des entsprechenden EUR oder CHF-Wertes in voller Höhe am Börsentag, der dem Kauftag folgt.

Handelszeiten	
Kontrakt	**Handelszeiten**
DJ EURO STOXX 50®, 1st Friday Weekly Options DJ EURO STOXX 50®, 2nd Friday Weekly Options DJ EURO STOXX 50®, 4th Friday Weekly Options DJ EURO STOXX 50®, 5th Friday Weekly Options	09:00–17:30 Uhr MEZ
DAX®, 1st Friday Weekly Options DAX®, 2nd Friday Weekly Options DAX®, 4th Friday Weekly Options DAX®, 5th Friday Weekly Options	09:00–17:30 Uhr MEZ
SMI®, 1st Friday Weekly Options SMI®, 2nd Friday Weekly Options SMI®, 4th Friday Weekly Options SMI®, 5th Friday Weekly Options	09:00–17:20 Uhr MEZ

A.8 Volatilitätsindex Derivate

Volatilitätsindex-Futures

Basiswerte			
Kontrakt	**Produkt ID**	**Basiswert**	**Währung**
VDAX-NEW® Futures	FVDX	VDAX-NEW®	EUR
VSMI® Futures	FVSM	VSMI®	CHF
VSTOXX® Futures	FVSX	VSTOXX®	EUR

Kontraktwerte
EUR 1.000 oder CHF 1.000 pro Indexpunkt des zugrunde liegenden Basiswertes.

Erfüllung
Erfüllung durch Barausgleich, fällig am ersten Börsentag nach dem Schlussabrechnungstag.

Preisermittlung und Minimale Preisveränderung
Die Preisermittlung erfolgt in Punkten auf zwei Dezimalstellen. Die minimale Preisveränderung beträgt 0,05 Punkte; dies entspricht einem Wert von EUR 50 oder CHF 50.

Laufzeiten
Bis zu 5 Monaten: Die drei nächsten aufeinander folgenden Kalendermonate und der darauf folgende Quartalsmonat aus dem Zyklus Februar, Mai, August und November.

Letzter Handelstag und Schlussabrechnungstag
Letzter Handelstag ist der Schlussabrechnungstag. Der Schlussabrechnungstag liegt 30 Kalendertage vor dem Verfalltag der dem Volatilitätsindex unterliegenden Optionen (also 30 Tage vor dem dritten Freitag des Verfallmonats der unterliegenden Optionen, sofern dieser ein Börsentag ist). Dies ist üblicherweise der Mittwoch vor dem zweitletzten Freitag eines jeweiligen Fälligkeitsmonats, so-

fern dieser ein Börsentag ist, andernfalls der davor liegende Börsentag. Handelsschluss für die fälligen Futures am letzten Handelstag ist:

Kontrakt	Handelsschluss
VDAX-NEW® Futures	13:00 Uhr MEZ
VSMI® Futures	10:00 Uhr MEZ
VSTOXX® Futures	12:00 Uhr MEZ

Täglicher Abrechnungspreis

Bei der Festlegung der täglichen Abrechnungspreise für Volatilitätsindex-Futures
des aktuellen Fälligkeitsmonats wird der in der täglichen Schlussauktion des entsprechenden Futures-Kontrakts ermittelte Preis als täglicher Abrechnungspreis
herangezogen.

Für alle weiteren Kontraktlaufzeiten wird der tägliche Abrechnungspreis entsprechend der mittleren Geld-/Brief-Spanne des Kombinationsauftragsbuchs
festgelegt. Ergänzende Details entnehmen Sie den Clearing-Bedingungen auf
www.eurexchange.com.

Schlussabrechnungspreis

Festlegung durch Eurex am Schlussabrechnungstag.

Maßgeblich ist der Durchschnittswert aller Indexberechnungen des jeweiligen
Basiswertes am letzten Handelstag zwischen:

Kontrakt	Zeitspanne
VDAX-NEW® Futures	12:30 und 13:00 Uhr MEZ
VSMI® Futures	09:00 und 10:00 Uhr MEZ
VSTOXX® Futures	11:30 und 12:00 Uhr MEZ

Handelszeiten	
Kontrakt	**Handelszeit**
Standard	09:00–17:30 Uhr MEZ
VSMI® Future	09:00–17:20 Uhr MEZ

A.9 Exchange Traded Funds® Derivate

EXTF Futures

Basiswerte			
Kontrakt	**Produkt ID**	**Basiswert**	**Währung**
DAX® EX Futures	EXSF	DAX® EX	EUR
DJ EURO STOXX 50® EX Futures	EXWF	DJ EURO STOXX 50® EX	EUR
iShares DJ EURO STOXX 50® Futures	EUNF	iShares DJ EURO STOXX 50®	EUR
XMTCH on SMI® Futures	XMTF	XMTCH on SMI®	CHF

Kontraktgröße
100 Indexfondsanteile des zugrunde liegenden Basiswertes.

Erfüllung
Physische Lieferung von 100 Indexfondsanteilen des zugrunde liegenden Basiswertes, zwei, bei XMTCH on SMI®-Futures drei Börsentage nach dem letzten Handelstag.

Minimale Preisveränderung
EUR 0,01 oder CHF 0,01.

Laufzeiten
Bis zu 9 Monaten: Die drei nächsten Quartalsmonate aus dem Zyklus März, Juni, September und Dezember.

Letzter Handelstag
Der dritte Freitag des jeweiligen Fälligkeitsmonats, sofern dieser ein Börsentag ist, andernfalls der davor liegende Börsentag. Handelsschluss für die fälligen Futures am letzten Handelstag ist 17:30 Uhr MEZ, für XMTCH on SMI®-Futures 17:20 Uhr MEZ.

Täglicher Abrechnungspreis

Der tägliche Abrechnungspreis für Futures-Kontrakte auf EXTFs ergibt sich aus dem in der täglichen Schlussauktion festgestellten Schlusspreis des Basiswertes zuzüglich der jeweiligen Haltekosten („Cost of Carry").

Ergänzende Details entnehmen Sie den Clearing-Bedingungen auf www.eurexchange.com.

Andienungspreis

Festlegung durch Eurex am letzten Handelstag. Maßgeblich ist der in der Schlussauktion im elektronischen Handelssystem des jeweiligen Heimatkassamarktes festgestellte Schlusspreis für den zugrunde liegenden Basiswert. Ist eine derartige Preisermittlung nicht möglich, so wird der volumengewichtete Durchschnitt der drei für den jeweiligen Basiswert im elektronischen Handelssystem des Heimatkassamarktes letztbezahlten Preise herangezogen.

Handelszeiten	
Kontrakt	**Handelszeit**
Standard	09:00–22:00 Uhr MEZ
XMTCH on SMI® Futures	09:00–17:20 Uhr MEZ

EXTF Optionen

Basiswerte			
Kontrakt	**Produkt ID**	**Basiswert**	**Währung**
DAX® EX Optionen	EXS1	DAX® EX	EUR
DJ EURO STOXX 50® EX Options	EXW1	DJ EURO STOXX 50® EX	EUR
iShares DJ EURO STOXX 50® Options	EUN2	iShares DJ EURO STOXX 50®	EUR
XMTCH on SMI® Optionen	XMT	XMTCH on SMI®	CHF

Kontraktgröße

100 Indexfondsanteile des zugrunde liegenden Basiswertes.

Erfüllung

Physische Lieferung von 100 Indexfondsanteilen des zugrunde liegenden Basiswertes, zwei, bei XMTCH on SMI®-Optionen drei Börsentage nach dem letzten Handelstag.

Minimale Preisveränderung

EUR 0,01 oder CHF 0,01.

Laufzeiten

Bis zu 24 Monaten: Die drei nächsten aufeinander folgenden Kalendermonate und die drei darauf folgenden Quartalsmonate aus dem Zyklus März, Juni, September und Dezember sowie die zwei darauf folgenden Halbjahresmonate aus dem Zyklus Juni und Dezember.

Letzter Handelstag

Der dritte Freitag des jeweiligen Verfallmonats, sofern dieser ein Handelstag ist, andernfalls der davor liegende Handelstag. Handelsschluss für die auslaufenden Optionsserien am letzten Handelstag ist 17:30 Uhr MEZ, für XMTCH on SMI®-Optionen 17:20 Uhr MEZ.

Täglicher Abrechnungspreis

Festlegung durch Eurex. Zur Ermittlung des täglichen Abrechnungspreises für Optionen auf EXTFs wird das Binomialmodell nach Cox/Ross/Rubinstein eingesetzt.

Sofern erforderlich, werden dabei Dividendenerwartungen, aktuelle Zinssätze und sonstige Ausschüttungen berücksichtigt.

Ergänzende Details entnehmen Sie den Clearing-Bedingungen auf www.eurex-change.com.

Ausübungszeit

Ausübungen sind an jedem Handelstag (amerikanische Art) während der Laufzeit bis zum Beginn der Post-Trading Restricted-Periode (20:00 Uhr MEZ) möglich.

EUR-denominierte EXTF-Optionen können an jedem Handelstag mit Ausnahme des dem Tag der Gewinnausschüttung beziehungsweise dem Tag der Steuerabführung vorhergehenden Tages ausgeübt werden.

Anzahl der Ausübungspreise

Bei Einführung der Optionen stehen für jeden Call und Put für jede Fälligkeit mindestens sieben Ausübungspreise für den Handel zur Verfügung. Davon sind drei Ausübungspreise im Geld (In-the-money), ein Ausübungspreis am Geld (At-the-money) und drei Ausübungspreise aus dem Geld (Out-of-the-money).

Optionsprämie

Zahlung des entsprechenden EUR- oder CHF-Wertes in voller Höhe am Handelstag, der dem Kauftag folgt.

Ausübungspreise	Ausübungspreisintervalle in EUR bzw. CHF für Verfallmonate mit einer Restlaufzeit von		
Ausübungspreise in EUR bzw. CHF	< 3 Monaten	4 –12 Monaten	> 12 Monaten
Bis 2	0,05	0,10	0,20
2 – 4	0,10	0,20	0,40
4 – 8	0,20	0,40	0,80
8 – 20	0,50	1,00	2,00
20 – 52	1,00	2,00	4,00
52 – 100	2,00	4,00	8,00
100 – 200	5,00	10,00	20,00
200 – 400	10,00	20,00	40,00
> 40	20,00	40,00	80,00

Handelszeiten	
Kontrakt	Handelszeit
Standard	09:00–17:30 Uhr MEZ
XMTCH on SMI® Options	09:00–17:20 Uhr MEZ

A.10 Kreditderivate

Kredit Futures

Basiswerte			
Kontrakt	**Produkt ID**	**Basiswert**	**Währung**
iTraxx® Europe 5-year Index Futures	F5EO	The current iTraxx® Europe 5-year Index Series	EUR
iTraxx® Europe Hi Vol 5-year Index Futures	F5HO	The current iTraxx® Europe Hi Vol 5-year Index Series	EUR
iTraxx® Europe Crossover 5-year Index Futures	F5CO	The current iTraxx® Europe Crossover 5-year Index Series	EUR

Kontraktwert
EUR 100.000

Erfüllung
Erfüllung durch Barausgleich, fällig am ersten Börsentag nach dem Schlussabrechnungstag.

Preisermittlung
In Prozent, mit drei Dezimalstellen für die iTraxx® Europe 5-year Index-Futures und mit zwei Dezimalstellen für die iTraxx® Europe Hi Vol und iTraxx® Europe Crossover 5-year Index-Futures als Summe aus

- der Basis als $\sum n_i$, wobei n_i das Gewicht des i-ten Referenzschuldners in der zugrunde liegenden Indexserie darstellt, der kein tatsächliches Kreditereignis erlitten hat (Basis = 100, solange kein tatsächliches Kreditereignis eingetreten ist);
- der Barwertveränderung (present value change) bezogen auf die Basis;
- der aufgelaufenen Prämie seit dem Inkrafttreten der zugrunde liegenden Indexserie auf Basis des für die zugrunde liegende Indexserie festgelegten Coupons;
- und gegebenenfalls dem anteiligen Rückkaufswert des Referenzschuldners in der zugrunde liegenden Indexserie, der ein tatsächliches Kreditereignis erlitten hat.

Minimale Preisveränderung
iTraxx® Europe 5-year Index-Futures
Die minimale Preisveränderung beträgt 0,005 Prozent; dies entspricht einem Wert von EUR 5.

iTraxx® Europe Hi Vol 5-year Index-Futures
und iTraxx® Europe Crossover 5-year Index-Futures
Die minimale Preisveränderung beträgt 0,01 Prozent; dies entspricht einem Wert von EUR 10.

Laufzeiten
Die nächste Halbjahresfälligkeit aus dem Zyklus März und September ist handelbar.

Letzter Handelstag
Der fünfte Börsentag nach dem 20. Kalendertag des jeweiligen Kontraktmonats.

Täglicher Abrechnungspreis
Bei der Festlegung des täglichen Abrechnungspreises für den aktuellen Fälligkeitsmonat wird der in der täglichen Schlussauktion des entsprechenden Futures-Kontrakts ermittelte Preis als täglicher Abrechnungspreis herangezogen.

Für die nächste Kontraktlaufzeit wird der tägliche Abrechnungspreis entsprechend der mittleren Geld-/Brief- Spanne des Kombinationsauftragsbuchs festgelegt.

Ergänzende Details entnehmen Sie den Clearing-Bedingungen auf www.eurexchange.com.

Schlussabrechnungspreis
Der Schlussabrechnungspreis wird am letzten Handelstag um 17:00 Uhr MEZ in Prozent mit vier Nachkommastellen berechnet, als Summe aus
- der Basis als $\sum n_i$, wobei n_i das Gewicht des i-ten Referenzschuldners in der zugrunde liegenden Indexserie darstellt, der kein tatsächliches Kreditereignis erlitten hat (Basis = 100, solange kein tatsächliches Kreditereignis eingetreten ist);
- der Barwertveränderung der zugrunde liegenden Indexserie, resultierend aus der Veränderung des Credit Spread, bezogen auf die Basis. Die Barwertberechnung am Schlussabrechnungstag basiert auf dem offiziellen iTraxx® Index Level, den IIC um 17:00 Uhr MEZ publiziert und dem Deal Spread (Coupon) der zugrunde liegenden Indexserie. Für die Barwertberechnung wird der Mid Spread als Mittelwert zwischen dem Bid und Ask Spread der offiziellen iTraxx® Index Levels zugrunde gelegt;

- der aufgelaufenen Prämie seit dem Inkrafttreten der zugrunde liegenden Indexserie auf Basis des Coupons der zugrunde liegenden Indexserie;
- und gegebenenfalls dem anteiligen Rückkaufswert des Referenzschuldners in der zugrunde liegenden Indexserie, der ein tatsächliches Kreditereignis erlitten hat.

Bei der Festlegung des Schlussabrechnungspreises wird der errechnete Futures-Preis mit vier Nachkommastellen ermittelt und auf das nächstmögliche Preisintervall (0,0005; 0,001 oder ein Vielfaches davon) gerundet.

Handelszeiten
08:30 – 17:30 Uhr MEZ.

Eintritt eines Kreditereignisses
Bei Eintritt eines Kreditereignisses wird der Kredit-Futures-Kontrakt in seiner ursprünglichen Form (einschließlich des vom Kreditereignis betroffenen Referenzschuldners) weiter gehandelt. Zusätzlich führt Eurex einen Futures- Kontrakt auf Basis der neuen Version des zugrunde liegenden Index ein (zum Beispiel mit 124 Referenzschuldnern).

Eine detaillierte Darstellung der Handhabung von Kreditereignissen inklusive der Ermittlung von Schlussabrechnungspreisen finden Sie in den vollständigen Kontraktspezifikationen auf der Eurex-Website www.eurexchange.com.

A.11 Zinsderivate

Fixed Income Futures

Basiswerte
Fiktive kurzfristige, mittelfristige oder langfristige Schuldverschreibungen der Bundesrepublik Deutschland beziehungsweise Schweizerischen Eidgenossenschaft mit einer Restlaufzeit und einem Coupon von:

Kontrakt	Produkt ID	Restlaufzeit des Basiswertes	Coupon	Währung
		Jahre	Prozent	
Euro-Schatz-Futures	FGBS	1,75 bis 2,25	6	EUR
Euro-Bobl-Futures	FGBM	4,5 bis 5,5	6	EUR
Euro-Bund-Futures	FGBL	8,5 bis 10,5	6	EUR
Euro-Buxl® -Futures	FGBX	24,0 bis 35,0	4	EUR
CONF-Futures	CONF	8,0 bis 13,0	6	CHF

Kontraktwerte
EUR 100.000 oder CHF 100.000.

Erfüllung
Eine Lieferverpflichtung aus einer Short Position kann nur durch Schuldverschreibungen der Bundesrepublik Deutschland beziehungsweise der Schweizerischen Eidgenossenschaft erfüllt werden, deren Restlaufzeit am Liefertag innerhalb der Restlaufzeit des jeweiligen Basiswertes liegt.

Bei Schuldverschreibungen der Schweizerischen Eidgenossenschaft mit vorzeitiger Rückzahlungsmöglichkeit muss der erste und letzte mögliche Rückzahlungstermin zwischen acht und 13 Jahren liegen. Die Schuldverschreibungen müssen ein Mindestemissionsvolumen aufweisen von:

Kontrakt	Mindestemissionsvolumen
Euro-Schatz-Futures	EUR 5 Milliarden
Euro-Bobl-Futures	EUR 5 Milliarden
Euro-Bund-Futures	EUR 5 Milliarden
Euro-Buxl® -Futures	EUR 10 Milliarden
CONF-Futures	CHF 500 Millionen

Preisermittlung und Minimale Preisveränderung
Die Preisermittlung erfolgt in Prozent vom Nominalwert.

Kontrakt	Minimale Preisveränderung	Minimale Preisveränderung
	Prozent	Wert
Euro-Schatz-Futures	0,005	EUR 5
Euro-Bobl-Futures	0,01	EUR 10
Êuro-Bund-Futures	0,01	EUR 10
Euro-Buxl®-Futures	0,02	EUR 20
CONF-Futures	0,01	CHF 10

Laufzeiten
Bis zu 9 Monaten: Die drei nächsten Quartalsmonate aus dem Zyklus März, Juni, September und Dezember.

Liefertag
Der zehnte Kalendertag des jeweiligen Liefermonats (Quartalsmonat), sofern dieser ein Börsentag ist, andcrnfalls der darauf folgende Börsentag.

Lieferanzeige
Clearing-Mitglieder mit offenen Short-Positionen müssen Eurex am letzten Handelstag der fälligen Futures bis zum Ende der Post-Trading Full-Periode (20:00 Uhr MEZ) anzeigen, welche Schuldverschreibungen sie liefern werden.

Letzter Handelstag
Zwei Börsentage vor dem Liefertag des jeweiligen Liefermonats. Handelsschluss für die fälligen Futures am letzten Handelstag ist 12:30 Uhr MEZ.

Täglicher Abrechnungspreis

Bei der Festlegung der täglichen Abrechnungspreise für den aktuellen Fälligkeitsmonat des CONF-Futures wird der in der täglichen Schlussauktion des entsprechenden Futures-Kontrakts ermittelte Preis als täglicher Abrechnungspreis herangezogen.

Für alle anderen Fixed Income Futures wird der volumengewichtete Durchschnitt der Preise aller Geschäfte in der Minute vor 17:15 Uhr MEZ (Referenzzeitpunkt) in dem jeweiligen Kontrakt als täglicher Abrechnungspreis des aktuellen
Verfallmonats herangezogen, falls in diesem Zeitraum mehr als fünf Geschäfte
abgeschlossen wurden.

Für alle weiteren Kontraktlaufzeiten wird der tägliche Abrechnungspreis entsprechend der mittleren Geld-/Brief-Spanne des Kombinationsauftragsbuchs
festgelegt.

Ergänzende Details entnehmen Sie den Clearing-Bedingungen auf www.eurex-
change.com.

Schlussabrechnungspreis

Festlegung durch Eurex am Schlussabrechnungstag um 12:30 Uhr MEZ. Maßgeblich ist der volumengewichtete Durchschnitt der Preise aller während der letzten Handelsminute eines Handelstages abgeschlossenen Geschäfte, sofern in diesem Zeitraum mehr als zehn Geschäfte zustande gekommen sind. Ist dies nicht
erfüllt, wird der Abrechnungspreis aus dem volumengewichteten Durchschnitt
der Preise der letzten zehn zustande gekommenen Geschäfte gebildet, sofern sie
nicht älter als 30 Minuten sind. Ist eine derartige Preisermittlung nicht möglich
oder entspricht der so ermittelte Preis nicht den tatsächlichen Marktverhältnis-
sen, legt Eurex den Abrechnungspreis fest.

Handelszeiten	
Kontrakt	**Handelszeit**
Standard	08:00–22:00 Uhr MEZ
CONF Futures	08:30–17:00 Uhr MEZ

Fixed Income Futures sind für den Handel in den USA zugelassen.

Optionen auf Fixed Income Futures

Basiswerte

Futures auf fiktive kurzfristige, mittelfristige oder langfristige Schuldverschreibungen der Bundesrepublik Deutschland mit einer Restlaufzeit und einem Coupon von:

Kontrakt	Produkt ID	Basiswert	Restlaufzeit des Basiswertes	Coupon
Optionen auf			Jahre	Prozent
Euro-Schatz-Futures	OGBS	Euro-Schatz Futures	1,75 bis 2,25	6
Euro-Bobl-Futures	OGBM	Euro-Bobl Futures	4,5 bis 5,5	6
Euro-Bund-Futures	OGBL	Euro-Bund Futures	8,5 bis 10,5	6

Kontraktwert

Ein Fixed Income Futures-Kontrakt.

Erfüllung

Die Ausübung einer Option auf einen Fixed Income Futures-Kontrakt resultiert für den Käufer sowie für den zugeteilten Verkäufer in einer entsprechenden Fixed Income Futures-Position. Die Position wird auf der Grundlage des vereinbarten Ausübungspreises im Anschluss an die Post-Trading Full-Periode des Ausübungstages eröffnet.

Preisermittlung und Minimale Preisveränderung

Die Preisermittlung erfolgt in Punkten.

Kontrakt	Minimale Preisveränderung	Minimale Preisveränderung
Optionen auf	Punkte	Wert
Euro-Schatz-Futures	0,005	EUR 5
Euro-Bobl-Futures	0,01	EUR 10
Euro-Bund-Futures	0,01	EUR 10

Laufzeiten

Bis zu 6 Monaten: Die drei nächsten aufeinander folgenden Kalendermonate sowie der darauf folgende Quartalsmonat aus dem Zyklus März, Juni, September und Dezember.

Kalendermonate: Fälligkeitsmonat des zugrunde liegenden Futures-Kontrakts ist der dem Verfallmonat der Option folgende Quartalsmonat.

Quartalsmonate: Fälligkeitsmonat des zugrunde liegenden Futures-Kontrakts und Verfallmonat der Option sind identisch.

Letzter Handelstag
Sechs Börsentage vor dem ersten Kalendertag des Verfallmonats der Option. Handelsschluss für die auslaufenden Optionsserien am letzten Handelstag ist 17:15 Uhr MEZ.

Täglicher Abrechnungspreis
Festlegung durch Eurex. Zur Ermittlung des täglichen Abrechnungspreises für Optionen auf Fixed Income Futures wird das Binomialmodell nach Cox/Ross/Rubinstein eingesetzt.

Ergänzende Details entnehmen Sie den Clearing-Bedingungen auf www.eurex-change.com.

Ausübungszeit
Ausübungen sind an jedem Börsentag (amerikanische Art) während der Laufzeit bis zum Beginn der Post-Trading Restricted-Periode (20:00 Uhr MEZ) möglich, beziehungsweise bis 18:00 Uhr MEZ am letzten Handelstag.

Ausübungspreise Kontrakt	Abstufungen (Intervals)
Optionen auf	**Punkte (Points)**
Euro-Schatz-Futures	0,1
Euro-Bobl-Futures	0,25
Euro-Bund-Futures	0,50

Anzahl der Ausübungspreise
Bei Einführung der Optionen stehen für jeden Call und Put und für jede Fälligkeit mindestens neun Ausübungspreise für den Handel zur Verfügung. Davon sind vier Ausübungspreise im Geld (In-the-money), ein Ausübungspreis am Geld (At-the-money) und vier Ausübungspreise aus dem Geld (Out-of-the-money).

Optionsprämie
Die Prämienabrechnung erfolgt nach dem Futuresstyle-Verfahren.

Handelszeiten
08:00 –19:00 Uhr MEZ.

Optionen auf Fixed Income Futures sind für den Handel in den USA zugelassen.

Einmonats-EONIA-Futures (FEO1)

Basiswerte
Durchschnittssatz aller während der Laufzeit von einem Kalendermonat durch die Europäische Zentralbank (EZB) berechneten, effektiven Zinssätze für Tagesgeld in Euro (EONIA) unter Berücksichtigung des Zinseszinseffekts.

Kontraktwert
EUR 3 Millionen.

Erfüllung
Erfüllung durch Barausgleich, fällig am ersten Börsentag nach dem Schlussabrechnungstag.

Preisermittlung und Minimale Preisveränderung
Die Preisermittlung erfolgt in Prozent auf drei Dezimalstellen auf der Basis 100 abzüglich gehandeltem effektivem EONIA-Durchschnittssatz. Die minimale Preisveränderung beträgt 0,005 Prozent; dies entspricht einem Wert von EUR 12,50.

Laufzeiten
Bis zu 12 Monaten: Der laufende Kalendermonat und die elf folgenden Kalendermonate.

Letzter Handelstag und Schlussabrechnungstag
Letzter Handelstag ist der Schlussabrechnungstag.

Schlussabrechnungstag ist der letzte Börsentag des jeweiligen Fälligkeitsmonats, soweit von der EZB an diesem Tag der für Tagesgeld im Interbankengeschäft maßgebliche Referenz-Zinssatz EONIA berechnet wird, andernfalls der davor liegende Börsentag. Handelsschluss für die fälligen Futures am letzten Handelstag ist 19:00 Uhr MEZ.

Täglicher Abrechnungspreis
Bei der Festlegung des täglichen Abrechnungspreises für Einmonats-EONIA-Futures wird der volumengewichtete Durchschnitt der Preise aller Geschäfte eine Minute vor 17:15 Uhr MEZ (Referenzzeitpunkt) als täglicher Abrechnungspreis für den aktuellen Fälligkeitsmonat herangezogen, sofern in diesem Zeitraum mehr als fünf Geschäfte abgeschlossen wurden.

Für alle weiteren Kontraktlaufzeiten wird der tägliche Abrechnungspreis entsprechend der mittleren Geld-/Brief-Spanne des Kombinationsauftragsbuchs festgelegt. Ergänzende Details entnehmen Sie den Clearing-Bedingungen auf www.eurexchange.com.

Schlussabrechnungspreis

Festlegung durch Eurex am Schlussabrechnungstag.

Maßgeblich ist der Monatsdurchschnitt der von der EZB im zugrunde liegenden Kalendermonat des Futures-Kontrakts ermittelten effektiven Zinssätze für Tagesgeld in Euro (EONIA) am Schlussabrechnungstag ab 19:00 Uhr MEZ. In die Berechnung fließen alle EONIA-Zinssätze ein, die vom ersten bis einschließlich letzten Kalendertag in dem dem Futures-Kontrakt zugrunde liegenden Kalendermonat von der EZB ermittelt wurden. Bei der Festlegung des Schlussabrechnungspreises wird der durchschnittliche EONIA-Satz unter Berücksichtigung des Zinseszinseffekts auf das nächstmögliche Preisintervall (0,005; 0,01 oder ein Vielfaches) gerundet und anschließend von 100 subtrahiert.

Handelszeiten

08:00 –19:00 Uhr MEZ.

Zustandekommen von Geschäften (pro rata-Matching)

Die Zusammenführung von Aufträgen und Quotes erfolgt nach dem pro rata-Matching-Prinzip, das ausschließlich auf dem Prinzip der Preispriorität basiert.

Einmonats-EONIA-Futures sind für den Handel in den USA zugelassen.

Dreimonats-EURIBOR-Futures (FEU3)

Basiswerte

European Interbank Offered Rate (EURIBOR) für Dreimonats-Termingelder in Euro.

Kontraktwert

EUR 1 Million.

Erfüllung

Erfüllung durch Barausgleich, fällig am ersten Börsentag nach dem Schlussabrechnungstag.

Preisermittlung und Minimale Preisveränderung

Die Preisermittlung erfolgt in Prozent auf drei Dezimalstellen auf der Basis 100 abzüglich gehandeltem Zinssatz. Die minimale Preisveränderung beträgt 0,005 Prozent; dies entspricht einem Wert von EUR 12,50.

Laufzeiten

Bis zu 36 Monaten: Die zwölf nächsten Quartalsmonate aus dem Zyklus März, Juni, September und Dezember.

Letzter Handelstag und Schlussabrechnungstag

Letzter Handelstag ist der Schlussabrechnungstag.

Der Schlussabrechnungstag liegt zwei Börsentage vor dem dritten Mittwoch des jeweiligen Fälligkeitsmonats, soweit von der FBE/ACI an diesem Tag der für Dreimonats- Euro-Termingelder maßgebliche Referenz-Zinssatz EURIBOR berechnet wird, andernfalls der davor liegende Börsentag. Handelsschluss für die fälligen Futures am letzten Handelstag ist 11:00 Uhr MEZ.

Täglicher Abrechnungspreis

Bei der Festlegung des täglichen Abrechnungspreises für Dreimonats-EURIBOR-Futures wird der volumengewichtete Durchschnitt der Preise aller Geschäfte eine Minute vor 17:15 Uhr MEZ (Referenzzeitpunkt) als täglicher Abrechnungspreis für den aktuellen Fälligkeitsmonat herangezogen, sofern in diesem Zeitraum mehr als fünf Geschäfte abgeschlossen wurden.

Für alle weiteren Kontraktlaufzeiten wird der tägliche Abrechnungspreis entsprechend der mittleren Geld-/Brief-Spanne des Kombinationsauftragsbuchs festgelegt.

Ergänzende Details entnehmen Sie den Clearing-Bedingungen auf www.eurex-change.com.

Schlussabrechnungspreis

Festlegung durch Eurex am Schlussabrechnungstag.

Maßgeblich ist der von FBE/ACI ermittelte Referenzzinssatz (EURIBOR) für Dreimonats-Termingelder in Euro am Schlussabrechnungstag um 11:00 Uhr MEZ. Bei der Festlegung des Schlussabrechnungspreises wird der EURIBOR-Satz auf das nächstmögliche Preisintervall (0,005; 0,01 oder ein Vielfaches) gerundet und anschließend von 100 subtrahiert.

Handelszeiten

08:00 –19:00 Uhr MEZ.

Zustandekommen von Geschäften (pro rata-Matching)

Die Zusammenführung von Aufträgen und Quotes erfolgt nach dem pro rata-Matching-Prinzip, das ausschließlich auf dem Prinzip der Preispriorität basiert.

Dreimonats-EURIBOR-Futures sind für den Handel in den USA zugelassen.

Optionen auf Dreimonats-EURIBOR-Futures (OEU3)

Basiswerte
Dreimonats-EURIBOR-Futures.

Kontraktwert
Ein Dreimonats-EURIBOR-Futures-Kontrakt.

Erfüllung
Die Ausübung einer Option auf einen Dreimonats- EURIBOR-Futures-Kontrakt resultiert für den Käufer sowie für den zugeteilten Verkäufer in einer entsprechenden Dreimonats-EURIBOR-Futures-Position. Die Position wird auf der Grundlage des vereinbarten Ausübungspreises im Anschluss an die Post-Trading Full-Periode des Ausübungstages eröffnet.

Preisermittlung und Minimale Preisveränderung
Die Preisermittlung erfolgt in Punkten auf drei Dezimalstellen.

Die minimale Preisveränderung beträgt 0,005 Punkte; dies entspricht einem Wert von EUR 12,50.

Laufzeiten
Bis zu 12 Monaten: Die vier nächsten Quartalsmonate aus dem Zyklus März, Juni, September und Dezember.

Der Fälligkeitsmonat des zugrunde liegenden Futures- Kontrakts und der Verfallmonat der Option sind identisch.

Letzter Handelstag
Zwei Börsentage vor dem dritten Mittwoch des jeweiligen Verfallmonats, soweit von der FBE/ACI an diesem Tag der für Dreimonats-Euro-Termingelder maßgebliche Referenz-Zinssatz EURIBOR berechnet wird, andernfalls der davor liegende Börsentag. Handelsschluss für die auslaufenden Optionsserien am letzten Handelstag ist 11:00 Uhr MEZ.

Täglicher Abrechnungspreis
Festlegung durch Eurex. Zur Ermittlung des täglichen Abrechnungspreises für Optionen auf Dreimonats- EURIBOR-Futures wird das Binomialmodell nach Cox/Ross/Rubinstein eingesetzt.

Ergänzende Details entnehmen Sie den Clearing-Bedingungen auf www.eurex-change.com.

Ausübungszeit

Ausübungen sind an jedem Börsentag (amerikanische Art) während der Laufzeit bis zum Beginn der Post- Trading Restricted-Periode (20:00 Uhr MEZ) möglich.

Ausübungspreise

Ausübungspreise haben Abstufungen von 0,1 Punkten (zum Beispiel 95,4; 95,5; 95,6).

Anzahl der Ausübungspreise

Bei Einführung der Optionen stehen für jeden Call und Put für jede Fälligkeit mindestens 21 Ausübungspreise für den Handel zur Verfügung. Davon sind zehn Ausübungspreise im Geld (In-the-money), ein Ausübungspreis am Geld (At-the-money) und zehn Ausübungspreise aus dem Geld (Out-of-the-money).

Optionsprämie

Die Prämienabrechnung erfolgt nach dem Futuresstyle-Verfahren.

Handelszeiten

08:00 –19:00 Uhr MEZ.

Optionen auf Dreimonats-EURIBOR-Futures sind für den Handel in den USA zugelassen.

A.12 Terminbörsen und Handelszeiten

Land	Börsenplatz	Handelszeiten
Amerika	American Stock Exchange	09:30–16:00 (ET)
	CBOE Futures Exchange (CFE)	09:30–16:15 (ET)
	Chicago Mercantile Exchange (Electronic-Globex)	Sonntag 18:00–Freitag (17:00) (ET)
	Chicago Mercantile Exchange (Floor-Based)	08:20–15:00 (ET)
	Eurex US	Montag 08:00–Freitag 17:00 (ET)
	ISE Options Exchange	09:30–16:00 (ET)
	New York Mercantile Exchange (NYMEX)	00:20–16:15 (ET); 16:45–21:15 (ET); 21:30–23:00 (ET)
	OneChicago (One)	09:30–16:15 (ET)
	Pacific Exchange (PSE)	09:30–16:30 (ET)
	Philadelphia Stock Exchange (PHLX)	09:30–16:00 (ET)
Kanada	Montreal Exchange	Optionen: 09:30–16:15 (ET); Futures: 06:00–16:15 (ET)
Belgien	Euronext Brussels (Belfox)	09:30–17:30 (CET)
Frankreich	Euronext France (Monep/Matif)	08:00–20:00 (CET)
Deutschland & Schweiz	EUREX	07:30–20:00 (CET)
Italien	Borsa Italiana (IDEM)	09:00–17:40 (CET)
Holland	Euronext NL Derivatives (FTA)	09:30–17:30 (CET)
Spanien	Spanish Futures & Options Exchange (MEFF)	09:00–17:35 (CET)
UK	LIFFE Commodities	08:00–17:30 (GMT)
	LIFFE Options & Futures	08:00–17:30 (GMT)
Australien	Sydney Futures Exchange (SNFE)	00:00–08:00; 09:50–16:30; 17:10–23:59 (Lokalzeit, Sydney)
Hong Kong	Hong Kong Futures Exchange (HKFE)	09:45–12:30; 14:30–16:15 (Lokalzeit, HKT)
Japan	Osaka Securities Exchange (OSE.JPN)	09:00–11:00; 12:30–15:10 (Lokalzeit, Japan)
Singapore	Singapore Exchange (SGX)	07:45–19:05 (Lokalzeit, Singapur)
Süd Korea	Korea Stock Exchange (KSE)	09:00–15:15 (Lokalzeit, Süd Korea) Futures und Optionen

A.13 Eurex-Disclaimer

Die Deutsche Börse AG (DBAG), die Clearstream Banking AG (Clearstream), die Eurex Bonds GmbH (Eurex Bonds), die Eurex Repo GmbH (Eurex Repo), die Eurex Clearing AG (Eurex Clearing) sowie die Eurex Frankfurt AG sind gemäß dem deutschen Recht eingetragene Kapitalgesellschaften. Die Eurex Zürich AG ist eine gemäß schweizerischem Recht eingetragene Aktiengesellschaft. Die Clearstream Banking S.A. (Clearstream) ist eine gemäß luxemburgerischem Recht eingetragene Aktiengesellschaft. Die Trägergesellschaft der Eurex Deutschland ist die Eurex Frankfurt AG (Eurex). Eurex Deutschland und Eurex Zürich AG werden nachfolgend als die „Eurex-Börsen" bezeichnet.

Das gesamte geistige Eigentum, geschützte und andere Rechte sowie Rechtsstellungen an dieser Informationsschrift und ihrer Thematik (mit Ausnahme bestimmter, unten aufgeführter Handels- und Dienstleistungsmarken) stehen im Eigentum der DBAG und ihrer verbundenen Unternehmen; dazu gehören unter anderem alle Patente, eingetragene Gebrauchsmuster, Urheberrechte, Handels- und Dienstleistungsmarkenrechte. Obwohl bei der Erstellung dieser Informationsschrift angemessene Sorgfalt verwendet wurde, deren Einzelheiten zum Zeitpunkt der Veröffentlichung richtig und nicht irreführend darzustellen, geben DBAG, Eurex, Eurex Bonds, Eurex Repo, Eurex Clearing, die Eurex-Börsen sowie Clearstream und ihre jeweiligen Angestellten und Vertreter (a) keinerlei ausdrückliche oder konkludente Zusicherungen oder Gewährleistungen im Hinblick auf die in dieser Broschüre enthaltenen Informationen ab; dies gilt unter anderem für jegliche stillschweigende Gewährleistung der allgemeinen Tauglichkeit zum gewöhnlichen Gebrauch oder der Eignung zu einem bestimmten Zweck sowie jegliche Gewährleistung im Hinblick auf die Genauigkeit, Richtigkeit, Qualität, Vollständigkeit oder Aktualität dieser Informationen und sind (b) in keinem Fall verantwortlich oder haftbar für die Verwendung oder den Gebrauch der in dieser Broschüre enthaltenen Informationen durch Dritte im Rahmen deren Tätigkeit oder für etwaige in dieser Informationsschrift enthaltene Fehler oder Auslassungen.

Diese Publikation dient ausschließlich Informationszwecken und stellt keine Anlageberatung dar. Diese Publikation ist nicht für Werbungszwecke bestimmt, sondern dient ausschließlich der allgemeinen Information. Alle Beschreibungen, Beispiele und Berechnungen in dieser Informationsschrift dienen lediglich der Veranschaulichung.

Eurex bietet Teilnehmern der Eurex-Börsen Dienstleistungen direkt an. Diejenigen, welche die über die Eurex-Börsen erhältlichen Produkte handeln oder solche Produkte anderen anbieten und verkaufen möchten, sollten im Vorfeld die rechtlichen und regulatorischen Erfordernisse der für sie anwendbaren Rechtsordnungen sowie die mit solchen Produkten verbundenen Risiken berücksichtigen.

Eurex-Derivate (mit Ausnahme der Dow Jones EURO STOXX 50® Index Futures-Kontrakte, der Dow Jones STOXX 50® Index Futures-Kontrakte, der Dow Jones STOXX® 600 Index Futures-Kontrakte, der Dow Jones STOXX® Mid 200 Index Futures-Kontrakte, der Dow Jones EURO STOXX® Banks Sector Futures-Kontrakte, der Dow Jones STOXX® 600 Banks Sector Futures-Kontrakte, der Dow Jones Global Titans 50ˢᴹ Index Futures-Kontrakte, der DAX®-Futures-Kontrakte, der MDAX®-Futures-Kontrakte und der Eurex Zinsderivate) stehen derzeit nicht zum Angebot, Verkauf oder Handel in den Vereinigten Staaten oder durch Steuerbürger der Vereinigten Staaten zur Verfügung.

Handels- und Dienstleistungsmarken

Buxl®, DAX®, Eurex®, Eurex Bonds®, Eurex Repo®, Euro GC Pooling®, Eurex Strategy Wizardˢᴹ, FDAX®, iNAV®, MDAX®, ODAX®, SDAX®, StatistiX®, TecDAX®, VDAX-NEW®, Xetra® und XTF Exchange Traded Funds® sind eingetragene Handelsmarken der Deutsche Börse AG.

Xemac® ist eine eingetragene Handelsmarke der Clearstream Banking AG. Vestima® ist eine eingetragene Handelsmarke der Clearstream International S.A.

RDXxt® ist eine eingetragene Handelsmarke der Wiener Börse AG.

iTraxx® ist eine eingetragene Handelsmarke der International Index Company Limited (IIC) und zur Verwendung durch Eurex lizensiert worden. Weder Eurex noch iTraxx® Europe 5-year Index Futures, iTraxx® Europe HiVol 5-year Index Futures sowie iTraxx® Europe Crossover 5-year Index Futures werden von IIC gesponsert, empfohlen oder vermarktet.

Die alleinige Verantwortung für die Entwicklung der Eurex iTraxx® Credit Futures-Kontrakte sowie für den Handel und die Marktüberwachung liegt bei Eurex. Die Verwendung der Produkte wird von der ISDA® weder gesponsert noch empfohlen. ISDA® ist eine eingetragene Handelsmarke der International Swaps and Derivatives Association, Inc.

SMI®, SMIM® und VSMI® sind eingetragene Handelsmarken der SWX Swiss Exchange.

STOXX®, Dow Jones STOXX® 600 Index, Dow Jones STOXX® Large 200 Index, Dow Jones STOXX® Mid 200 Index, Dow Jones STOXX® Small 200 Index, Dow Jones STOXX® TMI Index, VSTOXX®-Index, Dow Jones EURO STOXX® Select Dividend 30 Index, Dow Jones EURO STOXX®/STOXX® 600 Sector Indizes sowie der Dow Jones EURO STOXX 50® Index und Dow Jones STOXX 50® Index sind Dienstleistungsmarken der STOXX Ltd. und/oder der Dow Jones & Company, Inc.

Dow Jones und Dow Jones Global Titans 50ˢᴹ Index sind Dienstleistungsmarken der Dow Jones & Company, Inc. Die Derivate auf Grundlage dieser Indizes werden nicht von STOXX Ltd. oder Dow Jones & Company, Inc. gesponsert, befürwortet, verkauft oder gefördert, und die Parteien sichern in keiner Weise die Ratsamkeit eines Handels mit solchen Produkten oder der Anlage in solche Produkte zu.

Die Namen anderer Gesellschaften und Produkte Dritter können die Handels- oder Dienstleistungsmarken ihrer jeweiligen Eigentümer sein.

A.14 Über die Eurex

Eurex – eine der weltweit führenden Terminbörsen

Als eine der führenden Terminbörsen zeichnet sich Eurex vor allem durch einen weltweit offenen und kostengünstigen elektronischen Zugang aus. Wir bieten Zugriff auf ein breites Spektrum globaler Benchmark-Produkte, darunter die liquidesten Fixed Income-Märkte der Welt. Täglich handeln unsere Teilnehmer von 700 Standorten des globalen Eurex-Netzwerks über sieben Millionen Kontrakte.

Neben der vollelektronischen Handelsplattform betreiben wir auch eine automatisierte und integrierte Clearingstelle: Die Eurex Clearing AG gewährleistet als zentraler Kontrahent die Erfüllung sämtlicher Geschäfte, die an den Eurex-Börsen abgeschlossen werden – darüber hinaus auch für Eurex Bonds, Eurex Repo und für Wertpapiere, die an der Frankfurter Wertpapierbörse (Xetra® und Parkett) oder an der Irish Stock Exchange (ISE) notiert sind. Dank dieser Struktur können Sie von einer qualitativ hochwertigen und kosteneffizienten Wertschöpfungskette profitieren, die über eine einzige elektronische Systemplattform Handel, Clearing und Abwicklung abdeckt.

Produkte

Wir bieten Ihnen ein umfangreiches Produktportfolio, das unterschiedlichste Anlageklassen abdeckt: Im Bereich der **Aktienderivate** können Sie aus über 400 Futures auf sämtliche Werte des Dow Jones (EURO) STOXX 50® Index und DAX®, auf alle EUR- und CHF-denominierten Aktien des Dow Jones STOXX® 600 Index sowie auf alle Aktien des SMI® und RDXxt® wählen. Darüber hinaus werden mehr als 200 Optionen auf Aktien der wichtigsten europäischen Industriestaaten gehandelt.

Unsere **Aktienindexderivate** umfassen Futures und Optionen auf führende globale, paneuropäische und nationale Blue Chip-Indizes wie den Dow Jones EURO STOXX 50® Index, den Benchmark-Index DAX® der Deutsche Börse AG, den schweizerischen Leitindex SMI® und auch den russischen Benchmark-Index RDXxt®. Daneben bieten wir zahlreiche Sektorindexderivate auf Basis des Dow Jones STOXX® 600 Index und des Dow Jones EURO STOXX® Index. Derivate auf paneuropäische und nationale Large, Mid und Small Cap-Indizes sowie den Dow Jones STOXX® 600 Index beziehungsweise den Dow Jones EURO STOXX® Select Dividend 30 Index runden unser Angebot in diesem Bereich ab.

Mit **Volatilitätsindexderivaten** haben Sie die Möglichkeit, ein reines Volatilitätsengagement aufzubauen oder auch das Volatilitätsrisiko Ihrer Aktienpositionen abzusichern. Unsere Vola-Futures basieren auf den Volatilitätsindizes VSTOXX® (Basiswert: Dow Jones EURO STOXX 50®), VDAX-NEW® (DAX®) und VSMI® (SMI®) und decken damit den paneuropäischen Aktienmarkt ab.

Seit März 2007 können Sie sich mit den **Eurex-Kreditderivaten** gegen Kreditereignisse wie beispielsweise Unternehmensinsolvenz oder Zahlungsausfall absichern. Mit dieser innovativen Derivatekategorie haben wir unser Produktangebot um eine neue Asset-Klasse erweitert und erschließen Ihnen neue Möglichkeiten zur Risikosteuerung bei niedrigsten Kosten.

Unsere **Zinsderivate** decken die deutsche Zinskurve im Laufzeitenbereich von einem Tag bis 35 Jahren sowie die schweizerische Zinskurve im Laufzeitenbereich von acht bis 13 Jahren ab. Zu diesem Segment gehören Euro-Buxl®-, Euro-Bund-, Euro-Bobl- und Euro-Schatz-Futures, die zu den umsatzstärksten Derivaten weltweit zählen. Unsere Optionen auf Euro-Bund-, Euro-Bobl- and Euro-Schatz-Futures eröffnen Ihnen innerhalb unseres Fixed Income-Segments zusätzliche Handelsmöglichkeiten.

Wholesale-Handelsfunktionalität

Die im Eurex®-System integrierte Wholesale-Handelsfunktionalität ermöglicht Ihnen die Eingabe von außerbörslichen Geschäften. So können Sie die Flexibilität des OTC-Handels nutzen, ohne dabei auf die Vorteile des standardisierten Clearing- und Abwicklungsprozesses zu verzichten:

- Block Trades (OTC-Geschäfte in Futures und Optionen),
- Vola Trades (Delta-Absicherung für Optionen),
- Exchange for Physicals for Equity Index Futures Trades,
- Exchange for Physicals for Fixed Income Futures Trades,
- Exchange for Swap Trades (Terminkontrakte als Hedge für Kassageschäfte oder Zins-Swaps),
- Flexible Options sowie
- Flexible Futures.

Außerdem können mit der Block Auction-Funktionalität des Eurex®-Systems für großvolumige Orders anonym Preisanfragen gestellt werden.

Market-Making

Wir fördern die Bereitstellung von Liquidität durch Rückerstattung von Transaktionsgebühren an jeden Börsenteilnehmer, der unseren Market-Making-Modellen entspricht. Kunden profitieren unmittelbar von einer großen Anzahl an Börsenteilnehmern, die sich aufgrund der Incentivierung darauf spezialisieren, Transparenz und Liquidität zur Verfügung zu stellen.

Preisfeststellung

Unser Marktmodell ist ordergetrieben: Aufträge (Orders) von Marktteilnehmern werden dabei gleichberechtigt und nach dem gleichen Prinzip ausgeführt wie in das Eurex®-System eingegebene Quotes. Mit der Ausnahme von Geldmarktderivaten erfolgt die Orderausführung nach dem Prinzip der Preis-Zeit-Priorität: Orders in diesen Produkten werden nach den Kriterien Preis und Eingabezeitpunkt sortiert, wobei unlimitierte Orders (Market Orders) stets die höchste Priorität genießen. Bei Geldmarktderivaten erfolgt die Zusammenführung von Orders nach dem Prinzip der so genannten proportionalen Orderausführung (pro rata-Matching). Bei diesem Algorithmus hat der Eingabezeitpunkt einer Order keine Auswirkung auf die Ausführungspriorität.

Eingehende Orders werden vielmehr nach ihrer Größe im Verhältnis zu den mit gleichem Limit im Orderbuch vorliegenden Orders ausgeführt. Preisinformationen zu allen Eurex-Produkten sind auf unserer Website **www.eurexchange.com** verfügbar. Informationen zur Markttiefe finden Sie unter **Marktdaten > Zeitverzögerte Quotes**.

Zugang

Sie können entweder direkt als zugelassenes Börsenmitglied an Eurex handeln oder als Kunde eines zugelassenen Mitglieds. Eine direkte Eurex-Teilnahme ist möglich als so genanntes General Clearing-Mitglied (GCM), Direct Clearing-Mitglied (DCM) oder Non-Clearing-Mitglied (NCM). Der Unterschied zwischen diesen drei Teilnahmevarianten liegt im Clearing-Status, also in der Form der Beteiligung am Abwicklungsprozess.

Etwa 400 Eurex-Teilnehmer ermöglichen ihren Kunden weltweit eine indirekte Teilnahme – entweder in Form der traditionellen Orderausführung oder mittels automatisierter Orderweiterleitung (Order Routing). Auf **www.eurexchange.com** finden Sie eine Übersicht der zugelassenen Marktteilnehmer und der von ihnen angebotenen Broker-Dienste.

Schulungen

Die Capital Markets Academy hält für Händler, Back Office-Mitarbeiter, Sicherheitsbeauftragte, Systemadministratoren sowie für institutionelle und private Anleger ein umfangreiches Angebot an Seminaren und international anerkannten Prüfungen bereit. Diverse Studiengänge runden das Weiterbildungsangebot der Deutsche Börse AG ab.

Für weitere Informationen erreichen Sie uns per E-Mail
(academy@eurexchange.com)
oder telefonisch in der Capital Markets Academy unter
T +49-69-211-1 37 67.

Unser Seminarangebot finden Sie im Internet unter: **www.eurexchange.com >**
Training.

Publikationen

Umfassende Informationen über unsere Produkte und Services erhalten Sie per
Download unter **www.eurexchange.com > Dokumente > Publikationen**.

A.15 Literaturverzeichnis

Grill, Wolfgang, Perczynski, Hans, Grill, Hannelore: Wirtschaftslehre des Kreditwesens, Bildungsverlag E1ns, 38. Aufl. 2001

Spremann, Klaus, Gantenbein, Pascal: Zinsen, Anleihen, Kredite, Oldenbourg, München, 4. Aufl. 2007

Uszczapowski, Igor: Optionen und Futures verstehen, DTV-Beck, München, 5. Aufl. 2005

Index

economag.

Wissenschaftsmagazin für
Betriebs- und Volkswirtschaftslehre

www.economag.de

Der Oldenbourg Wissenschaftsverlag veröffentlicht monatlich ein neues
Online-Magazin für Studierende: economag. Das Wissenschaftsmagazin
für Betriebs- und Volkswirtschaftslehre.

Über den Tellerrand schauen

Das Magazin ist kostenfrei und bietet den Studierenden zitierfähige wissenschaftliche Beiträge für ihre Seminar- und Abschlussarbeiten - geschrieben
von Hochschulprofessoren und Experten aus der Praxis. Darüber hinaus gibt
das Magazin den Lesern nicht nur hilfreiche wissenschaftliche Beiträge an
die Hand, es lädt auch dazu ein, zu schmökern und parallel zum Studium
über den eigenen Tellerrand zu schauen.

Tipps rund um das Studium

Deswegen werden im Magazin neben den wissenschaftlichen Beiträgen auch
Themen behandelt, die auf der aktuellen Agenda der Studierenden stehen:
Tipps rund um das Studium und das Bewerben sowie Interviews mit
Berufseinsteigern und Managern.

Oldenbourg

Kostenfreies Abonnement unter
www.economag.de